川派中医药名家系列丛书

张世明

主编◎荣海波

西南交通大学出版社
·成 都·

图书在版编目（CIP）数据

川派中医药名家系列丛书. 张世明 / 荣海波主编.
成都：西南交通大学出版社，2024.10. -- ISBN 978-7
-5643-9936-8

Ⅰ. K826.2；R249.7

中国国家版本馆 CIP 数据核字第 2024VW7821 号

Chuanpai Zhongyiyao Mingjia Xilie Congshu Zhang Shiming
川派中医药名家系列丛书　张世明

主编 / 荣海波

策划编辑 / 张少华　黄淑文　李芳芳
责任编辑 / 赵永铭
封面设计 / 原谋书装

西南交通大学出版社出版发行
（四川省成都市金牛区二环路北一段 111 号西南交通大学创新大厦 21 楼　610031）
营销部电话：028-87600564　028-87600533
网址：http://www.xnjdcbs.com
印刷：四川煤田地质制图印务有限责任公司

成品尺寸　170 mm × 240 mm
总印张　13.75　　插页　4
总字数　211 千
版次　2024 年 10 月第 1 版　　印次　2024 年 10 月第 1 次

书号　ISBN 978-7-5643-9936-8
定价　63.00 元

1978年张世明与郑怀贤教授合影

1979年郑老、师母与张世明、王琳

1982年美国洛杉矶电视台采访张世明及其病人

与五届全运会冠军四川女排合影

2004年与中国女排运动员合影

2008年张世明与帆板运动员合影

2002年张世明与盐湖城冬奥会中国运动员

2004年雅典奥运会医疗专家

29届北京奥运会科技奖颁奖

四川省首届十大名中医

与国际运动医学会陈启明主席、
中国运动医学会曲绵域主席、
杨天乐副主席合影

张世明与运动医学专家合影
（左到右张世明，曲绵域，欧阳孝，马建）

张世明与运动医学专家合影，
左到右于葆（浙大专家），
陈文堉（原上海体科所长），
陆绍中（原国家体科所长），
岑浩望（国家体科所专家）

张世明为师承弟子授课
（右起荣海波、蒋小明、张宇、赵纯）

编 委 会

《川派中医药名家系列丛书》编委会

总 主 编：田兴军　杨殿兴

副总主编：李道丕　张　毅　和中浚

总 编 委：尹　莉　陈　莹

编写秘书：彭　鑫　贺　飞　邓　兰

《张世明》编委会

主　编：荣海波

副主编：马　建

编　委：虞亚明　沈　海　涂　禾

刘　慧

总序——加强文化建设，唱响川派中医

四川，雄踞我国西南，古称巴蜀，成都平原自古就有天府之国的美誉，天府之土，沃野千里，物华天宝，人杰地灵。

四川号称“中医之乡、中药之库”，巴蜀自古出名医、产中药，据历史文献记载，从汉代至明清，见诸文献记载的四川医家有1000余人，川派中医药影响医坛2000多年，历久弥新；川产道地药材享誉国内外，业内素有“无川（药）不成方”的赞誉。

医派纷呈，源远流长

经过特殊的自然、社会、文化的长期浸润和积淀，四川历朝历代名医辈出，学术繁荣，医派纷呈，源远流长。

汉代以涪翁、程高、郭玉为代表的四川医家，奠定了古蜀针灸学派，郭玉为涪翁弟子，曾任汉代太医丞。涪翁为四川绵阳人，曾撰著《针经》，开巴蜀针灸先河，影响深远。1993年，在四川绵阳双包山汉墓出土了最早的汉代针灸经脉漆人；2013年，在成都老官山再次出土了汉代针灸漆人和920支医简，带有“心”“肺”等线刻小字的人体经穴髹漆人像是我国考古史上首次发现，应是迄今我国发现的最早、最完整的经穴人体医学模型，其精美程度令人咋舌！又一次证明了针灸学派在巴蜀的渊源和影响。

四川山清水秀，名山大川遍布。道教的发祥地青城山、鹤鸣山就坐落在成都市。青城山、鹤鸣山是中国的道教名山，是中国道教的发源地之一，自东汉以来历经 2000 多年，不仅传授道家的思想，道医的学术思想也因此启蒙产生。道家注重炼丹和养生，历代蜀医多受其影响，一些道家也兼行医术，如晋代蜀医李常在、李八百，宋代皇甫坦，以及明代著名医家韩懋（号飞霞道人）等，可见丹道医学在四川影响深远。

川人好美食，以麻、辣、鲜、香为特色的川菜享誉国内外。川人性喜自在休闲，养生学派也因此产生。长寿之神——彭祖，号称活了 800 岁，相传他经历了尧舜夏商诸朝，据《华阳国志》载，“彭祖本生蜀”“彭祖家其彭蒙”，由此推断，彭祖不但家在彭山，而且他晚年也落叶归根于此，死后葬于彭祖山。彭祖山坐落在眉山市彭山区，彭祖的长寿经验在于注意养生锻炼，他是我国气功的最早创始人，他的健身法被后人写成《彭祖引导法》；他善烹饪之术，创制的“雉羹之道”被誉为“天下第一羹”，屈原在《楚辞・天问》中写道：“彭铿斟雉，帝何飨？受寿永多，夫何久长？”反映了彭祖在推动我国饮食养生方面所做出的贡献。五代、北宋初年，著名的道教学者陈希夷，是四川安岳人，著有《指玄篇》《胎息诀》《观空篇》《阴真君还丹歌注》等。他注重养生，强调内丹修炼法，将黄老的清静无为思想、道教修炼方术和儒家修养、佛教禅观汇归一流，被后世尊称为“睡仙”“陈抟老祖”。现安岳县有保存完整的明代陈抟墓，有陈抟的《自赞铭》，这是全国独有的实物。

四川医家自古就重视中医脉学，成都老官山 2012 年冬出土的汉代医简中就有《逆顺五色脉臧验精神》一书，其余几部医简经整理定名为《脉书・上经》《脉书・下经》《刺数》《友理》《治六十病和齐汤法》《疗马书》。学者经初步考证推断极有可能为扁鹊学派已经亡佚的经典书籍。扁鹊是脉学的倡导者，而此次出土的医书中脉学内容占有重要地位，一起出土的还有用于经脉教学的人体模型。唐代杜光庭著有脉学专著《玉函经》三卷，以后王鸿骥的《脉诀采真》、廖平的《脉学辑要评》、许宗正的《脉学启蒙》、张骥的《三世脉法》等，均为脉诊的发展做出了贡献。

昝殷，唐代四川成都人。昝氏精通医理，通晓药物学，擅长妇产科。唐大中年间，他将前人有关经、带、胎、产及产后诸证的经验效方及自己临证验方共 378 首，编成《经效产宝》三卷，是我国最早的妇产学科专著。加之北宋时期的著名妇产科专家杨子建（四川青神县人）编著的《十产论》等一批妇产科专论，奠定了巴蜀妇产学派的基石。

宋代，以四川成都人唐慎微为代表撰著的《经史证类备急本草》，集宋代本草之大成，促进了本草学派的发展。宋代是巴蜀本草学派的繁荣发展时期，陈承的《补注神农本草并图经》，孟昶、韩保昇的《蜀本草》等，丰富、发展了本草学说，明代李时珍的《本草纲目》正是在此基础上产生的。

宋代也是巴蜀医家学术发展最活跃的时期。四川成都人、著名医家史崧献出了家藏的《灵枢》，并进行校正、音释后，由朝廷刊印颁行，为中医学发展做出了不可估量的贡献，可以说，没有史崧的奉献就没有完整的《黄帝内经》。虞庶撰著的《难经注》、杨康侯的《难经续演》，为医经学派的发展奠定了基础。

史堪，四川眉山人，为宋代政和年间进士，官至郡守，是宋代士人而医的代表人物之一，与当时的名医许叔微齐名，其著作《史载之方》为宋代重要的名家方书之一。同为四川眉山人的宋代大文豪苏东坡，也有《苏沈内翰良方》（又名《苏沈良方》）传世，是宋人根据苏轼所撰《苏学士方》和沈括所撰《良方》合编而成的中医方书。加之明代韩懋的《韩氏医通》等方书，一起成为巴蜀医方学派的代表。

四川盛产中药，川产道地药材久负盛名，以回阳救逆、破阴除寒的附子为代表的川产道地药材，既为中医治病提供了优良的药材，也孕育了以附子温阳为大法的扶阳学派。清末四川邛崃人郑钦安提出了中医扶阳理论，他的《医理真传》《医法圆通》《伤寒恒论》为奠基之作，开创了以运用附、姜、桂为重点药物的温阳学派。

清代西学东渐，受西学影响，中西汇通学说开始萌芽，四川成都人唐宗海以敏锐的目光捕捉西学之长，融汇中西，撰著了《血证论》《医经精义》《本草问答》《金匮要略浅注补正》《伤寒论浅注补正》，后人汇为《中西汇通医书五种》，成为“中西汇通”的第一种著作，也是后来人们将主张中西医兼容思想的医家称为“中西医汇通派”的由来。

名医辈出，学术繁荣

新中国成立后，历经沧桑的中医药受到党和国家的高度重视，在教育、医疗、科研等方面齐头并进，一大批中医药大家焕发青春，在各自的领域里大显神通，中医药事业欣欣向荣。

四川中医教育的奠基人—— 李斯炽先生，在 1936 年创办的“中央国医馆四川分馆医学院”（简称“四川国医学院”）中，先后担任过副院长、院长，担当大任，艰难办学，为近现代中医药人才的培养立下了汗马功劳。该院为国家批准的办学机构，虽属民办但带有官方性质。四川国医学院也是成都中医学院（现成都中医药大学）的前身，当时汇集了一大批中医药的仁人志士，如内科专家李斯炽、伤寒专家邓绍先、中药专家凌一揆等，还有何伯勋、杨白鹿、易上达、王景虞、周禹锡、肖达因等一批蜀中名医，可谓群贤毕集，盛极一时。共招生 13 期，培养高等中医药人才 1000 余人，这些人后来大多数都成为新中国成立后的中医药领军人物，成了四川中医药发展的功臣。

1955 年国家在北京成立了中医研究院，1956 年在全国西、北、东、南各建立了一所中医学院，即成都、北京、上海、广州中医学院。成都中医学院第一任院长由周恩来总理亲自任命。李斯炽先生继担任四川国医学院院长之后又成为成都中医学院的第一任院长。成都中医学院成立后，在原国医学院的基础上，又汇集了一大批有造诣的专家学者，如内科专家彭履祥、冉品珍、彭宪章、傅灿冰、陆干甫，伤寒专家戴佛延，医经专家吴棹仙、李克光、郭仲夫，中药专家雷载权、徐楚江，妇科专家卓雨农、曾敬光、唐伯渊、王祚久、王渭川，温病专家宋鹭冰，外科专家文琢之，骨、外科专家罗禹田，眼科专家陈达夫、刘松元，方剂专家陈潮祖，医古文专家郑孝昌，儿科专家胡伯安、曾应台、肖正安、吴康衡，针灸专家余仲权、薛鉴明、李仲愚、蒲湘澄、关吉多、杨介宾，医史专家孔健民、李介民，中医发展战略专家侯占元等。真可谓人才济济，群星灿烂。

北京成立中医高等院校、科研院所后，为了充实首都中医药人才的力量，四川一大批中医名家进驻北京，为国家中医药的发展做出了巨大贡献，也展现了四川中医的风采！如蒲辅周、任应秋、王文鼎、王朴城、王伯岳、冉雪峰、杜自明、李重人、叶心清、龚志贤、方药中、沈仲圭等，各有专精，影响广泛，功勋卓著。

北京四大名医之首的萧龙友先生，为四川三台人，是中医界最早的学部委员（院士，1955 年）、中央文史馆馆员（1951 年），集医道、文史、书法、收藏等为一身，是中医界难得的全才！其厚重的人文功底、精湛的医术、精美的书法、高尚的品德，可谓“厚德载物”的典范。2010 年 9 月 9 日，故宫博物院在北京为萧龙友先生诞辰 140 周年、逝世 50 周年，隆重举办了“萧龙友先生捐赠文物精品展”，以缅怀和表彰先生的收藏鉴赏水平和拳拳爱国情怀。萧龙友先生是一代举子、一代儒医，精通文史，书法绝伦，是中国近代史上中医界的泰斗、国学家、教育家、临床大家，是四川的骄傲，也是我辈的楷模！

▌追源溯流，振兴川派

时间飞转，掐指一算，我自 1974 年赤脚医生的“红医班”始，到 1977 年大学学习、留校任教、临床实践、跟师学习、中医管理，入中医医道已 40 年，真可谓弹指一挥间。俗曰：四十而不惑，在中医医道的学习、实践、历练、管理、推进中，我常常心怀感激，心存敬仰，常有激情冲动，其中最想做的一件事就是将这些中医药实践的伟大先驱者，用笔记录下来，为他们树碑立传、歌功颂德！缅怀中医先辈的丰功伟绩，分享他们的学术成果，继承不泥古，发扬不离宗，认祖归宗，又学有源头，师古不泥，薪火相传，使中医药源远流长，代代相传，永续发展。

今天，时机已经成熟，四川省中医药管理局组织专家学者，编著了大型中医专著《川派中医药源流与发展》，横跨 2000 年的历史，梳理中医药历史人物、著作，以四川籍（或主要在四川业医）有影响的历史医家和著作为线索，理清历史源流和传承脉络，突出地方中医药学术特点，认祖归宗，发扬传统，正本清源，继承创新，唱响川派中医药。其中，“医道溯源”是以“民国”前的川籍或在川行医的中医药历史人物为线索，介绍医家的医学成就和学术精华，作为各学科发展的学术源头。“医派医家”是以近现代著名医家为代表，重在学术流派的传承与发展，厘清流派源流，一脉相承，代代相传，源远流长。《川派中医药源流与发展》一书，填补了川派中医药发展整理的空白，集四川中医药文化历史和发展现状之大成，理清了川派学术源流，为后世川派的研究和发展奠定了坚实的基础。

我们在此基础上，还编著了“川派中医药名家系列丛书”，汇集了一大批近现代四川中医药名家，遴选他们的后人、学生等整理其临床经验、学术思想编辑成册。预计编著一百人，这是一批四川中医药的代表人物，也是难得的宝贵文化遗产，今天，经过大家的齐心努力终于得以付梓。在此，对为本系列书籍付出心血的各位作者、出版社编辑人员一并致谢！

由于历史久远，加之编撰者学识水平有限，书中罅、漏、舛、谬在所难免，敬望各位同仁、学者，提出宝贵意见，以便再版时修订提高。

中华中医药学会　副会长
四川省中医药学会　会长
四川省中医药管理局　原局长
成都中医药大学教授　博士导师

杨殿兴

2015 年春初稿
2022 年春修定于蓉城雅兴轩

序

郑氏中医骨伤流派起源于 20 世纪初期，由著名武术家、中医骨伤与运动创伤专家郑怀贤教授在诸多前辈武医传承基础上，经过 60 余年临床实践、研究总结所创立，集我国传统医学、武医与运动医学结合的学术精华与临床经验为一体，特色鲜明，自成一家。传承至今，经数代弟子传人多年不懈努力，已形成以中医骨伤、运动创伤、运动医学学术传承发展为己任，为广大运动员及群众伤病防治服务为天职，涵盖运动创伤体系的中国知名中医、中西医结合骨伤科流派。

郑氏中医骨伤科临床以筋骨内外诊断辩证、手法整复、小夹板固定、伤科中药、经穴按摩、针灸、功能锻炼等为主要诊疗手段，其特色在于将传统武学与传统医学、运动医学有机结合，将武术练功、体育运动与中医骨伤诊疗、伤病预防和功能康复结合，将武医、中医、中西医结合骨伤科理法及实践服务于体育运动，开创了具有中国特色的运动创伤学体系，其诊疗方法在历届全运会、亚运会、奥运会的优秀运动员中广泛应用，疗效显著。为我国运动创伤医学和中医骨伤科学事业做出了卓越的贡献。

张世明教授长期随侍郑老左右，得郑老医术精髓法旨极深，在继承和发扬郑老医术基础上，在数十年临床及科研教学中以自身所得广泛吸纳其他骨伤流派及现代医学特长，逐渐形成了极具自身特色的理论及临床体系。同时多年主持国家重大科研项目，对运动创伤、运动性疲劳预防诊治与康复及中医运动疲劳辨证分型、运动疲劳药物研发等进行了长期深入研究，取得了显著的成果，其中多项研究成果为学术界首创，具有深远的影响。张世明教授极大地推进了郑氏流派中医骨伤、运动创伤、运动医学学术传承发展，促进了郑氏流派临床疗效及适用性提高，为郑氏骨伤流派及中国中医骨伤、运动创伤学术体系的时代发展做出了卓越贡献。张教授德艺双馨，不仅在四川省医界及伤病群众中具有较高的威望，在中国体育界、卫生界和运动医学领域也具有重要影响，为四川省及我国著名的中医、中西医结合骨伤、运动创伤医学专家。

编　者

2024 年 3 月

编写说明

本书的编撰，缘起于四川省中医药管理局杨殿兴局长对四川省中医继承与发展的关注与努力，为四川省中医药管理局 2014 年度立项资助的重点项目之一。

四川省骨科医院为郑怀贤骨伤流派主要传承、创新及非物质文化遗产保护单位，医院张世明教授为郑老主要传承人之一，数十年临床、科研、教学中，协助郑老创始、完善并发展了郑氏骨伤科流派及中国中医、中西医结合运动创伤学科，形成了具有张氏特色的中医、中西医结合运动创伤体系，为我国竞技体育医疗科研、群众伤病防治、中医骨伤/运动创伤学科发展及人才培养做出了卓越贡献。为传承和弘扬张世明教授学术思想和临床经验，医院欣然受命编撰本书。

本书以张世明教授临床、访谈、著作等为依据，忠实于张老临床经验与学术思想，较好地反映了张老临床与学术的原貌。本书主要分为张老临床特色经验、医案、学术思想、学术访谈、论著提要、学术传承、学术年谱等部分。本书在张世明教授指导下，由其博士后传承弟子四川省骨科医院荣海波主任中医师为主编，四川省骨科医院马建研究员/主任中医师、虞亚明主任中医师、沈海主任中医师、涂禾主任中药师、刘慧医师等共同协作编写。

本书在省中医药管理局严谨指导要求下，由张世明教授指导及项目组传承弟子专家在前期成果基础上编写完成，书稿得到张老悉心审阅并提出修改意见，特此向省中医药管理局、张世明教授、诸位张老弟子专家及四川省名中医继承项目评审专家组表示衷心的感谢。

张世明教授传人众多，未能一一请教，同时本书撰稿时间有限，本书内容难免有疏漏或不足之处，望各位郑氏及张老传人及读者在阅读过程中提出宝贵意见，以便再版时修订提高。

编　者

2023 年 3 月

目录

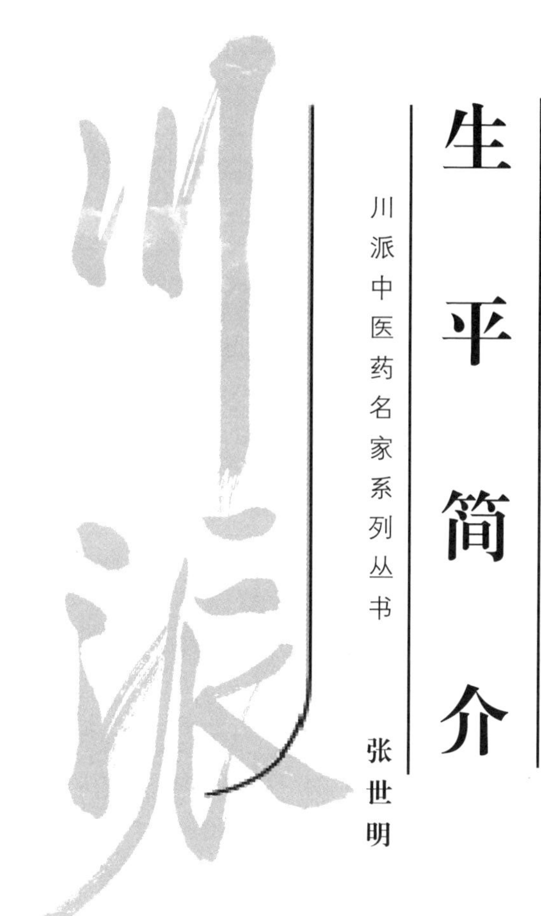

生平简介

川派中医药名家系列丛书

张世明

张世明（1943.10—　），四川资中人，毕业于成都体育学院运动保健系，1965 年 08 月至今就职于四川省骨科医院（原国家体育总局成都运动创伤研究所）。张世明教授师承中国著名中医骨伤、运动创伤专家，武医大家郑怀贤教授，为郑氏骨伤流派的创建、传承、完善发展及中国竞技体育医疗、科研保障事业做出了重大贡献。

张世明教授为四川省骨科医院（原国家体育总局成都运动创伤研究所）主任中医师、研究员、教授、博士后导师，曾担任国家体育总局成都运动创伤研究所所长、四川省骨科医院（成都体育医院）院长、党委书记等职务，并历任中央干保委医疗专家，中国体育科学学会理事、中国运动医学专委会副主任委员、国家体育总局体能恢复与运动营养专家组副组长、中华中医药学会常委、奥运会运动创伤防治专家、省中医药学会副会长、中医骨科专委会主任委员、成都运动医学会专委会主任委员、《中国运动医学杂志》副主编，成都体育学院教授（硕士生导师），全国老中医专家学术经验继承指导老师，全国首届中医药传承博士后导师，多次被评为国家体委体育科技先进工作者、四川省科技先进工作者、享受国务院政府特殊津贴、全国名中医，四川省首届十大名中医、四川省首批有突出贡献卫生人才、四川省学术技术带头人。

张世明教授是我国备战奥运会、亚运会和全运会科研攻关与科技服务高级专家，曾为郎平、张蓉芳、张山、朱玲、唐琳、殷剑、杨阳、赵蕊蕊、张军、姚明等著名运动员疗伤，疗效显著。

张世明教授从事中医事业 50 余年，全面继承其先师郑怀贤教授学术思想及“望、闻、摸、认”四诊、十二正骨手法、十三按摩手法、十二经穴按摩手法、运动按摩、郑氏系列伤科药物、练功术、分期辨证论治和心理治疗等伤科临床经验，长于运用中医筋骨内外辩证、手法整复、中药、推拿、针灸等传统理法进行运动创伤、中医骨伤的临床、科研和教学工作，善于运用中医理论与现代医学相结合进行疾病的辨病辨证诊疗，强调在诊断和治疗中均需贯彻中医辨证论治思想，做到病证结合、局部与整体结合、主证与兼证结合进行辨证。在诊治中，树立筋骨及脏腑经络气血整体观，注意根据临床实际具体辨病、辨型、辨证论治，不拘泥于分期论治，反对一方一法一药一术治之，以期取得最佳疗效。将中医理法与运动医学结合，为创建中国特色运动创伤医学体系，运用中医药进行运动创伤防治和运动性疲劳的恢复，做了开创性工作。撰写并发表论文70余篇，主编或参与编写医学专著10余部。其中《中医药与运动医学》《中西医结合运动创伤学》等专著，对运动创伤防治、运动训练和医务监督均具有临床指导意义。先后公派赴美国、苏联、保加利亚、意大利等国家，以及我国香港和台湾等地区讲学交流，为弘扬祖国传统医学瑰宝做出较大贡献。

临床经验

川派中医药名家系列丛书

张世明

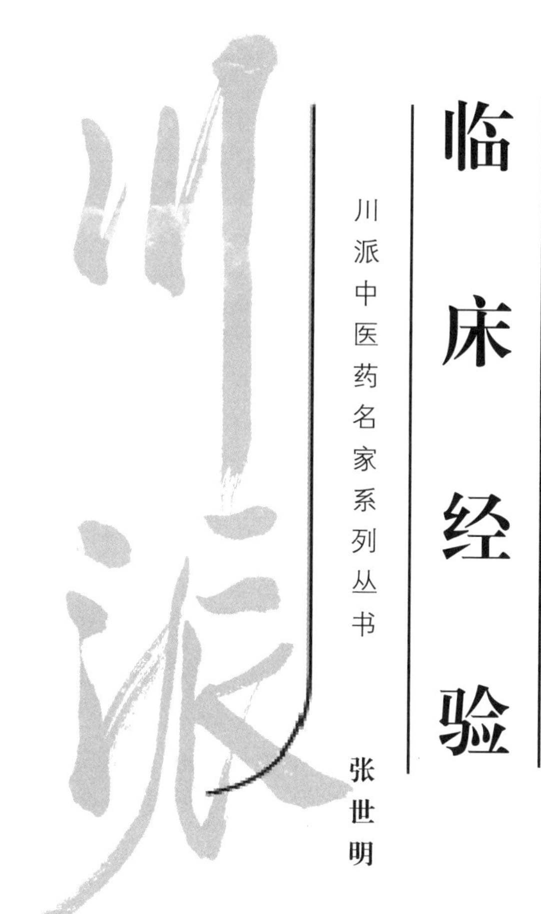

张世明教授师承于四川已故骨科名家郑怀贤教授，完整地传承并发展了郑氏伤科学派学术理论及临床体系。他继承郑氏伤科学派开放包容、精益求精精神，访各派名医，熟读中医经典名著，借鉴现代医学的相关理论及技术，从事中医骨伤科及中医运动医学临床、科研和教学数十年，对伤科常见疾病及疑难重症的辨证论治有丰富的经验和独到之处，运用中医药治疗运动创伤具有非常鲜明的张氏特色。

一、病因诊法

张世明教授运动创伤主要诊治专业运动员及群众体育爱好者，以及其他群众运动所致伤病，其病因以不良运动外力导致伤损为主；其诊法是在筋骨、脏腑、经络、气血等局部结合整体辨证指导下，对伤者局部及全身进行望、闻、问、摸（切）四诊合参临床检查，并结合必要的 X 片、CT、MRI 及超声等影像学检查、生化检查及感觉、运动、肌力、反射等检查，进行辨病、辨证分析和判断，得出正确的诊断结论。

（一）病　因

张世明教授认为，竞技体育以更快、更高、更强为目标，向生理极限不断挑战，相互竞争激烈，急慢性伤病、劳损的发生很难避免。目前我国专业运动队运动创伤发生率相当高，严重影响到运动训练和比赛成绩，成为体育界必须面对、非常急迫的问题。因此，从病因着手，重视运动伤病的防治具有十分重要的意义。

运动创伤病因分析包括内因和外因，张世明教授认为外因起主要作用，并与运动项目特点密切相关，内因是发病的重要内在基础。

1. 外　因

（1）外力作用

各种外来暴力、不良应力和过度运动等原因引起的伤病，都可导致运动系统伤病。造成创伤的外力，一般分为直接外力、间接外力、肌肉收缩力和慢性劳损四类。不同运动项目、运动方式，其外力特点与部位也各有特点，应加以辨别。运动员因其专业性，其运动多长期超负荷，普遍都有运动性疲劳及劳损基础病因存在。这是张世明教授运动创伤诊治中一直所强调的因素。

（2）训练方法不科学

这是运动伤病发生的重要原因之一。主要表现在：训练方法缺少科学性，安排不合理，缺乏循序渐进的训练原则，不重视热身准备活动和训练后的放松恢复练习；未针对不同年龄运动员各自的体质气质和技术水平情况区别对待，而是统一的单一的某一技术动作或身体素质训练太多；或技术动作不规范；或训练时间过长，使运动员过于疲劳而厌倦训练，这时最容易发生筋肉、关节、软骨、韧带、腱末端结构、滑膜皱襞、滑液囊及骨、骨骺的慢性损伤和劳损。

（3）运动项目性质特点

对抗性、身体易接触的运动项目，如足球、篮球、曲棍球、橄榄球、摔跤、柔道、拳击、跆拳道、武术对打、散打等项目，易发生扭挫伤；乒乓、网球、射击、举重、速滑等项目，因其运动部位局部过度反复过用，易发生局部劳损、退变；危险性高的运动项目如体操、跳水、弹网、激流皮艇、自由式滑雪、花样滑冰等；高强力的运动项目如举重、跳跃等项目，或在力量、耐力、弹跳、爆发力训练时，易发生负荷最强部分的筋肉牵拉伤、关节扭挫伤或骨应力性损伤。对专业运动员而言，有些伤病是难以避免的，当属职业病范畴。

（4）场地卫生与设施

体育场地杂乱无章、灯光暗淡，活动空间太小，场地质地过硬、过滑、凹凸不平，设施陈旧失修，运动用具、服装鞋袜不合适，缺少保护装置，特别是在球类跑跳项目和拳击、散打、跆拳道、击剑等项目，更易发生损伤。

（5）职业道德

不遵守训练及比赛规则，职业道德品质差，也是造成运动伤害的重要因素。

（6）缺乏医务监督

医务科研人员未深入运动场地去发现和掌握伤病发生规律，未及时向教练员提出预防伤病的办法和建议。突发伤病未进行及时正确的现场处理。对带伤训练的运动员，缺少伤部支持带等保护措施等。

（7）环境气候因素

在寒冷或炎热天气，或雨中进行训练和比赛易导致伤病的发生。在疲劳或大汗情况下，肌体易感受风寒湿外邪，不仅可导致感冒，在筋肉疼痛或关节劳损部位都可复感风寒湿外邪而致痹症，加重伤情。水上运动、冰雪项目等易在训练中感受外邪侵袭致病，应加强防护和医务监督。

（8）邪毒感染

机体受损后，若有皮肉破损或开放性骨折，或恶血留内不去，易受邪毒或细菌等感染，而发生局部或全身性感染等疾病，若不及时有效处理，其症多险恶。

2. 内　因

（1）年龄

不同的年龄，其职业、心理特性、脏腑功能、骨与关节、肌肉等生理结构特点有所不同，其伤病发生率和损伤部位、性质等也不一样。如老年人易发生慢性颈肩腰腿痛、骨关节炎、骨质疏松性伤病或骨折，且多并发症发生；而青壮年人易发生四肢骨与关节肌肉的急性损伤或劳损；少年儿童则易发生关节骨骺软骨损伤及尺桡骨青枝骨折、肱骨髁上骨折等。

（2）体质和气质不足

体质和气质是机体在遗传性和后天获得性基础上所表现出来的特性，国际上常称为“体适能”，主要是指肌肉力量状态、关节的柔韧性和心肺等脏器功能。体质的强弱、盛衰、胖瘦与伤病发生有密切关系，并且与年龄相关。年轻力壮者，多气血旺盛，筋骨强健，当遭受外力或外邪刺激时，相对地不易发生筋骨伤，大多数是受强大外力而致病。

当肌力不足、缺少训练、肌肉质量不佳时，平衡能力较差，不仅影响关节的稳定性，难以完成大强度训练和技术动作，且易发生筋肉及关节损伤。

当关节柔韧性差、动作不协作、僵硬时则更易发生关节韧带、软骨、肌腱及关节辅助装置损伤，且难以完成更强、更复杂的攻防技术动作和训练。

当心肺等内脏机能不强时则体能体力不足，耐力不强，易发生疲劳和动作不协调，难以适应大强度训练，极易发生各种损伤。

年老或体弱者，多肝肾亏虚、筋骨萎软，则易发生筋骨伤，或感受风寒湿外邪致病。肥胖型体质者，多筋骨不健，关节活动不利，易发生脊柱和下肢载重关节的骨关节伤病等。

运动员的不良性格、心理素质不良、情绪不稳定、精神状态、意志力薄弱，缺乏团结拼搏精神，灵敏性不佳，在训练比赛中易发生情绪化、注意力不集中，不能精神饱满、全神贯注地去进行大强度和高难度技术训练，也易发生各种损伤。

（3）运动系统生理结构不良

若运动员存在先天性骨、关节及肌肉等组织结构发育异常（不良）或体型肥胖、瘦弱，容易导致运动机能不足，而发生先天变异部位的组织损伤。

常见的先天变异或发育不良有：第3腰椎横突过长、腰骶椎隐性脊椎裂、腰椎弓根狭部裂（不连），第5腰椎横突肥大、腰椎骶化、骶椎腰化，脊柱畸形，髋臼发育不良，股骨内外髁发育不良，高位髌骨、二分髌骨、盘状半月板、髌股关节骑跨不合槽、膝内、外翻畸形，膝、肘关节过伸，四肢肌肉发育不足、乏力，关节、骨骺发育不良，小腿三头肌跟腱短小，扁平足、拱形足、足副舟骨、跟骨结节高凸及尺桡下关节结构不良，视网膜发育缺陷、高度近视等。

建议根据不同的运动项目特点，在选材时应注意对易伤的运动部位进行影像学检查，以正常骨关节肌肉结构选材为宜，对体形肥胖瘦弱者，也应注意针对性地考虑。

（4）技术动作不熟练或不正确

技术水平差的运动员常不能用正确的技术动作完成各种高强度和复杂性动作的训练，很易发生受伤。如力量练习时，以不正确的体位作蹲起练习，极易损伤腰、膝，再如网球运动员反复进行错误的击球动作时，也易发生“网球肘”等。

（5）处于疲劳状态和注意力不集中

当发生运动性疲劳后，一般运动技能都要下降，神疲倦怠，精神不易集中。此阶段最容易发生伤病，应引起高度重视。而在训练全过程中，运动员注意力不集中时也易发生意外损伤。

（6）心理素质不良

运动员过度热衷某项运动，易造成体力不足，发生过度疲劳引起受伤。

而过高估计自己的运动能力或好胜心太强，则易操之过度、失去自控而冒险，也易发生损伤。对焦虑、过度紧张者，易行为失常，“走神”，造成动作不协调而发生损伤。

（7）病理因素

病理因素指机体因其他致病因素发生的骨与关节疾病，如骨髓炎、骨结核、骨肿瘤等，可在轻微外力或疲劳下导致病理性骨折发生。

（二）诊　法

1. 摸诊（触诊）

张世明教授摸诊，除切脉外，主要体现在摸法上，以此了解外力作用引起肢体损伤的部位、性质、程度、深浅等。

摸诊是张世明教授临床诊断主要检查方法之一。《医宗金鉴》说：“摸者，用手细细摸其所伤之处，或骨断、骨碎、骨歪、骨整、骨软、骨硬、筋强、筋柔、筋歪、筋正、筋断、筋走、筋粗、筋翻、筋寒、筋热，以及表里虚实，并所患之新旧也。……然后依法治之。”所以，应仔细用手检查伤处，根据筋骨关节损伤异常形态，辨认出是否有骨折脱位、韧带筋肉断裂和损伤程度、移位方向等。张世明教授常用的摸诊法有：

（1）摸压痛点。即检查痛点和压痛部位。根据压痛部位、范围和性质，判定组织损伤和病变情况。一般采用直接触摸或摸捏方法，由表及里、由轻到重、由远及近进行压痛点检查，以防漏诊。如肋骨骨折或骨盆骨折，除局部压痛点检查外，还可用间接挤压肋骨或对向挤压、分离骨盆的方法，若发生锐痛，则可考虑有骨折发生。

（2）摸包块。首先触摸包块的部位、深浅，了解其解剖层次；其次摸包块的硬度、大小、形态、边界是否清楚，推之是否有移动或搏动等，以了解包块性质，损伤程度。若包块坚硬，能随肢体活动者，多为骨端。若质软，可随肌肉收缩移动者，多为断裂肌肉的断端。若伤后数日，包块较硬，位置深，多为深部的血肿机化物。若新伤，则肿块较软，按之有波动感，则为局部血肿。

（3）摸畸形。在肌肉丰富的部位畸形外观不明显，可摸而得知。若骨折端发生分离移位，可摸得骨折两断端之间有凹陷。关节脱位可扪及关节前后凹凸之骨端，肘关节则可扪及肘三角改变等。若为肌腹断裂，可摸得双峰畸形，质软，随肌肉收缩而移动。若为单一高突畸形，质软、随肌肉收缩而改变者，多为附丽部断裂。另外整复骨折或关节脱位，可通过摸局部畸形消失情况，了解复位效果。

（4）摸皮温。新伤骨折局部皮温较正常稍高。若骨折处灼热，伴红肿，可疑有感染。若伤肢肿硬发凉，远端苍白或紫绀，应考虑伴有血管损伤。

（5）摸异常活动。这是诊断骨折的重要体征之一。检查者一手握骨的近端，另一手握其远端，轻轻摇晃，如在四肢长管状骨不活动的地方，出现活动者为异常活动，即可诊断为骨折，完全性骨折、不稳定性骨折均可摸及明显异常活动。骨折已愈合者，无异常活动。骨折不愈合者，有异常活动，但无疼痛，或疼痛甚轻。检查时，不能过度追求触摸异常活动，而粗暴摇动伤肢，否则会加大移位，加重软组织损伤，增加出血和患者痛苦。

（6）摸弹性固定。这是关节脱位的主要体征。也是骨折与关节脱位鉴别诊断的重要依据。所谓弹性固定，就是脱位的关节保持在特殊的畸形位置，被动搬运伤肢时有一定阻力，松手后患肢自动弹回原畸形位。

2. 闻　诊

张世明教授闻诊主要分全身与局部两个方面。以局部闻诊为其特色，除用耳听骨关节等发声外，更多的是以触觉灵敏以“闻”之，对医者手部等“听劲”要求较高。

（1）闻骨擦音。骨擦音是完全骨折的主要体征之一。通过闻其局部骨擦音可确诊骨折；若为骨裂、嵌插性骨折、青枝骨折及骨折端分离移位、骨折重叠明显或两折端间嵌有组织者，无骨擦音。若骨折经治疗在2周后，有纤维性骨痂连接者，骨擦音可不明显。若骨折治疗1~2个月后，轻轻移动伤肢时仍有骨擦音者，为迟缓愈合或不愈合。在检查时应当注意，不能为寻找骨擦音，而过度摇动患肢，以免增加病人的痛苦和损伤。

（2）闻骨传导音。这是听诊与叩诊相结合检查有无骨折的检查方法之一。操作时伤肢与健肢置于对称体位上。闻上肢骨传导音时，听诊器置于胸骨柄处或肱骨大结节处，叩击肱骨内、外上髁，或尺骨鹰嘴，桡骨茎突，尺骨小头。闻下肢骨传导音时，将听诊器放于耻骨联合处，或股骨大粗隆处，叩击髌骨，或股骨内、外髁、胫骨粗隆，内、外踝。正常骨可听见清脆实在的骨传导音。骨折时骨传导音变为低沉或模糊不清，或消失。骨折严重移位，软组织嵌入者，骨传导音消失。骨折复位后，骨传导音即可恢复。若与健肢相同部位的骨传导音作对比时，更能明显查出。闻骨传导音不仅有利于骨折诊断，亦有利于了解骨折性质及骨折整复效果。

（3）闻关节摩擦音与弹响声。一手放在关节上，另一手活动关节远端的肢体，如感到有柔和的关节摩擦音，多为慢性或亚急性关节疾患；若为粗糙而复杂的摩擦音，常见于骨性关节炎。膝关节在活动到某一角度时，出现交锁或解锁的弹响声，多为有关节鼠或半月板损伤。

（4）闻肌腱及腱鞘摩擦音。在某肌腱活动时，若出现粗糙的摩擦音或摩擦感，则为该肌腱腱鞘炎、肌腱腱围炎等。

（5）闻捻发音。见于肋骨骨折断端刺破肺脏，形成气胸，空气渗入皮下组织，形成皮下气肿，按之有捻发音。

3. 诊断中的中西医结合

张世明教授临床诊断，非常重视结合现代西医的 X 片、CT、MRI、超声波、肌电图等诊断方法，注重以中医的辨证思维结合现代运动医学解剖、生物力学等方式对影像资料进行解读，其对影像资料的解读完整性、准确性及深度往往超出单纯的西医读片诊断。

二、独特疗法

（一）手法整复与按摩

张世明教授手法传承自郑怀贤教授，参考学习了其他骨伤流派优秀手法，在其数十年运动创伤临床及研究中不断发展总结而成，包括筋骨伤整复手法、按摩基本手法、经穴按摩手法等。

1. 筋骨整复手法

张世明教授传承郑氏伤科流派，擅长手法整复，特别是运动创伤筋伤的整复是其特色。《医宗金鉴·正骨心法要旨》曰："手法者诚正骨之首务哉。"并强调"正骨者，须心明手巧，必素知其体相，认其部位，一旦临证，机触于外，巧生于内，手随心转，法从手出。或拽之离而复合，或推之就而复位。""虽在肉里，以手扪之，自悉其情，法之所施，使患者不知其苦，方称为手法也。"张世明教授在手法整复中要求达到"无创下使患者不知其苦，就把骨折筋伤脱位整复成功"的水平。

（1）手法整复原则

① 任何骨折筋伤脱位，张世明教授都要求在手法整复前必须熟知其体相，精悉其解剖结构，通过伤史、症状体征和影像学检查资料，认真分析其受伤机转和骨折类型、移位方向，制定出完善的手法整复方案。

② 张世明教授临床中特别强调：正确的整复手法，必须是逆受伤机转的整复手法，也是减少损伤的、复位易成功的复位方法。一般都是多种手法配合进行整复才能成功。

③ 整复时间越早越好，争取一次复位成功。根据情况宜在麻醉情况下整复，成功率高，病人痛苦小。

④ 复位应力争达到或接近解剖对位。难以达到近解剖对位者，则应尽量达到功能复位的要求，不要一味追求解剖对位，否则会适得其反。

⑤ 骨干骨折有旋转和分离移位者必须完全矫正。下肢骨折：侧向成角畸形必须矫正；前后成角畸形原则上成人不超过 10°，儿童不超过 15°；肢体短缩原则上成人不超过 1 cm，儿童不超过 2 cm。

⑥ 复杂性骨折有旋转、侧向、前后移位者，手法整复时一般应先矫正旋转移位，再整复侧向、前后移位。前臂或胫腓骨双骨折者，一般先整复稳定性骨折，再整复不稳定骨折。脱位伴骨折者，应先整复脱位，再整复骨折为宜。

（2）整复手法

① 摸捏心会。

此法是骨折筋伤手法整复前重要检查方法。《医宗金鉴·正骨心法要旨》曰："摸者，用手细摸其所伤之处，或骨断、骨碎、骨歪、骨整、骨软、骨硬、筋强、筋柔、筋歪、筋正、筋断、筋走、筋粗、筋翻、筋寒、筋热，以及表里虚实，并所患之新旧也。先摸其或为跌扑，或为错闪，或为打撞，然后依法治之。” 摸捏心会就是术者用手摸捏方法来检查判定骨折、脱位移位情况和筋肉伤损、肿胀情况，并结合影像学检查 ，以达“知其体相，认其部位”。此法为骨折脱位整复的基本手法，贯穿于整个复位过程。要求摸捏伤处时宜由远及近、先轻后重、由浅入深，细心检查，摸捏心会，得心应手。

② 拔伸牵引。

此法是骨折脱位整复最为重要的手法。“拔伸”始见于唐代蔺道人《仙授理伤续断秘方》“医治整理补接次第口诀”中。拔伸牵引具有极强的科学性，是减少损伤的正确整复方法。它不同于单纯的对抗牵引，而是根据骨折重叠、成角、旋转等畸形的骨纵轴方向，行逆受伤机转的拔伸牵引，有拔出拉伸之义。待畸形和伤肢长度恢复时，根据骨折移位情况，再配合其他整复方法矫正侧向、旋转等移位，达到整复骨折脱位的目的。

有的骨折和肩、髋关节脱位在施行拔伸牵引手法时往往可获得复位成功。拔伸牵引手法多为两人配合进行，一人宜固定近端适度用力，另一人则握住伤肢远端，沿骨畸形纵轴方向进行拔伸牵引手法。因此，要求术者认真分析骨折受伤机转和移位畸形体相，才能达到正确的拔伸牵引手法的整复效果，而不是简单的相反方向对抗牵引手法。应谨记拔伸的真正含义和道理，拔伸牵引须持续用力，不可一松一紧，不可猛力牵拉。术者手摸心会感知有骨擦音时，说明骨断面相对，重叠基本矫正。可配合其他整复手法以矫正旋转、侧向、前后等移位。

③ 旋转回绕。

此法用于骨折断端有旋转移位者。宜在适度拔伸牵引下，确定骨端无明显软组织嵌卡后，方进行旋转回绕整复手法。由于骨折暴力的复杂性和肌肉收缩力，往往发生骨折断端间的旋转移位，术者须认真分析、阅读 X 片或其他影像学资料，分清骨断端旋转方向，再逆旋转方向进行旋转回绕手法方可成功。临床上多见于骨干短斜形骨折中折端断面相对的旋转移位，此类骨折易于用旋转手法整复成功。少数短斜形骨折患者，折端断面不相对，而是因过度旋转发生骨折断面“背靠背”的旋转移位，多有软组织嵌夹于骨折端，给手法整复带来困难，因此，术者须仔细分析发生“背靠背”旋转移位的方向，在适度拔伸牵引下，逆旋转方向进行骨端回绕手法复位，一般都能取得满意的复位效果。否则，会加大损伤，且复位不能成功。

关节脱位发生旋转时，同样应认清旋转方向，进行逆旋转的整复手法，再配合矫正侧向、上下脱位的整复手法，易于成功复位。

脊柱椎骨在外伤下发生旋转移位或关节错缝时，同样也可用旋转推挤手法进行整复。

④ 推挤提按。

此法为骨折脱位整复的常用手法。主要整复骨折脱位的侧向、前后移位或成角移位畸形等。在牵引下，术者用双手指或手掌置于骨折移位的远、近端，作对向用力的推挤提按手法进行复位。一般有侧向移位者，用推挤手法；有前后移位者，用提按手法；成角畸形者，一般在拔伸牵引下，同时配合推挤提按手法整复之。肱骨外髁骨折、内上髁撕脱性骨折、桡骨小头脱位和腕、踝以下小关节脱位者，也常用推挤按压等手法捺正整复之。值得注意的是，在实施推挤提按整复侧向、前后移位时（特别近关节部位的骨折和关节脱位），常配合伤肢的屈伸收展或旋转等手法进行整复，易复位成功。

⑤ 屈伸收展。

此法主要用于近关节部位的骨折成角移位和关节脱位的整复，如肱骨外科颈骨折、小儿肱骨髁上骨折及桡骨远端骨折等的复位。根据成角移位畸形情况，助手在拔伸牵引伤肢下做屈、伸、展、收手法，同时术者在骨折部位运用提按推挤等手法以整复之。以肢体屈伸法矫正向前成角畸形，伸展法整复向后成角畸形，内收法矫正向内成角畸形，外展法整复向外成角畸形。

⑥ 挤拉分骨。

此法用于尺桡骨骨折、胫腓骨骨折及掌骨、跖骨骨折发生移位、骨间隙变窄者。在适度牵引下（不宜过度用力牵引），术者用双手拇指与食、中、无名指置于并列的两骨折端间隙作前后挤压手法，同时提拉分开靠拢的两骨折端，以达到恢复骨间隙和骨折复位的目的。

⑦ 成角折顶。

此法主要用于复位困难，有重叠畸形、前后方移位的横型或锯齿型骨折，常见于前臂骨折、儿童股骨干骨折等。整复时，术者用双手四指在下环抱骨折向下的折端，双拇指在上置于高突的骨折另一端，在拔伸牵引下，术者双拇指向下按压，加大成角，使两骨折断面相接触，然后骤然向上反折纠正成角，使骨折对合复位。

⑧ 对扣捏合。

此法主要用于整复粉碎性骨折或骨块分离移位，或关节分离移位，如肱骨髁间骨折、股骨髁间骨折、胫骨平台骨折、四肢骨干粉碎性骨折及上、下尺桡关节分离，胫腓下联合关节分离等。整复时，术者双手指交叉合抱住骨折部或关节分离处，以两手掌（根）对向扣挤分离的骨块或关节进行复位。

⑨ 牵抖分合。

此法主要用于复杂的关节部位骨折、关节脱位有“交锁”难于复位者等。如肱骨外髁翻转型骨折，术者可牵引患者前臂远端进行牵抖分合手法，使前臂伸肌在外髁附着处反复牵拉翻转骨块，使其顺正，再施行推挤、屈伸手法复位。胫骨平台粉碎或嵌入压缩骨折，有骨片重叠、塌陷者，则可在拔伸牵引下配合适当的展收手法，使重叠交错的骨块分开，再用推挤手法，将骨块整复合拢复位。肩关节、髋关节及掌指关节脱位有韧带、肌腱“交锁”难以复位者，可在逆受伤机制下进行牵抖、旋转手法，使脱出的头“解锁”，再用牵拉推挤手法送头复位。要求在牵抖时不宜过度用力，否则难以“解锁”复位。肘关节外上旋转脱位合并肱骨内上髁撕脱骨折嵌入关节间隙者，一般手法很难复位，可用分合手法，先造成脱位机制，分开一定关节间隙，使嵌入骨块离出，再合拢关节间隙，用推挤手法将骨块推出，使肘关节复位。

部分脊柱骨折或腰椎间盘突出症患者，可在俯卧位行按压牵抖分合手法整复治疗。脊椎小关节紊乱疼痛剧烈者，可在坐位做腰脊先屈后伸使小关节先分后合而整复之或用揹法牵抖脊柱治疗之。

⑩ 扳顶拉挂。

此法主要用于锁骨骨折、关节脱位及陈旧性骨折畸形的折骨术等。扳顶手法，术者以膝部顶住肢体适当部位为支点，双手握住该部位两端为力点，作反向用力的扳拉，达到牵引整复骨折或折骨的目的，如锁骨骨折、胸骨骨折的整复及陈旧性骨折成角畸形的折骨等。拉挂手法，用于肩关节、颞颌关节脱位的整复。如肩关节前下脱位，在固定肩部下，术者双手握住伤肢外展向下牵拉，然后顺势骤然向上挂送肱骨头入臼；颞颌关节脱位，术者双手用力向下按压患者下颌磨牙部位，再推送下颌归位。

⑪ 纵向触碰。

此法主要用于横型或锯齿型骨折在复位后，骨断端间仍有分离者。整复时，术者双手固定骨折端，由助手用单手或双手纵向送顶伤肢的一端，或从上、下端施加压力纵向触碰，使骨折端稳定、紧密对合。此法不适宜螺旋型、长斜型及严重粉碎性骨折的整复。

⑫ 按摩推拿。

此法主要用于骨折、关节脱位周围的筋肉、筋腱、筋膜伤损的理筋整复、消瘀止痛，以达骨正筋柔、关节通利之目的。《医宗金鉴·正骨心法要旨》正骨八法中，就记载了按、摩、推、拿四法，可见按摩推拿手法在骨折脱位、筋伤治疗中的重要作用。按摩推拿手法种类繁多，张教授临床治疗主要应用郑氏按摩十三法、经穴按摩及滚法等。

2. 按摩基本手法

（1）表面抚摩法

用手掌或指腹贴于皮肤上，做直线或圆形的轻轻抚摩动作。要求动作轻柔，用力均匀。本法具有镇静、止痛、催眠等作用，多在治疗开始和结束时运用。

（2）揉法

用拇指腹或掌根或手掌紧贴于皮肤上，做圆形或螺旋形的动作。根据不同部位和伤损浅深，力量可轻可重，画圆幅度可小可大，频率可慢可快，以力达筋肉或骨为宜。本法具有消瘀肿、行气血和缓解疼痛的作用。

（3）捏法

拇指与其余四指分开，使手呈钳形，用拇指和四指捏住伤肢筋肉，做间断的用力对合动作，要求手指紧贴皮肤进行。若为筋腱或手指损伤，可用拇、食指行捏法。手法可移动或不移动，视病情而定，每分钟以 50 ~ 60 次的频率为宜。本法具有松解筋肉痉挛、促进血液、淋巴循环、消除肿痛的作用。

（4）揉捏法

手形同捏法，呈钳形。将掌心和各指紧贴皮肤，掌心和五指一齐用力做向前移动的揉捏动作。当移动到一定距离后，手掌不离开皮肤迅速抽回，如此反复进行。在操作上有揉有捏的动作，揉捏同时进行。本法具有使深部组织、神经血管受到良性刺激，促进新陈代谢、通经活血、散瘀消肿的作用，多用于四肢肌肉酸痛、风湿痛、伤后瘀肿不散、筋肉粘连等。

（5）推压法

用手掌根部或拇指腹紧贴于皮肤上，用力做直线平推或缓慢向前、向下的推压动作。在腰背部，宜用双手拇指并拢或呈“八”字形在棘突两旁推压脊柱，可纵推、横推脊椎骨；在两侧腰背筋肉处，则宜用双手掌根或全掌进行推压手法。平推筋肉时，要求用力均匀，力达筋肉；推压脊柱时，要求有节奏地向前下方做推压手法，当推压至一定距离时将手撤回，撤手动作犹如抽丝，然后再重复进行，也可在错位或僵硬的脊椎处作横向推挤手法。推压四肢关节错缝伤，可在适当牵引下进行。本法具有消散积气、瘀血，舒筋活血、止痛、整复关节错缝等作用，多用于脊柱、腰背、腹部和四肢筋肉关节伤痛和肌肉疲劳酸痛等。

（6）按压法

用拇指、掌根、手掌或肘尖紧贴伤部痛点，用较大力量做向下的按压动作。要求按压力量由轻到重，逐渐加力。若力量不够，可用双手拇指端按压或双手重叠用力进行按压手法。一次按压时间可持续数秒至 1 分钟，反复多次进行。腰部脊椎损伤或椎间盘突出症，可在牵引下，用双手掌重叠作快速、连续不断的按压抖动手法，起到脊椎整复、错缝关节还位的作用。本法具有通络镇痛、舒筋解痉、整复关节错缝等作用，多用于颈肩腰臀腿部深部组织伤痛及关节错缝伤等。

（7）搓法

两手五指并拢，自然分开，手掌紧贴于皮肤上，做相对用力、方向相反的来回搓动筋肉的动作。要求双手动作轻快、协调，力量均匀、连贯，频率一般较快。本法具有松解筋肉痉挛，促进血循和组织代谢，提高筋肉功能的作用，多用于胸、背、臀部和四肢关节筋肉伤痛，风湿痛等。

（8）摩擦法

手掌自然伸开，五指并拢，用全掌紧贴压于皮肤上，做圆形和直线形的摩擦动作。要求先做圆形的摩动，然后再用力地做直线形的摩擦。术者腕部固定不动，以肘带手进行摩擦，每个动作要迅速、利落、连续不断，使皮肤筋肉有热舒感。本法对组织有强力的良性刺激，具有兴奋筋肉、神经，局部大量生热，改善局部血液、淋巴循环的作用，多用于大块肌肉部位的劳损伤痛和风湿麻木等治疗。

（9）摇晃法

用双手分别握住患肢的远侧，做关节屈伸旋转的摇晃活动。要求关节活动幅度由小到大，以达最大的旋转活动为度，可向顺时针或逆时针方向进行摇晃转动活动。本法有松解关节粘连、滑利关节、恢复关节功能的作用，多用于肩肘髋膝等四肢大关节的伤病。在颈部，可用于双手托持住患者枕颈部进行颈椎旋转摇晃动作；在腰部，多用双手重叠横置于脊柱腰段上，做左右摇晃腰椎的动作，对关节粘连、腰椎增生、劳损性伤痛、腰椎间盘突出症有较好作用。

（10）抖动法

一般用双手握持住肢体远侧关节部位，在持续牵引下做肢体的上下抖动动作。要求患者四肢关节放松，术者不得用猛力抖动，抖动幅度应逐渐增加，本法具有松解关节、筋腱粘连的作用，常与摇晃手法配合运用，多用于肩、髋、肘关节等部位。腰腿部疼痛者，可用双手握住患者双足踝上部作牵引抖动。

（11）拿法

用拇指和食、中二指，或用拇指与其余四指将筋腱或肌肉拿住，提起数秒钟后，再松手放回原位，如此反复多次。要求手指用力提拿，使患者有强烈酸胀痛感，放松后感觉局部松快舒展。本法具有强烈地刺激肌肉、筋腱、神经和松解筋肉痉挛、促进气血流畅、理筋强筋的作用，多用于全身筋肉痉挛、酸痛、风湿麻木疼痛等症。

（12）提弹法

手法同拿法，只是在手指提起筋腱、肌肉、神经后，然后放开时用手指一弹，犹如提弹弓弦。要求手法迅速有力，快提快放。本法具有比拿法更强的作用，适应症同拿法。

（13）弹拨法

用单手拇指端或双手拇指端在筋腱、肌肉或神经部位作用力地拨动，反复数次，犹如拨动弓弦。本法具有分筋、理筋、兴奋神经、松解筋肉粘连和解痉、止痛的作用，多用于筋肉损伤痉挛、粘连、疼痛和风湿痹痛等症。

（14）振动法

用一手掌贴于皮肤上，另一手握拳有节奏地叩击于手背上。要求叩击有力，使损伤内部有振动的感觉。叩击快慢应随叩击力量大小而不同，快者力宜轻，慢者力宜大。一般每分钟以60次左右为宜。本法具有消散腔内瘀滞、宣通郁闭之气的作用，多用于胸、背等深部组织伤和岔气内伤等。

（15）击法

① 叩击法。用手指指端或手握成空拳状作反复击打伤部或酸痛部位的动作。指端叩击多用于头部或骨骼凸起部，而手空拳则可掌面朝下或用小鱼际部进行击打，多用于肩背部、腰臀部和四肢肌肉肥厚区。本法要求动作轻松、有节奏，发力在腕部，具有振动肌肉、气血，促进血循，消除凝滞、肌肉疲劳酸痛等作用。

② 掌侧击法。两手伸直，手指稍分开，用小指侧击打肌肉。其手法要求和作用，同叩击手法。

③ 拍击法。手掌伸直，用单或双手掌做轻巧有力地拍击伤痛部位。要求有力均匀、有节奏，力量大小和拍击频率视伤情而定。本法具有调理气血、缓解胸、腹闷胀疼痛、消除酸胀等作用，多用于胸、腹部伤痛和岔气伤。

（16）滚法

手呈空拳状，用小鱼际侧紧贴于治疗部位，作手外翻、又内扣的往返滚动的动作。要求术者腕关节放松，手向外翻滚至中、食指背侧，用力地进行来回滚动，不可跳动。本法具有通经活络、行气活血、促进血循、解痉止痛的作用，多用于损伤后期筋肉劳损疼痛、风湿痹痛、肢体麻木等。

3. 经穴按摩法

张世明教授经穴按摩，传自其师郑怀贤教授所授郑氏经验穴及按摩法等，又称指针、点穴或穴位按摩，是“以指代针”进行治病，主要是用拇指端或指腹在所选取的穴位或痛点（阿是穴）上施行不同的手法，以达疏通经络、宣通气血、止痛镇痛和调整机能等目的。此法是郑怀贤教授所创，配合郑氏经验穴、常规用穴及其手法按摩，极具中国武医特色，要求辨证施术，有按、摩、推、拿、分、合、揉、掐、捻、压、运、搓十二手法，在所施穴位处有酸麻胀痛等“得气”感为度，或在伤损痛处运用手法以达理筋分筋、通络镇痛之目的。

（二）针灸疗法

张世明教授治疗运动创伤疼痛、痉挛、瘀血、水肿等病症，多选用手法结合针灸治疗，其选穴及用针较有特色。

1. 选穴特色及治则

张世明教授运动创伤临床针灸选穴，多应用郑氏经验穴、局部穴、特效穴结合循经选穴；治则多采用经筋刺形、瘀肿刺血、疼痛理气通经等法则；老年或久病不愈，局部寒湿虚萎等结合温灸等。

2. 针灸治验

（1）韧带、肌腱（经筋）损伤

这是张世明教授针灸最常治疗的损伤之一。张世明教授临床急性踝关节扭伤中单纯性距腓前韧带拉伤最为常见，他常采用针刺主穴丘虚、配穴悬钟、昆仑治疗，多配合其他疗法，有显著疗效，大部分病人针 2～4 次即可痊愈，症状完全消失、功能恢复正常，可较快恢复系统训练。张世明教授治疗脊柱棘上和棘间韧带损伤、膝关节的韧带损伤、肘关节和腕关节周围韧带损伤等，通过单纯针刺或配合其他方法治疗，也有良好疗效。职业运动员肌腱以及腱末端止点的慢性运动损伤较为常见，而且治疗上有一定的难度，最常见的有肱骨外上髁炎（网球肘）、髌腱末端病、跟腱末端病等。张世明教授治疗这类损伤多用针灸结合理疗等综合疗法，如：使用针灸、微波针和激光针等治疗运动员髌腱末端病；采用灸法（包括艾灸、微波灸和光灸），循经加局部取穴手法按摩治疗各种腱末端病取得良好效果。张世明教授在跟腱断裂等术后康复也常规使用针灸治疗，对促进运动员康复有确切的疗效。

（2）肌肉损伤

张世明教授应用针灸治疗各种急、慢性肌肉损伤有较好疗效。对常见的大腿前、后肌群急性损伤（包括挫伤和拉伤）、大腿内收肌群拉伤、小腿后群肌肉拉伤、急性腰肌扭伤等，采取针灸活血化瘀、解痉止痛治则，在较短时间内可使症状缓解。如：针刺后溪穴治疗急性腰扭伤，指针承山穴以镇痛解痉、治疗小腿三头肌痉挛和损伤等。运动创伤慢性肌肉损伤中，最常见肩背部和下腰部肌肉慢性、劳损性损伤，针灸有独特的疗效。张世明教授治疗腰肌劳损常用腰眼、肾俞、腰阳关、命门、八髎、委中等穴位，有明显的治疗效果；下背痛采用行气活血、祛痹化瘀治则，多取阿是穴，疗效较为显著。

（3）关节软骨损伤

关节软骨损伤一直是运动医学界所面临的难题，其中较为重要的是发生在膝关节的髌骨软骨病和半月板的损伤。由于软骨细胞本身的愈合特性以及本病所涉其他软组织（包括膝关节的髌骨张腱末端、滑膜、脂肪垫等）损伤广泛，治疗上比较困难。张世明教授在该病治疗上多分期治疗，早期采用活血化瘀，选用阿是穴、梁丘、足三里等穴针刺治疗，中晚期多通经活络、强筋壮骨，选用阿是穴、梁丘、足三里、血海、三阴交、阳陵泉等穴温针或电针治疗。

（4）疲劳性骨损伤

疲劳性骨损伤在跑跳类、球类运动员及新兵入伍中为多发，常见于胫骨疲劳性骨膜炎等。张世明教授针灸治疗采用阿是穴和三阴交直刺法治疗胫骨内侧疲劳性骨膜炎的运动员，短期治疗后疼痛消失，局部肿胀消退，可正常行走、训练。选太溪、跟痛穴为主穴，申脉、大钟为配穴针灸治疗运动员跟痛症，多数伤者足跟痛症状可消失，活动功能恢复正常。

（5）运动员周围神经损伤

运动员的周围神经损伤多数情况是牵拉和挤压造成的，如何加速运动员周围神经损伤后的恢复一直是运动创伤治疗难题之一。张世明教授对该病多用针灸治疗，急性期活血化瘀消肿，慢性期多采用益气温经通络，后期温灸，一般选用阿是穴及局部取穴，取得了一定疗效。张世明教授同时做了相应的基础研究，通过对周围神经钳夹伤动物，采用循经结合神经节段取穴的针灸治疗实验研究发现,周围神经损伤后使用电针能有效地改善神经肌肉的结构、代谢和功能失调状态，尤其在肌肉萎缩恢复上，电针作用更为明显。同时，电针对神经纤维再生数量和质量以及运动终板神经末梢的恢复均有良好影响。神经肌电检查也证实，电针治疗对周围神经损伤后失神经电位、肌肉收缩的神经干刺激阈和运动神经传导速度的恢复均有明显作用。

（三）中药

张世明教授运动创伤临床用药以郑氏伤科成药为主，辨证汤剂为辅。

1. 内治

张世明教授运动创伤内治以四诊八纲为法，根据其所伤部位、经络、深浅、轻重、年龄、体质强弱、病程长短等，多进行早、中、后三期基础上的气血经络脏腑辨证论治。

在三期论治中，张世明教授注重局部筋骨伤损与整体辨证结合、筋骨外证和脏腑经络气血内证结合、内治与外治结合论治。张世明教授认为运动创伤疾病特点多由外力致皮肉筋骨组织受损，多伤经络、气血，辨证多从血论，须先辨其伤损程度、瘀血或亡血情况，给予辨证施治。在整个治疗过程中，都应注意“血瘀论”观点和活血化瘀、祛瘀生新的原则，对血瘀气滞或气滞血瘀、瘀血凝结、内留作变，和经络、气血脏腑等情况进行辨证，灵活采用攻下逐瘀、活血化瘀、行气消瘀、活血通络、祛瘀生新、舒筋活血、续筋接骨、祛风寒湿、调补气血脏腑等治法治之。

（1）早期治疗

损伤早期多因皮肉筋骨、经络气血或脏腑受损，血溢脉外、发生气滞血瘀，或恶血留内、伤部肿痛等症。临证时，注意伤者年龄、体质、伤部轻重深浅等辨证，张世明教授多采用活血祛瘀为主的治法攻之、行之、摄之、散之。其临床辨证诊治多选用如下治法：

① 攻下逐瘀法。用于损伤初期，恶血留内（没有活动性出血征兆）、腹胀、大小便不通或秘结，舌红苔黄、脉数的体实患者，多见于胸腰脊柱骨折、骨盆骨折、股骨中上段骨折等伤，多选用大成汤加减方、通导丸治疗。

② 行气活血祛瘀法。用于损伤初期气滞血瘀、无攻下逐瘀证者，其治则活血祛瘀、行气止痛，根据损伤部位和证候不同，选用以下方剂加减治之。

• 胸肋部伤（含肋骨骨折血气胸）者，选用血府逐瘀汤加减，或七味三七口服液、制香片交替服用。

• 腹部损伤，用膈下逐瘀汤加减方、七味三七口服液、制香片，交替服用。

• 腰部、少腹部损伤，用少腹逐瘀汤加减方，或玄胡伤痛宁、制香片交替服用。

• 头部内伤者，颅脑严重损伤、神志昏迷不醒者送脑外科诊治。轻度损伤或脑震荡有晕厥者，用开窍通关法和活血消瘀通窍法治之，选用通窍活血汤、苏合香丸、颅内消瘀汤、七味三七口服液等。

• 四肢损伤，用桃红四物汤加减、玄胡伤痛宁、创伤宁、七味三七口服液。

③ 清热凉血解毒法。用于损伤初期，皮肉筋骨受损、局部血瘀化热，或热毒蕴结，或创伤化脓感染等证，临床见局部有明显红肿热痛，患者发热、口渴、舌红、苔黄、脉浮数者。根据伤损部位、程度和全身症状偏盛情况而辨证用药。

• 凡开放性创伤有感染、或局部红肿热痛明显者或围手术期的早期治疗，用五味消毒饮加减方。

• 创伤红肿热痛、热毒内陷营血，出现高热、神昏谵语、创伤出血感染，舌质红苔黄、脉弦紧或细数者，用清营汤加减方。

• 创伤出血感染破伤风者用羚玉散以熄风镇痉。

• 创伤后有活动性出血者，应尽快明确出血部位和原因，除采用加压急救止血外，对有脏器或大血管出血重者，除积极防止失血性休克同时，应进行必要的手术止血，张世明教授一般不用大剂量凉血止血药物。一般的创伤出血者，张世明教授多用十灰散加减方，以清热凉血止血、解毒化瘀。

④ 补摄气血法。创伤出血较多，有气脱亡血之征兆的伤者，其症见面色苍白、出冷汗、四肢发凉、心烦口渴、神疲眩晕或人事不醒，脉细数无力或芤脉者，张世明教授一般选用独参汤、当归补血汤、生脉散等。

⑤ 安神镇惊法。主要用于伤后患者惊恐、心神不安、夜寐不宁，用安神丹。

（2）中期治疗

中期治疗多在伤病两周之后，伤者全身生命体征稳定，局部肿痛明显消减，但伤部仍有气血凝滞或皮肉筋骨伤损未平复接续、为肿为痛者。张世明教授在此期重点以续筋接骨、舒筋活血、和营止痛及祛瘀生新为主。

① 续筋接骨法。筋骨受损或断裂，伤部瘀肿消散者，服郑氏正骨丸、一号接骨丸、双龙接骨丸等。局部瘀肿明显或肿痛发热者张世明教授不用此法，一般待瘀血肿痛等缓解后再用。

② 和营止痛法。筋肉或骨伤患者局部轻肿、血瘀气滞疼痛者，用和营止痛汤加减方、青白散等。

③ 舒筋活血法。筋骨关节损伤后有气滞血瘀、筋肉筋膜粘连挛缩、关节功能障碍者，用舒筋活血汤。腰肌损伤者用术桂散。

④ 益气活血通络法。元气亏虚，肢体瘫痿者，张世明教授多用补阳还五汤加减。

（3）后期治疗

后期一般在伤病六周以后。患者伤后日久多气血、肝肾脾亏虚，筋骨不得濡养，故局部筋骨萎弱不健，关节酸软屈伸不利，气血瘀滞不畅，易感受风寒湿外邪侵袭，痹阻经络而出现筋骨肉、关节不健、酸软疼痛等症。根据全身和局部情况辨证论治，张世明教授常运用以下治法：

① 补益气血法。根据气血亏损情况，选用补气为主的四君子汤，补血为主的四物汤，气血双补的八珍汤，酌情加减。

② 健脾益胃法。用于损伤后期脾胃虚弱、气血亏损，不能受纳运化水谷者，根据症状情况可选用补中益气汤、健脾养胃汤、归脾汤、人参紫金丹等。

③ 补益肝肾、强筋壮骨法。用于肝肾亏虚、筋骨痿弱，骨折迟缓愈合患者，张世明教授根据筋骨伤损部位、肝肾阴阳亏虚情况辨证选用大力丸、补肾活血汤、补肾壮筋汤、左归丸、右归丸、抗骨质增生丸、健步虎潜丸等。

④ 温通经络法。主要用于伤后日久复感风寒湿，痹阻经络，气滞血瘀，症见酸胀疼痛与天气变化有关者，可选用麻桂温经汤、复方鸡血藤胶囊、活络丸、铁弹丸、独活寄生汤、冷膝丸、风湿木瓜液等。

2. 外　治

张世明教授外治法多以分期辨证论治，常见的外治法有中药敷贴法、搽擦法、熏洗法及热熨法四类，郑氏伤科成药应用较多。

（1）敷贴法。

根据辨证，将中药药粉与水或蜜、酒、醋、医用凡士林等物质调制成药膏或膏药等剂型，敷贴在患处或穴位等处，以达治疗目的。

① 药膏。

• 活血祛瘀、消肿止痛类。各种损伤早期和红肿热痛者，用一号新伤药、二号新伤药（新伤软膏）、如意金黄散等。

• 舒筋活血类。损伤中期筋肉疼痛患者，用一号旧伤药、舒筋活络膏等。

• 接骨续筋类。用于骨折脱位损伤中期瘀肿消退患者，用三号接骨药、接骨续筋膏等。

• 温通经络、祛风寒湿类。损伤后期、复感风寒湿外邪致痹痛、筋脉不舒者，用四号旧伤药、温经通络膏等。

• 清热解毒类。伤后感染邪毒，局部红肿热痛者。用四黄散膏、如意金黄散膏、新伤软膏等。

• 生肌拔毒类。创口溃烂未愈合者，用红油膏、生肌八宝（丹）散等。

② 膏药。

张世明教授临床膏药一般用于损伤中后期，有活血通络、镇痛、祛风寒湿邪等作用。一般选用新伤橡皮膏、活络膏、狗皮膏、熊油虎骨膏等。

③ 药粉或丹药。

张世明教授临床所用药粉或丹药按其功效可分以下几类：

• 止血收口类。选用云南白药成药，桃花散。

• 祛腐拔毒生肌类。用于创面腐肉未去，或肉芽过长者，常用的有九一丹、生肌散、红升丹（成药）、白降丹（成药）等。

• 温经散寒类。用于损伤局部寒湿、气血凝滞疼痛者，常用三香粉、丁桂散、温经止痛散等。

• 活血散结止痛类。用于伤后局部瘀血凝结、痹阻肿痛，用软筋化坚散、软骨膏。

（2）搽擦法

搽擦法常作为基质与按摩推拿手法合用，具有舒筋活血，解痉消肿止痛，祛风寒湿等作用，为张世明教授临床习用疗法。

① 酒剂。舒筋活络、活血止痛，张世明教授常用的郑氏舒活酒（成药）、正骨水（成药）等。

② 油剂与油膏剂。温通经络、祛风寒湿及消瘀散血，张世明教授多用于筋肉关节风寒湿痹痛。常用的有万花油、按摩乳等。

（3）熏洗法

将药物（或装于布袋内）置于锅中加水适量，煮沸 20 分钟左右，将药水先熏蒸患处（周围可用棉垫罩住），待水温不烫时，再浸洗患处。熏洗法具有活血止痛、舒筋活络、祛风寒湿等作用，是筋骨损伤中后期功能恢复重要的外治法之一。张世明教授常用的有郑氏一、二、三号熏洗药和海桐皮汤。

（4）热熨法

张世明教授临床常根据不同症状，选用不同功用的药物进行热熨或电离子导入。常用的热熨中药有郑氏一、二、三号熏洗药等。

（四）功能锻炼

张世明教授临床非常重视功能锻炼（体疗），绝大多数病人均鼓励并亲自指导锻炼方法，他认为运动创伤治疗应以积极恢复最大运动机能为目的，及时正确的功能锻炼具有其他治疗不可替代的作用。以下为张世明教授总结的功能锻炼作用及其原则与要求。

1. 功能锻炼的作用

（1）改善全身机能与心理状况；

（2）促进伤部肿胀消退；

（3）防治骨质疏松与肌肉萎缩；

（4）防治关节粘连、僵硬；

（5）有利于骨折的早期愈合；

（6）有利于尽快恢复功能。

2. 功能锻炼的原则与要求

（1）锻炼应在医务人员的指导下进行。运动员的锻炼应和教练沟通，尽可能结合运动专项练习进行。

（2）锻炼要根据损伤的性质、程度、部位、病程以及骨折、脱位整复后的稳定程度，来决定练功方法。

（3）锻炼要贯彻局部与全身兼顾、动与静相结合的原则。要以主动活动为主，被动活动为辅。

（4）应避免做不利于骨折愈合和重复受伤机制的动作。如前臂双骨折整复后，早期不宜做旋转动作。

（5）锻炼必须循序渐进，由少到多，由简到繁。练功不应引起疼痛，切忌粗暴地被动活动。如练功后出现疼痛，要暂停运动，至疼痛消失为止。练功后疼痛不减轻，甚至出现肿胀，说明运动量大了，要调整活动量。

（6）锻炼应注意节奏，持之以恒，使后一次练习在前一次练习引起的超量恢复阶段内进行。

（五）心理疗法

张世明教授认为，运动员受不良外界因素刺激（如失恋、亲人去世、与教练关系紧张等）情绪波动，运动时缺乏适宜的心理准备或产生运动性心理疲劳，训练时过强的竞争意识，急于求成等。这些不良心理问题极易造成运动创伤发生。受伤后绝大多数优秀运动员均有一种失落感，表现出悲伤、消沉，并伴有紧张、恐惧、焦虑等不良情绪，为运动创伤的治疗带来消极影响。因此张世明教授传承郑氏伤科重视心理疏导特点，主张积极关心运动员的心理问题，特别是伤后的心理应激反应，选择相应的心理治疗方法，及时疏解不良情绪，防止运动创伤发生，促进运动创伤的治疗康复。

三、特色经验

（一）临床特色

1. 筋骨辨证，衷中参西

1）特色解析

张世明教授明确提出筋骨皮肉伤损辨证是运动创伤临床诊治的关键，是整个损伤诊断系统的基础内容，重视对伤因机转、骨折类型、韧带筋肉断裂程度、神经血管受损程度等进行仔细检查诊断。仅对骨伤，或仅气血、经络、脏腑的辨证是不够的，只有筋骨辨证基础上的整体辨证，才能更好地把握病情，进行深入完善的治疗，取得满意疗效。

在骨伤科诊断技术上，张世明教授总结出“望、问、摸、认”四诊法。“摸”诊显示了骨科局部检查的重要性。“认”诊是通过望、问、摸诊，舌脉象辨证检查，并结合影像学等检查结果，仔细分析，最后对局部伤损和全身情况作出一个正确的诊断。在骨折脱位诊断上，张世明教授以现代检测手段补充传统中医伤科诊断不足之处，特别重视 X 片、CT 及 MRI 等影像学检查。结合伤因、受伤机制分析，对骨折脱位进行认真的病理分型、证候分类、诊断，为手法整复、中药治疗或手术治疗提供科学依据。对中医“望、闻、问、切”四诊法进行了深入细化，形成了张世明教授运动创伤的诊断辨证特色。

在筋伤（软组织损伤）诊治上，张世明教授运动创伤重视对关节韧带、软骨和肌肉、肌腱有无完全断裂的检查诊断，擅长摸捏手法、关节不稳试验等方法。并结合 X 片、MRI、超声波等检查，早期对软组织损伤部位、程度作出正确诊断。张世明教授认为对软组织损伤笼统诊断为“筋伤”“气滞血瘀”，是不可取的，主张细致检查、辨认筋伤不同情况和伤损程度、对筋伤诊断的具体内容进行切实可行的分型，取得准确筋伤诊断，方能施行正确完善的临床治疗方案，取得良好效果。

2）临床疑难病症例析

（1）慢性踝关节外侧不稳定

慢性踝关节外侧不稳定是临床中较为常见的筋骨损伤病症，容易导致运动员及病人运动能力的障碍和不同程度的丧失，为临床疑难病症之一。张世明教授临床上非常重视本病。慢性踝关节外侧不稳定指外踝急性损伤 6 个月以上，是由踝关节外侧结构破裂引起的，主要表现为行走时踝关节常有打软感，慢性疼痛，反复肿胀，对踝关节恐惧感，害怕走高低不平道路。踝关节为人体重要的负重关节，慢性踝关节外侧不稳定继发于踝关节扭伤，属于运动损伤，踝关节稳定状态与人体运动功能直接相关。

① 踝关节稳定的基本因素。

踝关节的稳定性主要由骨性稳定和软组织性稳定提供，其中骨性稳定源于踝穴和距骨的骨性结构的充分匹配，软组织性稳定主要由外侧副韧带、内侧副韧带、下胫腓联合韧带提供，关节囊、肌腱提供的稳定性相对次要。踝关节外侧韧带复合体由距腓前韧带（anterior talofibular ligament，ATFL）、跟腓韧带（calcaneofibular ligament，CFL）、距腓后韧带（posterior talofibular ligament，PTFL）、外侧距跟韧带组成，跖屈时 CFL 的轴和距下关节的轴一样变得水平，此时 CFL 对踝关节没有稳定作用，ATFL 成为唯一稳定结构，因此，在跖屈内翻时 ATFL 容易首先损伤。慢性踝关节外侧不稳定可分为真性和假性不稳定，其中真性不稳定又分为动态和静态不稳定。静态不稳定主要与骨性结构和韧带有关系，动态不稳定与肌肉肌腱有关。

② 临床表现及分类

踝关节扭伤大部分为外侧韧带损伤，目前慢性踝关节不稳最常见的形式为慢性踝关节外侧不稳定。有研究发现 3%左右踝关节稳定损伤由足外翻引起的内侧三角韧带损伤等导致，97%左右踝关节稳定损伤由足内翻引起的外侧稳定损伤所引起,由下胫腓联合损伤导致引起的踝关节不稳定损伤占 1%~10%。现在认为慢性踝关节外侧不稳定临床症状与踝关节本体感受器受损因素有关，本体感觉是指对触、痛、压力和运动等感觉刺激的感知能力。关节位置觉和关节运动觉是常见的本体感觉，能够使个体精确地察觉关节的位置和运动。慢性踝关节外侧不稳定临床主要表现为行走时踝关节常有踝关节打软感、慢性疼痛、关节外侧不稳和反复的肿胀、对踝关节恐惧感、害怕走高低不平道路，以及平衡协调能力差、空间位置觉下降、站立平衡差、神经反应差、对突然的扭转应力及电刺激的神经反应时间延长、步态摇摆幅度增加、肌力下降、踝关节背屈幅度减小等。

慢性踝关节外侧不稳定可分为功能性不稳定和机械性不稳定。Freeman 等将踝关节不稳定分为机械性不稳定和功能性不稳定。1965 年 Freeman 最先提出功能性踝关节不稳并将其定义为踝关节重复扭伤或踝关节运动无肌力感，俗称“打软腿”，是因为踝关节急性扭伤后受累踝关节随意运动控制失常，而对踝关节运动幅度影响不大。慢性踝关节外侧不稳定也可以分为结构性不稳定和功能性不稳定。Hertel 和 Hubbard 等都指出功能性不稳定与机械性不稳定不能完全分开，两者共同持续作用导致踝关节慢性不稳定的最终发生。踝关节损伤后的关节松弛称为结构性踝关节不稳。并非所有机械性不稳定患者都有临床症状，有患者初期临床症状不明显，疼痛轻微以至延误了病情。少数运动员和舞蹈演员存在机械性不稳定但无症状，这是因为其强有力的腓骨肌使得踝关节有动力性的稳定。多数慢性病患者既有功能性不稳定又有机械性不稳定。

③ 病因病机及诊断。

张世明教授对于慢性踝关节外侧不稳定重视筋骨辨证，强调气血脏腑经络辨证，认为病机多属肝肾气血亏虚，筋骨受损，筋位不正，筋失条达，络脉损伤阻滞不通，损伤处气血较为薄弱，易感风寒湿邪，外邪久居筋骨络脉，血络进一步损伤痹阻，气滞血瘀，瘀阻日久，筋骨得不到气血有效的濡养，长期不能恢复原有的结构和功能，多属“伤筋”范畴，久病可能导致骨病。研究发现大部分踝关节不稳定患者均有不同程度的软骨损伤，以内侧为主，且踝关节软骨损伤为初次扭伤时造成，或因踝关节不稳造成内侧应力过大而引起软骨损伤。还有学者研究发现慢性外侧踝关节不稳定的病人多存在踝关节内的损伤，包括距骨的剥脱性骨软骨损伤，撞击伤，关节内游离体，踝关节关节软骨软化，关节边缘骨赘形成，滑膜增生等。慢性踝关节外侧不稳定病程越长，踝关节内病变愈多，病理变化越复杂，影响治疗效果，即使手术治疗也会降低术后 AOFAS（踝-后足评分系统） 得分，会导致治疗复杂。有研究采用新鲜尸体和踝关节不稳患者手术中所切取的韧带周围组织，分析踝关节周围本体感受器的性质和分布，根据与临床病例的生物力学、本体感觉功能检验结果相比较，认为踝关节不稳患者本体感受器受损程度与病史、症状、功能评分相关，与踝关节不稳症状相关联。

张世明教授临床中，常遇到踝关节外侧慢性肿胀疼痛病人，中老年及青少年患者均常见。导致踝关节外侧慢性肿胀疼痛的原因比较多，如急性扭伤转为慢性，或者患者没有明确的外伤史导致的踝关节局部的滑膜炎、骨软骨损伤、踝关节外侧肌腱、韧带的慢性损伤，或者局部骨质增生等。张世明教授处理此类病人，首先进行细致的踝关节局部体格检查，包括对相应关联的中足、足底结构、膝关节、髋关节和脊柱的体格检查，避免漏诊和误诊，以确定损伤的具体肌腱、韧带、滑膜炎或骨软骨损伤的部位，并且结合 X 片、MRI 辅助检查。在诊断方面比较着重病因诊断，如肌腱损伤、韧带损伤、滑膜炎、骨软骨炎、外踝撞击、局部游离体、关节积液。综合患者生活工作习惯及受伤因素，以及患者的病程表现，明确诊断慢性踝关节外侧不稳定。慢性踝关节不稳定诊断依据包括临床症状、踝关节内翻应力试验、踝关节前抽屉试验、超声检测、现代影像学检测等。对于诊断不明确患者，摄踝关节应力位 X 片有助于诊断。

（2）髌腱末端病及髌腱腱围炎

本病为股四头肌腱、髌腱及伸膝腱膜在髌骨附着处慢性损伤，属关节劳损范畴，包括髌腱末端病（又称髌骨张腱末端病、跳跃膝）、髌腱腱围炎及股四头肌腱止点末端病等，常与髌骨软骨病并存，也可单独发病。多见于球类、跳跃项目的运动员，为运动创伤临床常见疑难伤病。

① 病因病机。

张世明教授认为本病主因是筋骨、关节劳损，多气血凝滞、瘀阻不通，是筋骨、关节、气血、经络等综合发病。髌骨是伸膝和稳定膝关节的重要结构，股四头肌腱、髌腱及伸膝腱膜包绕并附着于髌骨张力带周缘，最后止于胫骨粗隆和平台上缘。在膝关节屈伸活动过程中，髌骨起到了增加力矩和传递股四头肌力量的作用，而髌股关节的稳定，则主要是靠股四头肌力及伸膝腱膜来得到加强。因此，当在半蹲位运动或跳跃等活动中，除了髌股关节面承受的压应力和扭转应力外，髌骨周缘组织也将受到很大的牵拉应力，当膝关节过度跳跃或长时间处于半蹲位活动，或长时间上、下坡时，都很易使髌骨周缘腱末端结构等组织受到反复牵拉劳损所伤。少数患者可由猛然起跳或直接受挫而发生一次性急性损伤。

成人髌骨腱末端结构损伤常见于髌尖和髌底腱附着处，其病理变化有腱及腱围组织充血炎变，与髌腱明显粘连。腱本身变粗变硬，呈玻璃样变，可见脂肪侵入或腱内钙化。滑膜及皱襞呈炎性肥厚改变，隐窝消失。镜检可见腱止点骨髓腔纤维变和髓腔开放，出现潮线涨潮或新生化骨现象，个别可见镜下撕脱骨折；纤维软骨带有毛细血管增生、变性，或出现玻璃软骨化或骨化；腱组织可见腱纤维玻璃样变、血管增生出血、钙化，腱围呈纤维炎性改变等。未成年人的腱末端结构与成人存在显著差异，年龄越小，髌骨本身骨质的软骨成分也越多。髌骨和髌周腱末端结构在年龄上的解剖特点，在膝关节过度活动或损伤时，也将对髌骨的形态、病因病理产生影响。

② 诊断要点。

张世明教授认为本病常与髌骨软骨病及滑膜皱襞综合征、髌下脂肪垫损伤同时存在，也可单独为病，应仔细辨认。

- 有跳跃或半蹲位运动过多的伤史。
- 主症是膝前痛、酸软乏力，半蹲位（屈膝 60°～90°）运动、上下楼或起跳发力、急停时疼痛。一般髌尖处损伤，多在下楼、急停、落地时疼痛加重；髌底处损伤，多在上楼、半蹲 60°～90°位疼痛加重。

• 髌骨周缘腱附着处有指压痛，以髌尖或髌底区压痛最多见，局部可触及肥厚变性组织。检查时，应在伸膝放松位，术者用拇食指将髌骨一侧推起，用另一手拇指端在髌周缘做指压检查，易获得阳性体征。在髌底区检查，除指压痛外，向下推髌时常有捻发音，做向下推髌抗阻试验，常发生剧烈疼痛。

• 影像学检查。X 片可见髌尖或髌底上缘骨质（而非关节软骨缘）延长、增生，腱组织肿胀、肥厚，或钙化等改变。重者在髌尖区有脱钙、骨赘呈鹰嘴状等改变。MRI 检查，对关节软骨、腱组织及滑膜皱襞病变、积液、骨内瘀阻等有较高的诊断意义。

2. 综合论治，内外并重

张世明教授运动创伤对骨折脱位和软组织损伤等筋骨伤病的诊治，主张辨病、辨型、辨证和分期综合论治。骨折脱位和筋伤疾病需要重视全身整体的辨证，但是损伤疾病局部的辨证是诊疗中基础及关键部分，包括骨伤筋伤局部的筋骨辨证和经穴辨证，直接影响了损伤疾病转归，往往在辨证治疗中起到决定性的作用。张世明教授对此尤为重视。

（1）综合论治骨伤筋伤

张世明教授在运动创伤诊疗中坚持中医辨证，做到证病结合、证型结合、局部与整体结合、主证与兼证结合、动静结合等，进行辨证论治，根据伤情变化分早中后期治疗。根据筋骨辨证，采用逆受伤机制的拔伸牵引（非对抗牵引）等整复手法进行复位，可有效减少损伤、易于复位成功。对韧带或筋肉损伤治疗，仅仅内外用药和包扎固定也是远不够的，因为筋伤易发生筋弛、筋纵、筋卷、筋挛、筋翻、筋转、筋断、筋歪等变化，主张首先应用筋伤整复手法对其进行整复，其后结合固定、按摩、内外伤科药物、练功术（功能锻炼）、心理等综合疗法。

在治疗时，张世明教授充分体现郑氏流派关于骨错缝筋出槽诊疗的特色，善于运用整复关节错缝手法，对伤损筋肉区别辨证进行理筋整复手法，而不是笼统地进行搓揉的错误手法，结合中药治疗或冷疗、加压、抬高等治疗，从而使其骨正筋柔筋正，利于筋伤的修复。这是张世明教授运动创伤及郑氏骨伤科筋伤治疗的特色之一。

由于筋伤修复时间较长，易影响关节功能和遗留疼痛，在早期功能锻炼时，应在正确的支持带固定下进行，且需固定足够时间为要。损伤后期主张补肝肾强筋骨舒筋通经活络治疗，尽可能恢复肢体关节功能，减少并发症的发生，最大可能恢复患者的生活能力、运动能力和工作能力。

（2）疑难病症例析

① 慢性踝关节外侧不稳定治疗。

临床上，慢性踝关节外侧不稳病人非常多，包括运动员、军人、学生、平常的工人和农民。但是对于其外踝慢性无痛性肿胀和踝关节发软无力往往没有引起足够的重视，因而处理也没有足够针对性和有效性。运动员和军人是踝关节扭伤的高发群体,外踝急性扭伤可以直接破坏踝关节的外侧稳定性，治疗不充分或者病人重视不够，容易导致踝关节外侧慢性不稳定，从而损害患者踝关节的运动能力。为保障和提高运动员运动能力和部队战斗力，有必要加强对踝关节不稳的预防和临床研究。

张世明教授主张本病应早发现，早治疗，主张进行中医非手术治疗。中医治疗的早期介入可以很好地缓解患者的心理和生理压力，加之中医治疗的手段成本较低，大多数患者经济上可以长期承受，不至于给患者造成较大的经济压力和社会压力，导致治疗中断，影响治疗效果。张世明教授认为慢性踝关节外侧不稳定是中医治疗的优势病种之一，值得临床推广使用。

张世明教授治疗慢性踝关节外侧不稳定有着比较系统的方法。通常会予以理筋整复、局部固定、更换着鞋、肌力锻炼、关节主动及被动运动、局部针刺治疗、郑氏按摩手法、活血化瘀行气止痛补肝肾强筋骨中药内服外用。手法多用表面按摩、揉、捏、揉捏、推压、按压、弹拨、叩击等，达到舒筋活络的目的。中药多用四川省骨科医院（成都体育医院）院方，早期多用创伤消肿片、制香片等内服活血化瘀消肿止痛，中后期多用祛风活络丸、归香正骨丸、消增强骨片等内服补肝肾祛风寒湿活血生肌止痛。外用多用验方丁桂活络膏、祛风寒湿洗剂、活血散瘀洗药、郑氏舒活酊等活血消肿止痛祛风湿通络治疗。教病人以 2 ~ 3 个简洁的郑氏叩击按揉手法自我按摩以辅助治疗，临床效果比较满意。

在慢性踝关节外侧不稳定的诊治中，张世明教授也强调对急性踝关节外侧不稳定的及时正确治疗，以防止患者病情转变为慢性踝关节外侧不稳定。

急性外踝扭伤是急性踝关节外侧不稳定的常见类型之一，由于解剖和生物力学的原因，其中绝大多数是踝关节外侧韧带复合体的损伤，直接影响了踝关节外侧稳定结构有效发挥稳定踝关节的作用。急性期的踝关节外侧不稳定采用积极的非手术治疗是有效的，包括急性期的休息、冷敷、加压包扎、石膏固定和抬高以及功能康复训练。在患者急性踝关节外侧不稳定阶段，张世明教授强调使用郑氏手法进行理筋治疗，使受伤踝关节外侧之筋归位条顺，同时运用中药内服外用活血化瘀消肿行气止痛，结合踝关节弹力绷带固定，患者多能痊愈。尽量避免患者转为慢性踝关节外侧不稳阶段，经系统中医治疗无效，必要时可建议进行手术治疗。

② 髌腱末端病及髌腱腱围炎治疗

张世明教授髌腱末端病及髌腱腱围炎的临床非手术治疗中，急性损伤者行伸膝位制动休息 2 ~ 3 周。

手法：急性损伤者用指针足三里、风市、三阴交、丰隆、阳陵泉、阴陵泉等伤部远近端穴位以通经活络、消肿止痛，交替使用。严禁重手法刺激膝髌骨周围软组织特别是髌下脂肪垫、滑膜组织，以免加重组织创伤反应。

针灸：急性损伤血瘀气滞者取阳陵泉、阴陵泉、膝眼、阿是穴等，得气后用快针泻法以活血化瘀、消肿止痛；慢性损伤肝肾亏虚者先用补法，再用电针以舒筋活络、寓补于通，取穴：足三里、风市、阳陵泉、阴陵泉、血海、膝眼、阿是穴等交替使用，强度以患者能耐受为度。寒湿痹阻者用温补针法以温经通络，活血止痛，取穴：足三里、风市、阳陵泉、阴陵泉、血海、膝眼、丰隆、太冲穴等交替使用，强度以患者能耐受为度。

用药：

- 急性损伤血瘀气滞：膝伤一号方，连服 7 ~ 14 天或内服玄胡伤痛宁片、创伤宁片，饭后服用。外敷新伤软膏加川牛膝、血通、红花等，过敏停用。
- 寒湿痹阻：祛风活络丸、复方鸡血藤胶囊，或内服独活寄生汤以散寒除湿、益肝肾、止痹痛。外敷软筋化坚药或旧伤药散，过敏停用。
- 慢性劳损肝肾亏虚：膝伤二号方、膝伤三号方，连服 7 ~ 14 天，或内服复方鸡血藤胶囊、加味地黄丸。外用软坚水湿敷，或外敷旧伤药散，过敏停用。

张世明教授临床中，结合手法、针灸、中药，也根据病情选用理疗、封闭等疗法，并配合功能锻炼（股四头肌力量训练，训练中尽量避免伸屈膝动作）。

3. 手法针药，特色显著

张世明教授认为内治与外治是统一的。内外并治可有效缓解损伤导致的肿痛功能障碍，有助于创伤恢复和功能修复，减少并发症的发生。临床上张世明教授擅长使用郑氏伤科经验方及伤科经典名方，同时擅长郑氏手法、郑氏穴位针刺、中药熏洗敷贴等治疗运动伤病。内服郑氏伤药可以活血化瘀消肿止痛，通经活络，接骨续筋，补肝肾补气血，强筋骨。郑氏中药熏洗疗法借助药力和热力综合作用于病位，可明显改善局部营养，有效地消除关节滑膜炎症，改善骨内循环。如有相应药物内服外用过敏史者慎用。郑氏手法及针刺治疗可以通经络止痛，补益气血肝肾，消肿散结止痛等，促进损伤愈合。

内服常用药物简要列举如下。

（1）制香片（成都体育医院院方）。组成：四制香附、三七、甘草；功用：通经活血、祛瘀止痛；主治：胸腰背筋肉损伤、韧带伤、肋骨骨折等。

（2）壮骨腰痛丸（成都体育医院院方）。组成：熟地、黄精、狗脊、续断、女贞子、五味子、首乌、白术、茯苓、牛膝、淮山药、海桐皮；功用：补益肝肾、壮腰健骨；主治：腰膝酸软、风湿痹痛、心悸、阳痿、滑精等症。

（3）祛风活络丸（活络丸）（《伤科诊疗》）。组成：川芎、秦艽、续断、天麻、当归、独活、千年健、防风、松节、杜仲、泽泻、桑寄生、川牛膝、石斛、厚朴、首乌、牡蛎、甘草；功用：内服以祛风湿、舒筋络、活血止痛；主治：风湿痹痛、肢体麻木、痉挛、痿软胀痛等。

（4）创伤消肿片（成都体育医院院方）。组成：三七、竹七；功用：散瘀止痛、消肿止痛；主治：损伤出血、肿胀疼痛。

（5）消增强骨片（抗骨质增生丸）（成都体育医院院方）。组成：熟地、鹿含草、肉苁蓉、鸡血藤、骨碎补、狗脊、独活、海桐皮、焦神曲、焦麦芽、焦山楂；功用：补肝肾、祛风湿、生血活血；主治：肾虚腰痛、脊柱退行性变、骨质疏松、骨关节炎等。

（6）旧伤消肿散（《伤科诊疗》）。组成：续断、土鳖虫、儿茶、檀香、木香、羌活、独活、血通、松节、乳香、白芨、紫荆皮、官桂；功用：舒筋活血、驱风寒湿；主治：软组织损伤中期、肌肉疼痛、肿胀、筋脉不舒。

（7）归香正骨丸（《医宗金鉴》）。组成：当归、白芍、茯苓、莲米、血竭、川红花、儿茶、丁香、广木香、熟大黄、牡丹皮、甘草；功用：活血止痛、健脾生血生肌、强骨；主治：骨折、脱位、肌肉韧带伤、半月板损伤等。

外用常用药物简要列举如下。

（1）丁桂活络膏（伤科诊疗）。组成：上桂、丁香、红花、檀香、排草、白芷、羌活、独活、没药、川芎、木香、山奈、当归、血竭、续断；功用：活血散瘀、祛风散寒、镇痛；主治：损伤后遗症、肌肉关节痛、风湿麻木。

（2）祛风寒湿洗剂（成都体育医院院方）。组成：通桂、吴茱萸、甘松、独活、陈皮、土茯苓、血通、川芎、藁本、威灵仙、钻地风、苍术、骨碎补、细辛；功用：行气通络、祛风寒湿、暖筋骨；主治：筋骨冷痛、腿脚麻木、胀痛、风湿性关节病。

（3）活血散瘀洗药（成都体育医院院方）。组成：川红花、赤芍、血通、松节、合欢皮、香附、木瓜、威灵仙、三七根、生川乌、生草乌、生南星；功用：活血散瘀、解痉止痛；主治：损伤中后期气滞血瘀、肿胀疼痛及功能受限者。

（4）郑氏舒活酊（成都体育医院院方）。组成：地黄、三七、红花、樟脑、薄荷脑、冰片、血竭、人工麝香；功用：具有活血化瘀、通络止痛功效；主治：损伤中后期气滞血瘀、经络不舒，功能受限者。

（二）常见基础病证防治经验

关节扭伤、筋骨挫伤、关节紊乱、筋骨关节劳损是运动创伤最常见的病证，同时也是许多复杂运动创伤广泛的病理基础及基础证型，是张世明教授运动创伤历来所重视的运动创伤临床“基本功”，在此对其经验加以简要总结阐述。

1. 关节扭伤

1）诊治基本原则

（1）诊断以筋骨整体辨证为基础。

（2）治疗针对病因病机分期辨证论治，“急则治其标，虚则治其本”，以综合疗法治之，坚持“动静结合、筋骨并重、内外兼治、医患合作”的治疗原则。

（3）开放性损伤，应尽早清创缝合；对失血征、休克、合并神经、血管损伤等并发症，应及时采取相应救治措施。

2）治　疗

张世明教授非常重视关节扭伤中筋骨的整体综合辨证，认为须做出正确的解剖诊断，查明是筋不全断裂或完全断裂，有无关节障碍或不稳体征或骨折、骨软骨骨折、或神经血管损伤等征象，给予早期正确有效的处理。一般采取分期论治的原则。

（1）急性期（伤后 24 ~ 48 小时内）。

因形体挫伤、络脉受损，血溢脉外，故局部多有出血或气滞血瘀或瘀血内阻，关节错缝或筋断、筋歪、筋翻，气机不利、经络不通而作肿作痛，治宜以整复关节、止血止痛、防肿消肿为则，视伤情轻重，可采用以下方法：

① 筋不全断裂。

- 在伤部上下循经取穴，指针点穴以解痉止痛。
- 用手法顺势拔伸牵引整复关节错缝，使其复位，关节通利。
- 用拇指理顺或拨正复平伤损或断裂之筋肉、筋腱、韧带、筋膜等组织。此法也可在冷疗后进行。伤部不宜作粗暴的强力按摩手法，以免加重组织损伤、出血肿胀。
- 局部冷疗、加压包扎制动、抬高伤肢休息。冷疗宜用碎冰、冰水或化学制冷剂，具有止血、止痛、防止筋肉痉挛等作用。冷疗时间一般每次以 10 ~ 15 分钟为宜，一日 2 ~ 3 次。冷疗后，宜用棉垫或用清热凉血、行气活血止痛类中药浸剂棉垫进行局部加压包扎固定或托板固定。关节扭挫伤，应在逆受伤机制的方向进行绷带包扎固定，以保持伤损组织不受到牵张的体位为宜，以利组织修复。抬高伤肢休息，应以伤肢远端高于伤部的体位为宜，以促进静脉回流，利于消肿。
- 关节积血或肌肉肿大、积血明显者，宜行关节穿刺术抽净积血，除去恶瘀，再按上一条方法处理。
- 比赛中发生关节、肌肉扭挫伤，即可以上述方法处理或局部用 2% 利多卡因注射液封闭，再用粘膏支持带、弹力绷带包扎固定，继续活动。疼痛重者，可配合针刺或耳针，以行气通络镇痛。

② 筋完全断裂。

在作以上原则处理后，宜尽早做正确诊断和有效治疗，根据损伤部位、损伤程度、有无复合损伤情况，对关节明显不稳定者，宜早行手术缝合、修补或重建等治疗。

（2）亚急性期（伤后 2 ~ 10 天）。

一般急性损伤 1 ~ 2 天后，伤部出血停止，但局部因组织、络脉受损，气滞血瘀或血瘀气滞，必出现无菌性炎肿、疼痛症状，故其治则宜消除炎肿、活血化瘀、行气止痛。临床上宜外敷、内服清热凉血、活血化瘀、行气止痛类中药，可配合伤部周围轻手法按摩、指针或针刺、理疗和功能锻炼等治疗。若伤部周围皮瘀明显者，可用毫针刺络放血祛瘀。功能锻炼，应在医生指导下，积极主动地进行无损伤的功能活动，多以等长练习为主。在比赛期间，可根据损伤部位和伤损程度，适当运用封闭等治疗。

（3）中期（伤后 3 ~ 5 周）。

此期多为炎肿疼痛明显减轻，受损筋肉络脉新生续接阶段，但局部仍多有气滞血瘀、经络不通、营卫不贯，出现肿痛、关节功能受限等症状，故中期治疗宜以祛瘀生新、舒筋活血、和营止痛、续筋生肌为则。临床治疗宜以中药、手法、功能锻炼、针刺及理疗等综合治之。

中药治疗应坚持内外兼治的原则，用药一般按中期治则为准。若局部仍有红肿疼痛，则不可用续接类药物。

手法治疗宜对伤肢进行理筋、舒筋、指针等手法。凡关节损伤有肿痛或红热肿痛者，切记禁用强力被动屈伸、扳拉、旋转等手法去恢复功能，以防发生外伤性骨化性肌炎和功能障碍。

功能锻炼在中期治疗十分重要。宜进行等长、等张相结合的练习，以增强肌力，减少粘连，促进功能恢复。部分伤病患者，可在医生指导下，用弹力绷带、支持带或支具保护下，进行下地活动，以逐步恢复伤者本体感觉反射运动机能。

针刺或理疗，应针对不同伤病病理特点和部位治之。

（4）后期（5 周以后）。

此期肿痛明显消退，外伤基本平复，但局部多气血不畅、筋脉不舒、筋肉粘连、关节转摇不利、部分伤者多因失治或瘀血凝阻、气血虚弱或肝脾肾虚，伤部易感受风寒湿邪，络道痹阻或筋失所养，可发生明显粘连变性或功能障碍，出现筋强、筋粗、筋结、筋萎或诸种痹痛等慢性损伤病变。故此期治宜以行气活血通络、补益肝脾肾、强筋壮骨，祛风寒湿痹为则，临床治疗宜以功能锻炼为主，配合手法按摩、中药、针灸及理疗等综合治疗。

功能锻炼宜做抗阻性的等长和等张结合的练习，坚持积极主动和循序渐进的原则，以增强肌力、防止肌萎、减少粘连、促进功能早日恢复。若为运动员患者，还应根据伤情和项目特点，制定出伤部功能复建的训练计划，在支持带保护下边治疗边训练。

手法治疗宜重，时间宜长，但仍须防止粗暴的强力扳摇手法。

中药宜以舒筋活血、续筋强筋、补益脏腑气血或祛风寒湿痹为则，内外兼治，外治可以中药熏洗或外敷治之。

针灸或理疗，针对不同伤病病理特点、部位治之。

有关手法按摩、中药及针灸等治疗，请详见有关治疗章节。

3）关节扭伤的预防

（1）坚持“预防胜于治疗”的理念，认真分析不同运动项目伤病发生的内、外因，采取积极有效的预防措施。首先应坚持训练科学化的原则，树立训练科学化的理念是提高运动能力和技术水平、减少伤病发生的根本。在训练中，坚持循序渐进原则，重视热身准备活动和训练后放松回复练习，避免过急、强力过度或不正确技术动作的发生，特别要认识到运动员容易在疲劳状态或注意力不集中情况下发生四肢关节的急性损伤。

（2）加强关节稳定性和柔韧性素质的练习，可减少急性关节扭伤的发生。关节的稳定性，主要靠关节结构和各肌肉的力量和平衡能力来维持，因此，在训练中，应加强肌肉力量的训练，注意肌肉的平衡、协同和运动链的作用的训练。关节柔韧性应建立在稳定性基础上，运动员关节柔韧性差，就难以完成复杂的技术动作，且易发生伤病。在训练中，注意关节稳定性和柔韧性素质的练习，不仅能提高运动技术水平，而且肯定能减少急性伤病的发生。

（3）加强对危险性高或高强力、对抗性的运动项目的防护工作。首先应狠抓运动员的体能训练和专项技能、技术动作的练习，以提高运动员完成最强最复杂动作的能力，减少急性运动创伤发生。如对抗性运动项目足球、篮球、曲棍球、橄榄球、摔跤、拳击等，危险性高的运动项目如体操、弹网、自由式滑雪一空中技巧等，高强力运动项目如举重、跳跃等项目，最易发生关节扭挫伤。因此，对从事这类运动的运动员和体育爱好者，除了加强体能和技能素质训练外，还应加强急性伤病发生的防范、保护意识，提高职业道德水平，配备必需的护具和支撑带等材料对易发生损伤的部位进行保护等。

（4）加强场地卫生与设施管理。体育场地杂乱无章，灯光暗淡，活动空间太小，场地质量过硬、过滑、凹凸不平，设施陈旧失修，运动用具、服装鞋袜不合适，缺少保护装置等，特别是在球类、跑跳、武术等项目，易发生急性关节损伤。

（5）只要不是严重的运动创伤，应在医生严格指导下，采取“边治疗、边训练”和“防治结合”的原则。对于一切运动创伤，都应尽早做出正确的诊断，并给予积极有效的治疗。一定要给受伤组织最基本的必需的修复时间和康复治疗。伤病未完全恢复前，在渐进的恢复训练中，必须坚持在弹力绷带、支撑带、运动护具等保护下进行训练。特别应注意的是，训练中应以不加重组织损伤为度，应深知“欲速则不达”的道理。这是在运动创伤治疗和恢复过程中应具有的“预防胜于治疗”思想的体现。

2. 筋骨肉挫伤

挫伤，指机体各部组织遭受跌打撞击、挤压坠堕等钝性直接外力引起的损伤，为常见的一种运动创伤。轻者伤及皮肉，青肿作痛；重者易致筋骨、脏腑、经络气血损伤。挫伤可致闭合性或开放性损伤，与四肢关节扭伤不同。挫伤为直接外力所致，多以伤形、伤血为主，伤损皮肉筋骨等，而扭伤为间接外力所致，以伤气、伤痛为主，伤损关节韧带、筋腱等。两者在治疗和预防上有异。

1）诊治基本原则

（1）分期论治原则

挫伤，无论伤及机体何部，均是直接外力钝挫皮肉、筋骨形体，内伤经络气血，在治疗上以早、中、后三期论治为宜。

（2）不同部位、不同组织伤损辨证论治原则

挫伤头部、躯干和四肢形体组织，或挫伤皮肉、筋骨、关节，因其解剖结构、受损组织的不同，其症状、体征各异，具有其特殊性。应根据不同部

位、不同组织伤损程度，仔细检查、辨病辨证，尽早排除有无骨折、脏器损伤、筋膜间室综合征、神经、血管损伤等急危重症，并给局部形体挫伤以正确有效的治疗。

（3）局部与整体结合，内外兼治的原则

较为严重的筋肉、骨与关节形体损伤，多与其所主的脏腑机能相关。张世明教授临床上，除积极对局部进行治疗外，均配合内服中药对局部血瘀气滞和有关脏腑机能变化进行论治，疗效较佳。

2）治　疗

凡挫伤，必须尽早作出正确的解剖学诊断，首先应排除有无骨折、颅脑、脏器或神经、血管损伤，并给予正确有效的处理。一般应采取分期、分部位论治的原则。

（1）急性期（伤后 24 ~ 48 小时）

因挫伤为直接暴力，其形体组织伤损严重，钝挫气血经络，故局部多血瘀气滞、瘀血内留，出现青肿、胀痛钝痛等症，张世明教授临床以止血止痛、防肿消肿为则，多采用以下治法：

① 局部冷疗、加压包扎、制动、抬高伤肢休息。冷疗宜用碎冰、冰水或化学制冷剂，具有止血、止痛、防止筋肉痉挛等作用。冷疗时间一般每次以 10 ~ 15 分钟为宜，一日 2 ~ 3 次。冷疗后，宜外敷郑氏新伤软膏加大黄、黄柏、黄芩等清热凉血、行气活血止痛类中药或浸剂棉垫进行局部加压包扎固定。

② 内服中药　以清热凉血、解毒、行气活血、止痛为则，根据不同部位的挫伤，多以桃红四物汤（桃仁、红花、赤芍、川芎、当归、生地）加减治之，或选服郑氏七味三七口服液、玄胡伤痛宁、制香片、创伤宁等。

头部挫伤：加牡丹皮、柴胡、黄芩、白芷、酒军。

胸壁挫伤：加牡丹皮、银花、黄芩、酒军、三七。

胁肋挫伤：加牡丹皮、三七、柴胡、枳壳、酒军、制香附。

腰腹挫伤：加枳壳、酒军、云木香、玄胡。

四肢挫伤：加牡丹皮、酒军、川牛膝、玄胡。

③ 伤处不宜手法按摩。

④ 较为严重的挫伤，严密观察伤情变化情况，特别是头部和胁肋部挫伤，

有短暂昏迷或剧烈疼痛者，注意有无颅脑损伤出血或肋骨骨折、肝、脾脏包膜下出血等危重症发生。四肢肌肉、筋骨关节挫伤，注意有无血管、神经损伤的症状体征。小腿的严重挫伤，注意有无骨挫伤或骨折、筋膜间室综合征的发生等。

（2）亚急性期（伤后 2 ~ 7 天）。

一般急性挫伤 1 ~ 2 天后，伤部出血停止，局部血瘀气滞、青肿疼痛或炎性肿痛，以消除炎肿、活血化瘀、行气止痛为则。多用以下治法：

① 外敷、内服清热凉血、活血化瘀、行气止痛类中药，基本同急性期治疗。可配合伤部周围外搽郑氏舒活灵按摩、指针或针灸、理疗等治疗。局部青紫皮瘀明显者，可用毫针或三棱针刺络放血。伤处一般不宜手法按摩。

② 在医生指导下,进行无损伤的功能锻炼,多以等长肌肉收缩练习为主。

③ 认真检查伤部,特别是较严重的肌肉挫伤部位有无瘀肿出血或恶血留内。轻者，局部外敷中药，稍加压包扎固定，适当制动；重者，则宜穿刺抽出瘀血，加压固定、制动，或考虑手术消除恶血和坏死组织为宜。若有筋膜间室综合征发生者，则须尽快进行筋膜切开减压术等治疗。

（3）中期（伤后 3 ~ 5 周）

此期多为炎肿疼痛明显减轻，受损络脉、筋骨肉新生续接阶段，但局部仍多有气滞血瘀、经络不通、营卫不贯、脏腑不和及功能障碍等症状体征，故中期治疗，针对不同组织、不同部位伤损，多祛瘀生新、舒筋活血、和营止痛、续筋生肌为则。张世明教授临床治疗以中药、手法、功能锻炼、针刺及理疗等综合治之。

中药治疗应坚持内外兼治的原则，用药一般按中期治则为准论治之。

手法治疗宜对伤部进行理筋、舒筋、指针点穴等。若局部有红肿热痛者，则不宜用手法治疗和强力被动扳拉伤处。

功能锻炼在中期治疗十分重要。宜进行等长、等张相结合的练习，以增强肌力、减少粘连、促进功能恢复。可在弹力绷带、支持带等保护下，逐渐进行适宜的活动。

（4）后期（6 周以后）

此期肿痛明显消减，外伤基本平复，但局部多气血不畅或血瘀凝阻、筋脉不舒、筋肉粘连或痹阻经络，或肝脾肾亏虚等，治宜以行气活血通络、软坚散结、祛风寒湿、强筋壮骨、补肝脾肾为则。张世明教授临床治疗以功能锻炼为主，配合手法按摩、中药、针灸及理疗等综合治疗。

功能锻炼宜作抗阻性的等长和等张结合的练习，坚持积极主动和循序渐进的原则，以增强肌力、防止筋骨肉萎缩、减少粘连和疤痕形成，促进功能早日恢复。根据运动员伤情和项目特点，制定出伤部功能复建的训练计划，在支持带等保护下边治疗边训练。

中药治疗仍应坚持内外兼治原则，其用药一般应按后期治则论治之。

手法治疗张世明教授要求时间长、强度大些，但仍然防止粗暴的强力扳摇手法。针灸或理疗，针对不同伤病病理特点、部位治之。

3. 脊柱小关节扭伤或紊乱

张世明教授认为，颈、胸、腰脊柱小关节急性扭伤或紊乱既有关节突的损伤错缝，又多伴发关节周围韧带、关节囊、肌肉错位及损伤，是筋骨同时受损的疾病，病情复杂，临床诊治有一定难度，张世明教授对本病诊治有丰富的临床经验。

1）诊治基本原则

（1）筋骨并重，松解与复位有机结合

脊柱小关节扭伤或紊乱的处理，张世明教授特别强调“筋骨并重、松解与复正调整有机结合”的原则，即重视处理脊柱小关节与周围筋肉软组织在功能上的相互制约、相互协同作用。他根据筋膜痛性触发点学说，脊柱关节周围肌肉痉挛变短，使其附着上的小关节局部压力改变失衡失稳，造成脊柱小关节扭伤或紊乱，认为松解脊柱周围软组织痉挛和调整其结构紊乱是矫正脊柱小关节紊乱的前提，痉挛的肌肉被松解后，再根据不同部位的小关节紊乱，应用相应的复位手法，使紊乱的关节得以恢复正常的解剖位置。

脊柱小关节扭伤或紊乱的治疗，张世明教授强调解痉止痛、行气活血的治疗原则。通过解除肌肉痉挛，恢复脊柱正常生物力学平衡。治疗以手法为主，整复错缝之小关节，分筋、理筋，行气活血，通利关节，改善和恢复脊柱旁肌肉的功能，调整脊柱的顺应性，达到加强脊柱的稳定性的目的。

（2）标本兼治、急慢各异、辨证用药

张世明教授本病多按中医辨证分型用药，急性期主要以气滞血瘀或兼风寒湿痹症为主，临床表现以脊柱局部疼痛、筋脉痉挛、活动受限明显为主，所谓“急则治其标”。在手法治疗的基础上，配合中药等治疗，促进局部血液循环，使之气血贯通，阴阳平衡，促使局部紊乱的小关节得到修复，恢复脊柱的静态和动态平衡。

慢性期主要以肝肾不足、气血亏虚为主，故行手法复位之后，则应给予补益肝肾、补养气血，同时针对具体证候，可能虚实夹杂，可先驱邪再扶正或消补兼施，这样更符合整体论治的观点。

（3）预防保健与治疗相结合

在脊柱小关节扭伤或紊乱的处理之中，张世明教授重视保健与临床治疗相结合的原则，其发作时以临床手法为主的综合治疗来尽快消除症状体征，平时未发作时则应加强保健，避免过度疲劳和风寒湿的侵袭。加强腰腹部肌肉功能锻炼，使脊柱旁的肌肉功能得到加强和改善，有利于恢复脊柱正常的力学稳定机制，减少其复发，达到治本之目的，做到标本兼治。

2）治　疗

（1）手法治疗

张世明教授手法治疗本病关键在根据脊柱各段解剖特点不同，针对关节紊乱嵌卡的特点，结合症状体征，辨证施法，施行不同的手法，达到治疗的目的。

① 颈椎小关节扭伤或紊乱

张世明教授治疗手法多用两种：对抗复位法或旋转复位法。以对抗复位法为例：患者取坐位，令其放松，向其讲明采用的方法，达到良好的医患合作。术者立于其后方，先对其颈部肌肉进行按摩，以缓解肌肉紧张和疼痛；在颈后侧用抚摩、揉、揉捏、滚等手法做自上而下的按摩 3 ~ 5 遍。尔后助手站于一侧，用双手分别捧住下颌骨及头后枕部，用力向上牵引。术者则两拇指分别放在偏歪棘突两侧，用力推挤偏歪棘突向中间靠拢，使其复位。复位后可患者即可自觉症状减轻，再以轻手法做颈部按摩，理顺颈部肌肉，使软组织恢复到正常位置。以后每天均可做一次手法按摩，1 ~ 2 周可痊愈。一般不采用暴力手法。颈部旋转复位手法对于肌肉痉挛较为严重的患者慎用。

② 胸椎小关节扭伤或紊乱

张世明教授手法常用掌推复位法、膝顶后扳法、旋转复位手法等。以旋转复位手法为例，先以伤科按摩手法抚摩、揉、推、拿等动作以缓解肌肉痉挛。患者取坐位，双足分开与肩部等宽。若棘突向右侧偏歪，助手面对患者站立，两腿夹持住左大腿，双手压住左大腿根部。术者立于患者身后，以右手从患者胸前向左绕腋下反握住患者左肩，右肘部卡住患者右肩。左手拇指用力顶推偏向右侧棘突。然后让患者前屈、右侧屈及旋转动作，术者拇指顺势用力将棘突向左上方顶推，可感到拇指下棘突有轻微移动，并伴有“咔吧”的响声，即表示复位成功。若无明显棘突偏歪，可采用掌推复位法。复位后用轻手法按摩受术部位，理顺肌肉。

③ 腰椎小关节扭伤或紊乱。

张世明教授手法常用旋转复位法包括斜扳法、后伸扳法以及牵拉法。以其较为常用的斜扳法为例，患者在腰背部放松按摩以后，侧卧位，患侧在上，屈髋屈膝，健侧膝髋均伸直。术者立于患者前侧或背侧，一手置于肩部，另一手置于臀部，使上身和臀部反向旋转，活动到最大程度时，两手交错用力斜扳，常可听到“咔吧”的弹响声，腰痛症状随之缓解。手法复位后同样以轻手法理顺筋肉。

（2）固定治疗

手法复位后张世明教授多给予颈围领等支具保护固定 1 ~ 2 周；胸椎小关节扭伤或紊乱无须特殊固定，多嘱患者卧硬板床 1 ~ 2 天，利于复位后关节的稳定。腰椎小关节扭伤或紊乱，同胸椎处理，多佩戴腰围。

（3）牵引治疗

本病张世明教授也多根据病情采用牵引治疗。一般于手法治疗前应用，牵引的体位、重量、时间根据病人实际情况而定。

（4）中药治疗

张世明教授用药均采用内服与外用药物相结合的原则。内服药物初期多选用郑氏制香片、创伤宁内服，配合郑氏舒活灵外用，以行气活血、通络止痛。对于瘀血凝滞较为明显者，选用玄胡伤痛宁配合白活络膏等理气止痛、活血祛瘀。后期补益肝肾、补养气血、温经通络，以加味地黄丸、加味腰痛丸等配合软坚药散等外用。外用药物还多选用 2 号熏洗药熏洗。

（5）功能锻炼

疼痛缓解后，张世明教授多给予主动功能锻炼以改善脊柱两旁肌肉功能，增加其动力稳定结构，所谓“形不动则精不流，精不流则气郁”，合理的功能锻炼有助于气血流通，促进受损筋骨得到恢复。颈椎小关节扭伤或紊乱应积极锻炼颈部肌肉，保持颈部伸直位；胸椎小关节扭伤或紊乱不必做特殊的功能锻炼；腰椎小关节扭伤或紊乱，逐步加强腰背肌的功能锻炼，如拱桥法等，还可配合游泳等锻炼。张世明教授指导功能锻炼时要求注意腹部、腰部的肌力平衡，加强脊柱稳定性。临床上，张世明教授均根据病人实际情况设计特定的运动动作进行锻炼，以更好地达到功能锻炼的目的。

（6）针灸、理疗及其他

张世明教授多采用阿是穴，临近取穴结合循经取穴的原则，采用毫针刺。理疗采用红外线、短波等治疗。

（7）注意事项

① 脊柱小关节扭伤或紊乱手法治疗应先给予按摩等充分缓解痉挛肌肉后，再施行复位手法；同时应避免暴力手法。

② 功能锻炼应在医生指导下进行。

4. 筋骨、关节劳损

张世明教授认为，筋骨、关节的劳损在运动员、体育爱好者及其他群众中极为常见，既有长期慢性损伤的叠加，也有机体自我退变的因素；既是常见病症，同时也往往是其他运动创伤发生的基本病因病机，张世明教授在运动创伤临床中高度重视筋骨、关节劳损的诊治，并做了一定的基础性研究工作。

1）诊治基本原则

（1）审因论治原则

张世明教授认为，筋肉、骨与关节劳损的病因主要是过用或强力负重疲劳过度所致，在治疗时须认真分析不同组织发生的内、外因，积极消除致伤原因，进行审因论治。首先，应减少或暂停局部的过度活动、减少运动量和运动强度，特别是在劳损早期，应给受损组织最基本的必须的修复时间；在减量的同时，还应从训练方法是否科学、运动员的体能情况、劳损局部生理结构有否不良、技术动作是否正确、是否长期处于疲劳状态等内、外因去查找原因，进行科学的审因论治。

（2）局部和整体结合论治原则

张世明教授认为，局部形体组织的劳损与其所主的脾、肝、肾脏腑机能有关，具有多虚、多瘀、多痹的证候特点。因此，在劳损治疗时，除重视局部形体劳损治疗外，还通过舌、脉、症象进行分析，根据脏腑、气血虚损不足或复感外邪痹症等证候，采取积极的局部和整体结合论治，以取得更好疗效。

（3）综合治疗的原则

因劳损的病因病机复杂，属慢性积累性的损伤，针对不同的病因病机、证候体征，多采用手法按摩、中药、针灸、理疗和功能锻炼等综合疗法治之。

2）预防原则

张世明教授认为，运动员积极进行运动性筋肉、骨与关节劳损的预防，对减少伤病发生、提高运动水平具有十分重要的作用。

（1）应坚持训练科学化的原则

树立训练科学化的理念是提高运动能力、技术水平、减少劳损和伤病发生的根本，要坚决摒弃用兴奋剂代替训练的错误思想。在训练中，必须坚持循序渐进的训练原则，万事万物都是处于阴阳调和、相对平衡与相生相克的关系，“过用必病生”，故在运动训练中应有“度”，万不可“过度”。还应认识到热身准备活动和训练后的恢复放松、牵张等活动是训练科学化的重要内容，也是保证训练和预防伤病发生的训练内容。要特别注意运动训练与运动性疲劳恢复的关系，不要只注意训练，而不注重体能和疲劳的恢复。没有疲劳，就没有运动效应和超量恢复，但没有恢复或恢复不力，则易造成疲劳的积累或发生“过度训练”，继而发生运动性劳损或疾病。尽快消除运动性疲劳，对预防运动性劳损伤病发生具有重要作用。

（2）早期对运动性劳损或慢性伤病进行诊治

一旦发现，就应减少引起筋肉或骨、关节疼痛的技术动作训练，更不宜过用或加大强力训练，使局部伤损反复加重，经久不愈。劳损患者，在减量情况下，可在支持带保护下进行训练，并给予积极的治疗。如何把握住训练强度和运动量的问题，一般不宜依赖影像学和实验室的检查为据，而应以运动员的感受和局部症状、体征为据，如果劳伤运动员，在训练中有明显疼痛、影响训练，训练完后肿痛加重，或次日肿痛不减者，说明当前训练强度和技术动作不利于患者的伤病恢复，或有加重趋势，说明没有达到“边训练、边治疗”的目的，应改进训练方法。对于症状、体征较重的劳损患者，局部应暂停训练，给伤损组织最基本的修复和康复时间，并进行积极有效的治疗。

（3）加强关节稳定性和柔韧性的练习

关节稳定性，主要靠关节结构和各肌肉的力量和平衡能力来维持。因此，在训练中应注意肌肉的平衡、协同和运动链的作用，科学地进行屈肌、伸肌、内收外展肌肉和协同肌群的力量训练，而不要只注重股四头肌或少数肌力的练习。关节柔韧性差，难以完成最强最复杂的技术动作，而动作协调性和最完美动作都与柔韧性密切相关。柔韧性应建立在关节稳定性基础上，而稳定性应以不影响关节柔韧性的发挥为前提。因此，在进行力量素质和平衡能力训练时，要更加注意加强柔韧性素质的训练。两者的协同作用，才能做出最完美、协调的技术动作，运动性劳损或伤病也会减少。

3）治　疗

首先，在消除或减轻伤部过用的原则下，其治疗宜以行气活血、温通经络、祛风寒湿，或补益气血、培补肝脾肾、生肌强筋壮骨为则，针对不同的病机、证候、体征，宜用综合疗法治之。

（1）手法按摩

筋肉、关节、脊柱劳损，张世明教授一般按摩时间较长，强度较大，配合舒活酒、活络酒进行，多在伤部和上下筋肉施以推压、揉、捏、搓、提拿、弹拨、摇晃和推脊、牵扳等手法和指针经穴按摩。压痛点明显处行按压、推、掐等手法，以痛为腧。肿痛处，手法强度宜轻或中等强度。骨劳损疼痛者，张世明教授一般在压痛处不用手法，多对周围筋肉进行捏、揉、提拿等手法和经穴按摩。

（2）中药治疗

张世明教授视脏腑气血、筋骨肉虚实等情况辨证用药，一般以劳损的中医辨证分型为据，多内外兼治。

① 气滞血瘀。以行气活血、温通经络为则。服创伤宁、鸡血藤胶囊等，外贴活络膏，或用活血化瘀通络洗药。局部肿痛发热者，外敷新伤软膏等。

② 寒湿痹阻。以祛风寒湿、温通经络为则。服活络丸、风湿木瓜液、鸡血藤胶囊、冷膝丸等，外贴活络膏或用祛风寒湿洗药、热熨等。

③ 脾肾虚亏。以补益气血、补脾健肾为则。服补中益气汤、八珍汤、大力丸等，外贴活络膏或用祛风寒湿洗药、热熨等。

④ 肝肾虚亏。以培补肝肾、强筋壮骨为则。服强筋丸、健步虎潜丸、左归丸、知柏地黄丸或抗骨质增生丸等；肾阳虚证，则服右归丸、金匮肾气丸等。外贴活络膏或用软坚散结、祛风寒湿洗药、热熨等。

（3）针灸与理疗

张世明教授多以痛为腧，局部与循经取穴结合。寒湿痹阻型或肝脾肾亏虚型，配合艾灸、火罐或电热、超声等物理治疗。针刺多用平补平泻手法，可电针 20～30 分钟。

（4）功能锻炼

张世明教授认为，积极主动的功能锻炼对本病治疗有重要作用。重点以增强肌力和关节稳定性、促进局部血供为主，采用静力性肌肉抗阻练习为主，配合适当的动力性肌肉抗阻练习等。膝关节劳损，张世明教授多指导病人在无痛角度下进行“站桩”或股四头肌、腘绳肌、内收肌群的静力性抗阻练习为主的功能锻炼。腰背肌筋膜劳损，张世明教授一般不主张腰背肌力剧烈收缩的练习，而采用以牵张筋肉筋膜的练习为主的功能锻炼。骨劳损者，则不做对骨剪应力、扭转应力过大的跳跃、扭转活动的练习，宜做静力性筋肉抗阻性练习或适度的骨轴向压应力的不引起骨疼痛加重的练习，否则易发生疲劳性骨折等重症。

四、诊疗特色

张世明教授从事运动创伤临床五十余年，为大量专业运动员及群众伤病员诊治伤病，疗效显著，积累了丰富的临床经验，具有独特系统的学术思想和诊疗特色。现结合其临床经验总结分析如下。

（一）衷中参西的辨证及理法特色

中医药学是中华民族在长期与疾病做斗争中的经验总结和理论概括，哲理精深，疗效卓著。中医骨伤、运动创伤在辨证、手法、针刺、药物治疗骨折、筋伤等方面更具有独特之处。张世明教授在临床中应用中医辨证诊疗骨伤和运动创伤疾患，同时也强调中西结合，一切以提高疗效为目的。

1. 筋骨辨证为基础的整体辨证

张世明教授明确提出皮肉筋骨伤损辨证是正确诊治的关键，而且必须精纯。损伤局部的辨证是整个损伤诊断系统的基础内容，重视对伤因机转、骨折类型、韧带筋肉断裂程度、神经血管受损程度等进行仔细检查诊断。同时认为仅仅损伤局部的辨证是不够的，还需要对整体气血、经络、脏腑进行辨证，只有这样才能更好地进行正确完整的诊断和治疗，取得满意疗效。

张世明教授临床诊断技术，总结出了“望、问、摸、认”四诊法。“摸”诊显示了骨科局部检查的重要性。“认”诊是通过望、问、摸诊，舌脉象辨证检查，并结合影像学等检查结果，仔细分析。最后对局部伤损和全身情况做出一个正确的诊断。

2. 中西汇通的诊疗特色

（1）中西医理论互参

理论是临床的指导。张世明教授临床中的指导思想，是以中医为基础的中西医有机结合。张世明教授认为首先必须充分认识把握中、西医理论体系各自特点和不足之处，找准结合点。他对中、西医理论体系进行了深入的对照分析，认为西医理论体系根植于现代科学基础，逻辑严密，以人体解剖、生理、病理为基础，依靠现代仪器设备检测理化指标和影像资料对疾病进行诊断，侧重于辨病，其缺点是依赖仪器设备诊断治疗及形式逻辑思维方式，易受科学技术发展程度的限制，往往因认识局限、理化指标的局限或忽视病人的主观感觉和自身恢复能力，而难以完整地去把握住疾病整体规律，特别是对于病因不明、病情复杂、缺乏早期诊断和确切治疗手段的疑难病症，则感到无能为力和无从下手。中医理论体系则以整体辨证观为核心，以特有宏观类比和系统分类的整体思维方式去认识复杂的生命活动，对各种疾病征象进行辨证论证，对人体生命活动和疾病病机变化的认识也是从宏观上，整体上提纲挈领地去观察，其整体辨证论治的思想较西医辨病论治容纳的信息更为广泛、全面，对达不到西医诊断标准的症状也能通过中医辨证施治，其缺点是在器质和微观上实证方法和具体参数不足，特别是因历史条件的限制，中医伤科对形体的解剖认识较为粗糙，辨证主要通过脏腑经络气血等抽象认识把握，而对形体损伤的病因、病机、分型等论述不够。两者结合，可形成互补而更加完善的理论架构。

（2）中西诊治理法结合

张世明教授临床中充分利用现代解剖学、生物力学等知识、以及X片、CT、MRI、关节内窥镜等检查结果，结合中医辨证，更好地明确伤科临床各类疾患的病因、病机、损伤类型，更准确地使用各类手法和中药、针刺等治疗手段，提高疗效。另外，有些创伤疾患因其病情的复杂性，在治疗上也需要采取中西医结合的疗法，如果只懂中医而对西医的理论、诊断、治疗方法知之甚少，就无法面对这些复杂的疾患，中医创伤要在继承的基础上提高，也需要开展中西医结合。

（二）巧用各类伤科手法

张世明教授在继承郑怀贤教授伤科手法的基础上，博采众长，临床形成了辨病分型，灵活应用手法的特点。

1. 继承郑氏，博采众长

张世明教授临床中，继承了郑怀贤教授的伤科手法及其经穴按摩手法，总结出了具有郑氏特点的指针 12 法，同时在郑氏手法的基础上广泛吸纳了其他流派的手法，如杜氏的接、靠的正骨法，罗氏治疗腰椎间盘突出症的“坐位旋腰”。在其伤科临床病案中处处使用了大量手法，是其临床主要特色之一。

2. 辨病分型，巧用手法

在具体运用手法时，张世明教授强调要融会贯通，要结合现代生物力学知识，要辨病分型巧施手法，才能使骨折移位、关节脱位得以复位，达到舒经活络、松解粘连、行气止痛的目的。如治疗骨折脱位时，首先要明确了病因、病机、骨折类型、受伤机制，才能施行正确的手法。对颈椎骨折脱位施行手法时，就要分清受伤时颈椎屈曲位还是伸直位，摸清脱位椎体棘突偏歪的方向，椎体附件有无骨折，复位时才能做到双手配合，形成牵引、推压、伸屈颈部的连贯动作，达到整复脱位又不损害脊髓。踝部三踝骨折脱位时，同样要分清受伤机转，是外翻型，还是内翻型，有无筋肉嵌夹在骨折缝中，才能在复位推按距骨时协同作踝部内或外翻动作。在治疗腰椎间盘突出症时要根据病因病机、髓核突出的方向、腰臀部肌肉痉挛情况，决定手法的选择、用力的大小和方向。针对部分肩关节前下脱位整复较困难，张世明教授分析了目前各种复位方法与受伤姿势的关系，自创了与目前各种复位方法不同的在外展外旋伤肢120°~140°姿势下牵引，并做伤肢内外旋转以利肱骨头“解锁”，然后用手掌在肩前方向外上方推肱骨头复位的新方法。正是由于张世明教授既熟练掌握了骨伤科的手法，又根据病因病机辨证分型灵活的应用，使得他能对一般人不敢采用手法整复治疗的颈椎骨折脱位进行手法复位、对复杂的踝关节三踝骨折伴距上关节脱位，重度腰椎间盘突出症的手法治疗和难复性肩关节前下脱位手法整复均收到很好的疗效。

（三）“三期”辨证，不拘泥“三期”的用药

内外兼治、内服中药是治疗骨折的重要方法，具有调节脏腑机能，纠正骨折后经络受损、气血运行紊乱，促进骨折愈合，防止并发症发生的重要作用。以往伤科用药多规范为“三期用药”，即：早期活血化瘀，行气止痛；中期和营止痛，接骨续筋；后期补养气血，补益肝肾，而不灵活辨证。张世明教授认为中医药贵在辨证施治，而不是一病，或一伤一方。在初期骨折用药中，常会加用补益气血之品，如对股骨颈骨折患者，常以党参、黄芪、丹参、红花、白芍、当归、桃仁、生地为方。对多处骨折或失血较多的股骨干骨折，也常用益气活血之法。老年患者因年龄增大本易出现肝肾亏虚、气血虚弱、伤后经络受损、血溢脉外，更易出现血虚，多处骨折或股骨干骨折患者伤后同样有较大的血溢脉外，这时中医四诊合参常见患者有面色无华、舌质淡、脉细等血虚症候，遣方用药时当然不能再只给予活血行气之品而进一步耗损气血。手术后或失血较多病人，出现长时间中度发热，就不能按三期原则活血化瘀，也不能因发热就清热解毒，而应根据中医四诊辨证，并结合西医指标，进行遣方用药。例如望诊见病人面色略红而失去润泽，但不是赤红，伤处肿，但不红；闻诊见病人呼吸略快，但平稳不喘，语音略低，但无断续；

切脉见脉虚细略数；问诊时病人有大便干燥或秘结，伤处胀痛而无跳痛、剧痛，自觉发热但不伴随寒战。根据四诊所得资料显然为虚证而非实证，为虚热而非实热，如果再结合血液化验检查，白细胞无明显升高，血色素略低，结合病史即可辨证为损伤后或因手术出血致阴津亏损，阴虚生内热，而非邪热内侵，热毒内蕴，治疗法则即应给予滋阴清热，而非活血化瘀或清热解毒。

张世明教授临床强调伤科用药辨证与中医内科同等原则，不为“三期用药”原则所束缚，才能提高内外兼治之功效。

（四）体疗锻炼，提高疗效

体疗功能锻炼在古代又称为导引，它是患者应用运动的方法促使肢体功能得到锻炼而加速康复的一种有效方法，历代医家都十分重视。张世明教授在临床中十分强调体疗功能锻炼的作用，强调要根据伤情、损伤类型、个体差异等进行分类指导，并强调筋伤患者也同样要开展功能锻炼。例如肱骨外科颈内收型骨折，在早期患者可做患肢腕、肘关节伸屈锻炼，在中期则加做耸肩和肩外展动作，对腰椎间盘突出症，则强调根据突出方向程度指导患者开展体疗。如有大块髓核向左后方突出患者，急性期卧床休息是必要的，但卧床期仍可做仰卧蹬腿，随后做俯卧位胸部垫枕后的下腰部背伸肌功能锻炼，随着病情的好转再做背伸肌锻炼的三点、五点支撑和飞燕点水等动作，避免因早期运动使腹内压增高动作而疼痛加重的问题。在个体差异上，身体强壮、年轻者应增加锻炼次数和强度；体弱者应循序渐进；运动员则除受伤肢体锻炼外，还应加强其他肢体训练以防全身机能减退。

五、医　案

（一）颈　椎

1. 伍某，男，15 岁

地点：成都市猛追湾游泳场。

病史：1978 年 3 月 19 日，患者在弹网上做后空翻腾转体两周未遂，转至一圈半时其头部触于弹网上受伤。当即致痛，功能丧失，双手麻木，下肢无力等，即送往成都市某医院急诊住院，经用枕枕带牵引，药物治疗，症状不减，疼痛加重，建议手术。后送来我院住院。

查体：头颈部疼痛，颈部筋肉痉挛发紧，颈 2~6 棘突、棘旁压痛明显，颈屈伸旋转明显障碍，颈椎轻度后突畸形，双上肢胀麻不能抬举，双下肢肌力下降，可缓慢作屈伸活动。患者不能站立行走。

X 片显示：第 5 颈椎压缩性骨折，颈 5 右上关节突骨折，颈 4 椎体向前半脱位，颈 2、3、4 棘突韧带附着处撕脱骨折。

诊断：

（1）颈 5 椎体压缩性骨折合并颈 5 右上关节突骨折，脊髓损伤。

（2）颈 4 椎体向前半脱位。

（3）颈 2、3、4 棘突撕脱性骨折。

治疗：

（1）颈后垫枕法，仰卧位，头两侧用砖（毛巾包裹）垫住防止头部旋转。在急性期间不宜用牵引复位和按摩手法等治疗，并密切观察患者病情变化施治。采用颌枕带屈曲 15 度位牵引。

（2）待急性症状减轻后，用郑氏舒活酊理筋按摩，并用双手指抱颈，指端对准颈 4/5 棘突，向上端提。在颌枕带牵引下，做多次颈椎骨折脱位整复手法。不主张一次性整复。

（3）在垫枕下加强颈后伸和旋转等功能锻炼和上下肢功能锻炼。

（4）内服中药：七厘散、三七散，中期内服正骨紫金丹，后期内服一号接骨丸。

（5）颈围固定后下床活动。

用处方治疗一周后，患者双上肢麻木症状基本消除，双下肢活动开始感觉有力，头颈和肩臂疼痛明显减轻。第二周后，由于急性症状明显减轻，开始在患者颈后伸位下行按摩手法，以舒筋解痉止痛，并多次性手法复位。患者坐位，术者一手勾住患者颌枕部牵引，一手拇指、食指用力推挤颈 5 棘突整复脊柱脱位骨折。患者感觉舒服不痛。伤后三周，在颈围固定于后伸 30° 位下床活动，并逐渐加强颈背肌医疗体操锻炼。

经治疗两月，患者于 1978 年 5 月 23 日出院。颈椎活动完全正常，无压痛，四肢无神经异常症状。只是颈旋转活动时颈背肌、斜方肌区筋肉轻微疼痛，四肢活动有力。X 片复查：第 4 颈椎有轻微向前移位。

患者出院两月后，参加跳水比赛，颈椎反应良好。随访 3 年，患者颈部功能完全正常。

按语：（1）颈椎骨折脱位是十分严重的不稳定性骨折脱位，稍处理不当极易加重脊髓损伤，留下终身残疾，其后果严重。故手法整复时，主张在急性症状减轻平稳后进行。在急性期宜采用垫枕法和颌枕带屈曲位牵引，内服止血止痛，行气活血散瘀类中药，并密切观察病情变化，辨证施治。

（2）整复骨折脱位十分重要和关键，采用在牵引下逐步多次的手法整复方法治法。必须做到稳准，不可有丝毫疏忽。

（3）在牵引和垫枕下进行早期的颈背肌、颈脊柱的功能锻炼，对稳定脊柱复位和稳定性、改善血循环和组织修复有十分重要的作用。同时增强患者信心，在医生指导下进行体育锻炼，是取得优良效果的主要治法之一。

2. 陈某，女，16 岁

职业：杂技团演员。

病史：1974 年 3 月，患者在训练中站在另一队员肩上作后空翻下，不慎颈背触地呈过屈位受伤，当即送某医学院急诊，X 片摄片诊断为颈 5 椎体压缩性骨折。3 天后来我院门诊。

查体：颈强痛，颈 5 棘突和脊柱旁有明显压痛，颈屈伸旋转功能明显受限，双上肢手指未见明显异常症状、体征。

X 片显示：颈 5 椎体呈楔形边变，压缩约三分之一，生理屈度轻度反弓。

诊断：急性颈 5 椎体压缩性骨折

治疗：

（1）解痉止痛手法：颌枕带颈屈 15°位牵引，重量 6kg，时间 40 分钟左右。内服七厘散，三七散。隔日一次治疗。颈围固定颈后伸位 20°。

（2）一周后，行颈椎骨折整复手法：患者坐位，术者一手以肘勾持住患者颌枕部牵引，另一手拇指、食指持住颈 5 棘突向前用力推挤，同时配合术者牵引颈椎后伸，以整复矫正颈椎骨折后弓畸形。再行理筋手法。内服药同前。

（3）配合颈背肌功能锻炼：双手抱颈作颈后伸练习；耸肩挺胸功能锻炼。仰卧位，在垫枕下双肘支撑床上作颈后伸功能锻炼。逐渐加大活动量。1个月内不做屈颈活动，颈围继续固定。经以上方法治疗1个月后，颈屈伸旋转功能正常。患者因过早参加演出，颈部用力活动过多，颈部肌肉疼痛，余均正常，并照常演出颈部用力的节目。

按语：此例患者系单纯性椎体压缩性骨折，为稳定性脊柱骨折，故在治疗时，主要是采用颈后垫枕法，在一手勾住患者颌枕带牵引下，另一手拇指，食指推顶后突之棘突复位，恢复其生理屈度。颈围固定颈椎后伸位30°，2个月内不做颈部过屈活动。早期进行积极主动的颈背肌和颈脊柱的功能锻炼，是患者取得优效的主要原因之一。

3. 雷某，男，16岁

病史：1973年8月因游泳跳水头触河床致颈椎伤，当即头颈部疼痛，活动明显受限，2天后来我院门诊。

查体：颈4、颈5棘突和脊旁压痛明显，颈屈伸旋转功能明显受限，双手无明显麻木胀痛症状。

X片显示：颈5椎体呈楔形变压缩骨折。

诊断：颈5椎体压缩性骨折。

治疗：主要采用颈后垫枕法、手法按摩、整复手法和早期颈背肌颈脊柱的医疗体操（功能锻炼）；内服七厘散、三七散、正骨紫金丹和一号接骨丸；颈围颈后伸30°位固定下床活动等。治疗1个月后，颈椎功能（除颈前屈未作外）恢复正常。1年后X片复查，颈5椎体楔形基本恢复正常。1978年随访，患者颈椎活动完全正常。

按语：此例患者系单纯性椎体压缩性骨折，为稳定性脊柱骨折，故在治疗时，采用颈后垫枕法，在一手勾住患者颌枕带牵引下，另一手拇指，食指推顶后突之棘突复位，恢复其生理屈度。颈围固定颈椎后伸位30°，2个月内不做颈部过屈活动。早期进行积极主动的颈背肌和颈脊柱的功能锻炼。

4. 裴某，男，28岁

职业：话剧团演员。

初诊时间：1988年前后。

病史：（5 小时前）10 月 3 日凌晨 3 点在排演电视剧中从 6 m 高处落下致颈椎伤，无昏迷。1 分钟后又被一演员脚踩伤左颈侧伤部，4 小时后患者左上肢伴手指出现持续性麻胀，颈痛加重，于早上 8 点 30 分来我院急诊。

查体：患者头颈歪斜畸形，颈僵，颈 4、5、6 棘旁左侧根性压痛，左臂丛牵拉试验，压轴和椎间孔挤压试验都呈阳性，有左上肢串麻症状，头不能左侧和后伸活动。

X 片显示：颈椎生理屈度反弓，颈 4、5 棘突有旋转，无明显颈椎骨折脱位。

诊断：

（1）急性颈 4、5、6 左侧小关节损伤。

（2）颈椎间盘损伤。

治疗：

（1）颌枕带牵引 10 分钟。

（2）用舒活酒行颈部筋肉解痉止痛手法。

（3）颈椎整复手法，术者一手勾抱住患者下颌和颈枕部牵引，另一手拇指、食指握持住压痛点最明显的颈 4、5 棘突作向左推挤整复手法，同时行颌枕牵引时助手在牵引下做向左旋转和颈后伸活动。术后，患者手麻解除，但颈部压痛体征还有，头颈活动功能明显改善。

（4）内服三七散，颈围固定。当天收入院治疗。

次日患者可自由行走活动，头颈功能基本恢复。患者共住院 3 天，要求回家门诊治疗。一个半月后患者颈椎功能恢复正常，颈椎无明显压痛。

按语：急性颈椎损伤，因危险性较大，一般都怕用手法整复治疗，只采用牵引和活血止痛药物内服治疗。张世明教授根据郑老颈椎损伤治疗经验，加上精悉颈椎解剖生理和损伤病理学等有关知识，所以对此例急诊患者及时施行了解痉止痛和减压整复手法，术后取得立竿见影的疗效。

张世明教授在 20 世纪 70 年代就开采用抱颈牵引下，行手法推挤施行整复手法，是对郑氏伤科手法一大进步和创新，给后来治疗急性颈椎损伤、骨折脱位和颈椎病等发挥了重要作用。颈椎整复手法必须要求精悉颈椎解剖生理和损伤病理理论知识，这样才能稳准进行手法整复治疗。在牵引下行推板等整复手法比其他方法更为安全可靠。

5. 刘某，男，60岁

病史：1个月前患者夜间行走踩于沟内，右手撑地致伤，当即感颈肩右背疼痛，几天后出现拇指、食指麻痛。在空军医院用冯氏颈椎旋转手法、理疗治疗1个月疗效不佳。今介绍来医院求治。

既往史：2个月前患者曾因睡觉起床时出现有颈臂疼痛，拇指、食指发麻，经空军医院治疗1周，症状缓解。

查体：颈僵，颈4~6棘突右侧压痛明显，右颈、肩筋肉痉挛发紧，颈不能后伸和患侧卧，颈后伸侧屈有明显颈肩胛疼痛，拇指，食指发麻，颈前屈旋转功能轻度受限。轴压试验（+），扣击征（+），臂丛牵拉试验（-），握力下降。

X片显示：颈椎下端生理曲度反弓，颈5~6椎间隙变窄，颈5椎体前后下缘骨质增生。

诊断：

（1）颈椎病（神经根型）。

（2）颈5~6椎间盘突出症。

治疗：

（1）用郑氏舒活酊行解痉止痛手法按摩、推压、掐颈枕部、筋肉附着处，捏、提拿推压颈部肩部筋肉，指针风池、天柱、阿是穴、项根、肩井、曲池、合谷等穴，强刺激。

（2）减压整复手法：

① 一手压住右肩部，另一手将头向左侧（健侧）做右侧颈肩筋肉牵张手法，持续数秒，反复多次。然后，再做向健侧侧扳手法。（可听到关节响声）

② 术者一手勾持住患者下颌和颈枕部作向上提拉牵引数秒钟，再向另一手拇指、食指行向前用力推顶棘突手法，同时，在牵引下做颈后伸活动。反复两次。

③ 最后在用舒活酊行理筋按摩手法。

经以上手法，患者当即颈肩疼痛消除。

（3）颈围固定。

（4）颈功能锻炼：双手抱颈后伸，耸肩抬头，双手推墙屈伸，双手托天等。

嘱咐患者回空军医院理疗。

按语：此病根据病史和组织体征，之前有颈椎病，其后又外伤加重，当属颈椎间盘突出症。空军医院采用冯氏旋转手法、理疗，因未整复解决颈椎反弓和颈肩筋肉痉挛疼痛，故治疗失败。通过临床体征和颈椎X片分析，采用郑氏颈椎手法治疗，“解痉止痛”和减压整复手法治疗，取得了奇效。

6. 杨某某，女，5岁

地址：成都市曹家巷

病史：1975年4月下旬患腮腺炎，经中药、肌注青霉素1个多月治疗，其症状基本解除，但颈部活动明显障碍，于同年6月22日X照片诊断，寰椎脱位。23日来我院住院。

查体：患儿头颈屈歪斜畸形，颈僵，颈枕部有明显压痛，颈后伸和旋转功能明显受限。患儿体温正常，血常规检查各指标正常。

X片检查显示：环齿间隙为7 mm，寰枢椎棘突间隙增大。诊断意见为寰枢椎关节脱位。

诊断：① 自发性寰枢椎关节脱位；②腮腺炎恢复期。

治疗：

（1）采用自制颌枕布带屈颈30°位牵引，颈部行解痉止痛手法按摩。治疗7天后，X片示：寰椎基本完全复位。

（2）在颌枕带牵引下，鼓励患儿在牵引下行颈后伸和旋转活动。

（3）1个月内在颈围颈后伸固定下活动，并行功能锻炼。经上治疗2周后，患儿颈部功能活动完全恢复正常出院。经一年随访，颈椎完全正常。

按语：（1）此类无外伤的寰枢椎关节脱位，十分少见，但近20年张世明教授诊治此类患者不下10例，多见于10岁以下儿童，疗效十分显著。此病常是颈部发生炎性疾病引起，如扁桃体炎、咽喉炎、乳突炎及淋巴结核等，其发生机制多因颈部炎症使该部位充血、关节突关节肿胀，使关节囊松弛，炎症刺激致颈部肌肉发生痉挛，韧带松弛致颈椎向前脱位或寰枢椎旋转性半脱位。故学者称之为自发性寰枢关节半脱位。

（2）治疗关键：须行颌枕带颈后伸牵引。对脱位明显的患儿，需在血象恢复正常、颈部炎症稳定后，可行多次手法推挤或旋转颈 2 脊椎的复位手法，要求稳准和轻柔。

7. 杜某，男，5 岁

地址：成都市簇挤公社。

病史：1975 年 12 月，小孩跌伤，颈部僵直疼痛。曾被当地社员提端无效，后在某医学院住院两次，诊断为 C2 向后脱位，经牵引、固定，效果不佳，颈部仍是僵硬，无活动感。于 1976 年 6 月 8 日来我院住院。

查体：头部向前歪斜畸形，颈部肌肉僵硬，颈 2 棘突后突，颈枕部和脊旁肌肉均有压痛，颈屈伸旋转明显受限。

X 片显示：侧位环齿间隙为 6 mm，寰枢椎棘突间隙增大呈喇叭状。

诊断：陈旧性寰枢向前脱位。

治疗：

（1）用舒活酒做颈枕加脊旁肌肉松解痉挛止痛手法按摩，并做持续性的颌枕带颈椎牵引，枕颈部垫枕，每天行手法 1 ~ 2 次。

（2）在松解止痛手法后，对颈部做缓慢的摇晃手法，再行寰椎向前脱位的整复手法：助手托住患者颌枕部，作颈屈约 10° ~ 20°位牵引，后做颈椎后伸牵拉；同时一手拇指置于颈 2 棘突行向前用力推挤复位手法，反复多次。要求缓、柔、准、狠，不可快速、猛力。

（3）颈围固定于后伸位 30°下床活动，未服药。

经上治疗半月，患儿颈部功能明显改善。X 片检查：环齿间隙约 3 mm，寰椎和颈 2 棘突间隙正常。因躲地震提前出院，未追踪观察。

按语：此例陈旧性寰椎向前脱位儿童患者，是经四川医学院两次住院无效来张世明教授处就诊，其难度很大及危险性极高可想而知。因治疗颈椎骨折和寰椎脱位有一定经验，故对此列陈旧性脱位进行郑氏伤科手法特色治疗，坚持颈枕和颈椎肌肉关节的松解手法治疗，更重要的是进行了缓、柔、准、狠的手法整复治疗，使环齿间隙恢复正常，是本例取得成功的关键。当时至现今，据张世明教授所述，颈椎骨折脱位风险极大，采用手法整复的只有本院，一般都采用牵引、理疗及康复锻炼治疗，故患者均在华西医院两次治疗无效，为其原因所在。

8. 唐某，男，67 岁

工作单位：成都市搬运公司。

病史：1975 年 12 月 11 日搬运药包，约 50kg 的药包落下时未接住导致头颈部受伤。当即头颈部疼痛，不能活动。于 12 月 17 日来我院住院。

查体：颈僵，颈枕部压痛明显，颈 2 棘突向右偏歪，颈屈伸旋转活动明显受限，头稍能向右偏活动，但有声响。头颈枕部疼痛，双手不麻。

X 片显示：寰枢椎脱位，疑寰椎骨折；侧位，环齿间隙约 5 mm，颈椎屈度变直；张口位环齿间隙明显不等宽。

诊断：急性寰椎向前旋转性半脱位。

治疗：

（1）仰卧位颌枕带颈椎牵引，并在枕后垫一个三角布枕，使颈逐渐呈后伸位。牵引 1 ~ 2 天后待急性症状减轻后，嘱患者在牵引下做颈椎后伸及旋转的医疗体操锻炼。

（2）急性症状减轻后，每天或隔天做一次手法按摩，以松解肌肉并止痛。同时施以多次的手法整复：在牵引下，以拇指推挤偏歪的 C2 棘突，再做颈后伸，推挤 C2 棘突向前以整复寰椎推前脱位。

（3）颈围固定颈后伸约 30°位下床活动，并嘱以颈后伸和耸肩等功能活动，1 个月内禁止做颈过屈活动。

（4）内服七里散、三七散，3 周。

经上治疗半月后，患者症状明显减轻。X 片复查：环齿间隙明显恢复。由于患者高血压病，为 160/100 mmHg，不能持续坚持牵引和颈围治疗，且任意活动。后经 X 片检查：间隙为原状，但经推拿和功能锻炼，住院 1 个多月，颈椎功能恢复正常。1978 年随访，颈部无任何异常。

按语：寰椎向前旋转性脱位，是一种严重的危险性极高的伤病。此例患者高龄，有高血压病。因此在治疗中，采用多次的手法整复，不主张一、二次手法复位治疗并尽量鼓励患者在牵引下进行颈背肌功能锻炼和按摩治疗。虽然患者未十分配合，但还是取得了满意的疗效。

9. 张某某，女，5 岁

住址：成都铁路局。

病史：患儿因感冒、咳嗽、发热后出现头颈歪斜畸形，在某医院住院牵引治疗 1 个月无效，经人介绍来我院治疗。

查体：患儿头颈部歪斜畸形，颈枕部压痛。C2 棘突向左偏歪压痛明显，椎旁肌肉痉挛，颈后伸和旋转功能受限，双上肢无麻木症状。体温、血常规正常。

X 片显示：张口位，寰齿间隙不对宽，侧位环齿间隙正常。

诊断：自发性寰枢旋转性半脱位。

治疗：

（1）用舒活酒在颈椎肌肉解痉止痛按摩手法。颌枕带颈椎牵引，床头抬高。持续牵引 3 天，嘱行在牵引下做颈椎旋转活动。

（2）3 天后在坐位行颈椎旋转推偏歪棘突整复手法，以矫正寰枢椎旋转半脱位。3 天一次整复手法，共行 4 次。

（3）手法后持续颌枕带牵引下做旋转功能锻炼。

经以上治疗 3 周后，头颈无歪斜，颈椎功能基本完全恢复。停止牵引，只在颈围固定下做颈屈伸旋转等功能锻炼。1 个月后功能完全正常。X 片复查：寰椎间隙恢复正常。2010 年据其父母说，患儿颈部一直正常，已在北京某大学读书。

10. 张某，男，7 岁

住址：绵阳市丰谷镇。

病史：患儿 18 天前晨起出现头颈歪斜（前期患肺炎），后在当地找人端颈后加重。在绵阳市某医院 CT 检查诊断：肺炎，C1-2 半脱位。于 1996 年 6 月 15 日晚来医院治疗。

查体：患儿头部向前歪斜（头向右，下颌向左）；颈部筋肉痉挛；C2 棘突向右偏歪，有压痛；头向左旋转活动可，向右旋转功能明显障碍，头不能向后仰，前屈较好。双上肢不麻，体温、血常规正常。

X 片显示：侧位环齿间隙约 8 mm，寰枢棘突间隙加大呈喇叭口状，上颈段屈曲反弓；正位片：齿状突向左旋转，环齿间隙不等宽。

诊断：寰枢椎向前旋转性半脱位

治疗：

（1）自制颌枕带颈屈 20°位牵引，牵引重量 4 ~ 5kg，抬高床头，嘱患儿在牵引下做头旋转活动。

（2）牵引 3 天后，行手法，作颈枕部筋肉按摩，并用拇指推挤 C2 偏歪棘突，同时做头向右旋转的整复手法；再一手钩抱患儿颌枕部牵引，另一手用拇食指向前推挤 C2 棘突，做头后伸的整复手法，以矫正寰椎向前脱位。

（3）整复手法后，继续颌枕带颈椎伸直位牵引。整复手法隔两天一次，共做 3 次。颈部解痉止痛每天一次。患儿在颈围颈后伸固定下床活动。

经以上治疗 1 周后，患者头颈功能明显改变。继续颌枕带牵引。垫枕法和颈后伸旋转和耸肩等功能锻炼。共住院 3 周，颈后伸旋转功能恢复。无歪斜畸形。X 片复查：环齿间隙正常。出院要求：出院 1 个月内颈围继续颈后伸位固定活动，不宜颈过度前屈活动。若有异常，随时复诊。

按语：此案小儿肺炎后突然头颈歪斜畸形、疼痛，属自发性寰枢椎半脱位，患儿又被当地医生端颈加重，故 CT 和 X 片查寰枢间隙达 8 mm，是很严重和危险的病例。

患儿病程达 18 天，颈部筋肉症痉挛较重，故在治疗时，先不宜手法整复，只做解痉止痛按摩手法和颈椎屈位牵引治疗。3 天后根据颈部筋肉痉挛情况，采用手法整复旋转和前脱位，不宜一次猛力整复，而应多次手法配合牵引、垫枕、功能锻炼等治疗，获得了良效。需指出的是，整复手法必须在体温、血常规等正常情况下使用。

11. 王某，女，53 岁

地址：成都市锦江区指挥街。

病史：患者于 2010 年 9 月 12 日下午 3 点多钟坐在汽车后排上，当汽车在下立交桥减速行进中，被一高速行驶的小汽车追尾撞击致伤，同时被撞汽车又撞击在前面行驶的小汽车上。患者当即昏迷数分钟，被家属叫醒，患者颈枕部剧痛，四肢感觉运动功能障碍不能活动。1 个多小时后被送往成都某医院急诊。患者入院查体：体温 36 °C，脉搏 73 次/分，呼吸频率 20 次/分，血压 137/89 mmHg。急性病容，表情痛苦，被动体位，神志清楚，头部活动度受限伴疼痛，双肺呼吸音减弱。专科查体：颈枕部叩击痛明显，颈 2 平面以下感觉减退，鞍状区感觉减退。左侧伸屈肘腕、握拳肌力 0 级，右侧为 3 级，左屈髋、伸膝肌力 2 级，左踝、踇背伸跖屈肌力 0 级，右侧为 3 级。双侧 Hoffman 征（－），双侧 Babinski 征（+）、双膝腱反射活跃。颈活动功能明显受限。

X 片、CT 片显示：（2010 年 9 月 12 日）枢椎齿状突基底部骨折，折线累及枢椎椎体，椎管内有一骨折碎片占位（向后向左）环椎明显向右旋转移位，C2 棘突左偏歪；（2010 年 9 月 13 日）枢椎齿状突基底部骨折，折线清晰，寰枢椎平面脊髓信号明显异常（片中横断未扫描到环椎）。

入院后，当晚医院骨科立即行颅骨骨牵引，激素冲击疗法，患者一天就出现明显激素性肿胀，行营养神经及对症治疗。医院当晚要求手术治疗，患者不同意，共住院 1 周，感觉四肢肌力有所恢复。医院出院诊断为齿状突骨折伴寰枢关节脱位、不全四肢瘫、双肺下叶挫伤、2 型糖尿病，于 2010 年 9 月 20 日出院，特来四川省骨科医院进一步诊治。

9 月 20 日省骨科医院查体：生命体征平稳，表情痛苦，被动体位，神志清楚。颈屈消失，颈 2 棘突压痛，双肩感觉减退，鞍状区感觉减退，左三角肌肌力 2 级，余左上肢肌力 0 级，右上肢肌力 3 级，右下肢肌力 4 级，左下肢肌力 3 级，双侧巴氏征（+），双侧 Hoffman 征（－）。

2010 年 9 月 23 日 CT 片示：齿状突骨折，寰枢关节脱位已复位。

2010 年 10 月 21 日 X 片：环齿间隙左侧略宽，颈椎轻度反弓。省骨科医院也要求手术治疗，患者和家属不同意。入院后维持骨牵引，卧床休息，辨证内服活血化瘀、舒筋活络中药，电针，TDP 理疗，功能康复锻炼，神经营养药的治疗。四周后，去除骨牵引，颈围外固定支具固定下床活动。

2010 年 12 月 31 日出院。患者症状有所减轻，仍颈痛，左侧半身瘫痪症状行动较困难。出院诊断：颈 2 齿状突骨折伴寰枢关节脱位，不全四肢瘫，2 型糖尿病。

患者的整个治疗和康复都在张世明教授指导下进行。患者去除颅骨牵引后，颈部筋肉僵硬，左肩背部疼痛和功能障碍明显。早期给予了颈枕、颈肩部和下肢的手法按摩和电针治疗，鼓励患者耸肩挺胸和上下肢的功能锻炼。内服七味三七口服液、制香片、玄胡伤痛片和甲钴胺、复合 Vb 等神经营养类药物。中、后期给予归香正骨丸、八珍汤加减方、祛风活络丸等治疗，使得患者颈和四肢功能有所改善。

出院后继续在门诊诊治，前 3 个月每天行手法和电针、理疗，之后每周隔天一次治疗，一直坚持治疗达 2 年之久。现将主要治疗方法介绍如下：

（1）重点用舒活酒在颈枕、颈左肩背等疼痛筋肉僵硬处行手法按摩，用拇指推揉按压颈枕部筋肉和附着处，再提、推、揉、捏颈肩筋肉，手法时间20～30分钟。

（2）再指针点穴：天柱、风池、百会、翳风、肩井、项根、曲池、合谷、膈腧、肝俞、肾俞、委中，提拿双肩三对，跟腱。

（3）电针：天柱、风池、百会、翳风、项根、肩髃、臂臑、曲池、合谷、经验穴（锁骨肩胛骨突等处，与肩髃相对）等穴。每针20～30分钟，中等强度刺激。再用拇指推扳旋转枢椎棘突（向左偏歪）多次，以恢复颈椎功能。

（4）除了长期坚持手法按摩和电针TDP等治疗外，患者一直坚持功能重建的锻炼。在医生指导下进行颈部、左半身瘫痪肢体的主、被动功能锻炼，逐渐加量和扶痛处行走。告知家属患者长期按摩治疗，是患者功能恢复的重要助力之一。特别告知家属做左肩被动活动时，一定要在耸肩下进行，否则肩下垂假性脱位活动，只会加剧左肩疼痛，影响功能锻炼效果。

2011年1月10日华西医学鉴定中心司法鉴定检查：患者坐轮椅入室，对答如流。在家属扶持下可站立，可短距离步行，颈部外支具固定。颈可前屈10°，后伸20°，左侧屈10°，右侧屈20°，左旋转20°，右侧旋转40°，活动时诉痛，左肩活动受限，左上肢肌力4级，左下肢肌力5-级，右上、下肢肌力5级，左肢体腱反射亢进，病理反射未引出。

2011年3月17日省骨MRI复查示：齿状突基底部骨折，骨折基本愈合，齿状突后上方脊髓见片状长T1、长T2信号影，压脂像为高信号。考虑为软化灶。颈屈略呈反弓状。

2014年7月14日，省人民医院MRI检查示：平环椎脊髓有一软化灶，颈屈平直，余无异常。

经过达2年的治疗和功能锻炼，患者颈功能恢复正常，左上下肢肌力基本恢复正常，可随意行走活动，生活正常。

2016年7月随访，诉颈枕和左肩有时酸痛，与天气变化有关，一般行走看不出跛行，久走、快走有轻跛。

按语：（1）本例系寰枢椎骨折脱位伴接近延髓生命中枢极高位颈脊髓损伤，是一种十分严重的颈椎骨折脱位损伤，若不尽早诊治，则会加重脊髓出血等伤害，甚至危及生命。

（2）从病史和X片和CT片示分析，患者属一种挥鞭式和旋转性高速暴力引起的寰枢椎骨折脱位伤。幸好颈脊髓损伤不是很严重，才未及死亡。

（3）通过颅骨牵引和激素冲击方法，使寰枢椎脱位复位，控制减轻了颈脊髓的进一步损害，但患者颈僵疼痛和左肩疼痛和四肢不全瘫痪等功能恢复全靠医者的长期手法、针灸、药物等治疗，更重要的是患者和家属长期坚持不懈的功能锻炼和按摩手法等治疗，使患者获得了较为满意的效果。

12. 杨某，男，32岁

职业：杂技团演员。

病史：1978年3月21日，在自行车车技训练时患者坐于蹬车人肩上，不幸在途中站于患者肩上的一位演员从右侧方倒下，患者向后摔出头枕部屈曲着地受伤，昏迷约10分钟，当即送某医院。

X片摄位：留观6小时后至我院住院。

查体：患者头痛头昏胀，颈位不能作屈曲旋转活动，颈脊部筋肉痉挛，颈4、5、6棘突和棘旁压痛明显，棘突向右偏歪，双上肢和手指发麻，关节能活动。

X片显示：颈4、颈6棘突撕脱骨折，轻度向右侧旋转移位，颈4、6棘突右偏歪。

诊断：

（1）脑震荡。

（2）颈4、6棘突撕脱骨折伴轻度向右侧旋转移位。

治疗：

急性症状期，采用垫枕法和间断性颌枕带牵引，内服七厘散、三七粉、铁弹丸。

（1）急性症状减轻平稳后，采用解痉止痛手法：掐推压枕骨缘和肩胛内上角压筋腱附着处，再用捏和提拿手法于颈、肩、背部筋肉；指针天柱、风池、项根、膈俞、曲池、合谷、太冲，提拿肩三对、跟腱。手法配合舒活酒进行。

（2）脊柱旋转手法：患者坐位，轻度屈颈位，术者一手托住患者头枕部，做向后旋转活动，拇指置于偏歪棘突旁行推挤手法，以整复移位脊柱的偏歪棘突。一周内行3次整复手法。手法后再行解痉止痛手法。

（3）内服七厘散、三七粉、玉珍散。中期内服三七散、正骨紫金丹。

（4）颌枕带颈椎牵引，牵引重量 7～10kg。

（5）颈脊、颈背筋肉功能锻炼：仰卧垫枕位和坐位，做颈后伸和向右旋转的练习，耸肩挺胸抬头的练习等，逐渐加量。

（6）颈围固定下床活动。

患者经一个半月下床活动后，颈部活动恢复正常，无头痛头晕感，只颈过屈和向右旋转活动时感伤部隐痛。于同年 5 月 5 日痊愈出院。同年 8 月开始参加演出，并能做顶杠表演。

随访 30 年，患者颈部正常。

按语：此类颈椎急性损伤，重点是在急性期症状减轻，基本平稳后，宜尽早整复颈椎的旋转性半脱位，采用多次旋转手法整复，配合颌枕带颈椎牵引和牵引下进行医疗体育功能锻炼。

13. 某某，女，15 岁

职业：杂技团演员。

病史：患者于 1997 年在法国表演时，从两个演员身上落下，头颈着地致伤，当即颈部剧烈疼痛，但仍然坚持表演结束。因误认为是一般“筋伤”，未进行认真诊治，后因颈背疼痛麻木不止到某医院做 X 片检查，诊断为颈椎骨折，建议手术治疗。致伤后 20 余天来我院住院诊治。

查体：患者行走正常，颈部筋肉痉挛，压痛，颈 5、6 棘突和棘突旁压痛明显，颈屈伸旋转功能障碍，双手指时有麻木感。

X 片显示：颈 6 椎体压缩达 2/3，椎弓、附件未见明显骨折。生理屈度反弓，未见明显颈椎脱位。

诊断：颈脊椎体重度压缩性骨折（屈曲型）。

治疗：

（1）颔枕带颈椎牵引，5～8kg，酌情增减重量和牵引时间。

（2）在牵引下行手法提拉和推挤 C5、C6 棘突，以矫正颈椎后弓畸形和骨折整复。3 天行一次整复共 3 次。

（3）颈后伸 30°，垫枕法。

（4）在颔枕带牵引下，垫枕进行颈后伸和旋转的功能锻炼，酌情逐渐加量。

（5）内服三七散、玄胡伤痛片及归香正骨丸、接骨丸等。

（6）颈围固定于颈后伸位下床活动。

经上治疗1月出院，患者颈痛基本消除，颈后伸，旋转功能正常，X片复查，颈生理屈度略变直。颈5椎体压缩程度无明显恢复。出院后，要求患者继续颈围固定1月，坚持每天作颈背肌功能锻炼，2个月内不宜作颈过屈的活动。内服三七散、接骨丸1个月。随访5年，患者无明显异常。

按语：此案为重度颈椎屈曲性椎体压缩性骨折，因年龄小且无明显脊椎脱位和脊髓损伤症状，故未接受某医院的手术治疗。

张世明教授的治法重点是在牵引下进行颈椎骨折和生理屈度反弓精准的整复手法，垫枕法和积极主动的颈后伸、颈背肌的功能锻炼，这是取得本病较好疗效的关键。

14. 刘某，男，60岁

现病史：1个多月前夜间行走踩于沟内，右手撑地致伤，当即颈肩右臂痛，几天后出现右拇食指麻痛，在某医院用冯氏手法，理疗治疗1个月无效，今来求治，不能后伸和患侧转头。

既往史：2个月前曾因睡觉后出现颈臂、拇食指发麻，经某医院治疗1周，症状消失。

检查：C4－6棘右旁压痛，右颈肩肌痉挛，颈屈后伸眩晕感，右颈肩胛痛，拇食指发麻。前屈旋转功能轻度受限，轴压，扣击征（+），臂丛牵拉（+），握力↓，牵拉头部发麻。

X片显示：C5－6椎间隙变窄，下段后弓，C5椎体前下沿、后下缘骨质增生。

诊断：C5－6 神经根型颈椎病。

治疗：

（1）颈椎病手法；

（2）向患侧板，牵拉颈筋；

（3）提拉头（推颈）和右上肢；

（4）指针按摩。

当即颈、手痛麻消除。

15. 何某某，女，69岁

病史：颈肩背部疼痛不适20年，右侧中指麻木反复1年多。夜间睡眠差，入睡困难，入睡时间3小时。1979年机器皮带损伤致右手外伤，右小指缺失，中指环指清创植皮术，第三、四掌指关节挛缩畸形。患高血压心肌缺血 10 余年。

查体：右侧第三掌指关节掌侧压痛，中指麻木按压下加重，右侧椎间孔挤压试验阳性，可伴右侧中指麻木加重，右侧中指屈肌腱鞘（掌指关节远侧）有增厚粗感，无弹响。

X 片提示：颈椎骨质增生，椎间孔变窄。

诊断：颈椎病神经根型。

治疗：

（1）郑氏手法按摩。

（2）颈椎牵引，牵重 5 ~ 10 kg。

（3）枕项部后伸练习，10 次/组，3 组/日。

（4）祛风活络丸内服以祛风湿、舒筋络、活血止痛。

按语：张世明教授治疗神经根型颈椎病，均在临床诊断明确的基础上辨证治之。本例患者颈椎神经根压迫与手指陈伤均可导致手指麻木，需要仔细鉴别。在经络基础上，颈部与手指病证如何相互影响，值得进一步探讨。

（二）肩　部

1. 彭某，男，68 岁

就诊时间：1996 年 12 月 2 日 8 点。

现病史：4 小时前大概下午 3 点跌倒坑内（高 1 m），右臂外展致肩伤，当即肩痛不能动。在当地照片：脱位骨折。因肩痛送来医院急诊。

查体：身体健康，痛苦呻吟，右肩肿胀，肩峰下空虚，上臂外展位，压痛明显，可触及肱骨头，腋神经，臂丛神经受压。

X 片显示：右肱骨头喙突下脱位伴大结节纵裂（自带片为盂下脱位）。

治疗：先足蹬法失败，病人痛叫不止。后用上臂外展旋牵引，并固定肩峰，做拔伸牵引约 10 秒，术者作上臂内旋内收时，肱骨头发响复位。牵引复位过程中病人未感疼痛。贴胸位，外敷中药固定。

按语：本案例较好地反映了张世明教授平时按《医宗金鉴》的要求达到“令患者不知所苦”的境界。（1）要细心体贴病人病情；（2）要熟悉解剖及生物力学；（3）手法过程中要据手感随机应变，需要丰富的经验。

2. 刘某某，男，34 岁

职业：成都旅游公司工人。

现病史：31 号下午 5 点左右酒后玩耍牵拉致右肩伤痛，不能动，请盲人按摩无效，今来就诊。

查体：右肩方肩畸形，喙突下可触及肱骨头，杜加氏征（+），右手发胀。

治疗：助手固定胸肩上部，一助手牵拉伤肢向前，上举外展 120°～140° 做拔伸牵引约 1 分钟，握肱头上段推送，复位有响声，当即 X 片复查：复位成功。后内服汤药及去痛宁。

按语：盲人按摩多无医理指导，当谨慎为之。该患者牵拉轻易致伤，平日体质即有隐患，关节失养，故复位后予以汤药调理。

3. 某某某

主诉：右肩伤痛半小时。

现病史：半小时前坐车因抖动剧烈突然右上臂上举外展，右肩关节脱位，在当地医院复位失败，痛剧，遂至我院急诊。

既往史：1992 年肩关节脱位，反复脱位三次。

检查：右肩峰下空虚，方肩畸形，腋盂下可扪及肱骨头，有明显压痛，肩功能明显障碍，不能活动。

诊断：右肩关节盂下脱位。

治疗：一助手固定腋部，一助手固定肘牵引，外展向前上举牵引约 20°，推送肱骨头，复位，固定于胸贴位。内服创伤消肿丸 3 次/日，3 片/次。

按语：本例为习惯性脱位，疼痛剧烈，虚中夹实。复位后，虚实均要兼顾。

4. 张　某

主诉：右肩关节挫伤 7 小时。

现病史：下午 2 点骑马时，因马失蹄，马头前屈接地，摔下时右臂触地致右肩伤，患者被马拉了几米，痛得不能活动。在当地医院 X 片透视后，遂至我院急诊。

既往史：白癜风，余无特疾可证

检查：神清合作，右上臂被绷带固定于外，右肩方肩畸形，盂下空虚，中度肿胀，锁骨下方可扪及骨头，肩关节不能动致生活障碍。

诊断：右肩关节喙突下脱位。

治疗：

（1）嘱咐静止不动，放松。仰卧，轻微牵引，外展肘伸直120°位加力持续牵引，固定胸肩部，对抗牵引，并作外旋活动，术者用双手握住上臂，助手牵引10秒，复位（查肱骨头消失），再牵引下内收，内旋上臂放于胸前，杜加氏征（-）。绷带贴胸位固定。

（2）外敷新伤药，内服创伤消肿片、祛风活络丸。

按语：张世明教授复位后以活血化瘀、通经活络为主。

5. 曾某，男，47岁

病史：左侧肩锁关节区疼痛反复半年。无心慌胸闷，无上肢麻木无力、手指麻木等。颈部疼痛不明显。患者长期肩部负重，担负重物。无外伤史，无高血压、糖尿病史。

体格检查：左肩锁区明显高突、肿胀，有压痛，左肩外展上举疼痛，肱骨大结节无压痛。

辅助检查：X片提示左侧肩锁关节增生。

诊断：左侧肩锁关节骨关节炎。

治疗：

（1）左肩限制负重。

（2）外用：郑氏舒活酊以舒筋活血止痛；内服：制香片通经活血、祛瘀止痛，祛风活络丸内服以祛风湿、舒筋络、活血止痛。

按语：该例患者长期劳体，形体劳损明显，治疗用药要注意该体质特点。

6. 丁某，女，4岁3月

病史：右肩部伤痛7小时。患者于7小时前不慎摔倒，右肩部着地，即觉右肩部疼痛，活动受限，无头部外伤，无昏迷、恶心、呕吐等症状，遂至我院急诊。就诊时，无恶寒发热，无其他头身疼痛，食纳可，二便正常。既往无特疾，无过敏史。

查体：右锁骨周围肿胀，锁骨上窝消失，锁骨区压痛，可扪及骨擦感。右肩活动受限。上肢感觉、运动正常。面色红润，舌淡，苔薄白，脉弦。

X片显示：右侧锁骨中段骨折，对位较好，略向上方成角，软组织肿胀。

诊断：右锁骨中段骨折（骨断筋伤，气滞血瘀）。

治疗：

（1）手法复位，8字绷带外固定。

（2）抬高患肢，嘱若出现肢端肿胀、感觉减退、发绀、苍白、被动牵拉痛等情况，则立即解开绷带并返院就诊。

（3）禁侧卧及卧高枕。

2周后复诊：固定松动，肢端略肿胀，血循、感觉运动可。舌淡，苔薄白，脉涩。X片显示：右侧锁骨中段骨折，对位较好，略向上方成角，少许骨痂影。治疗：（1）调整外固定；（2）患肢抬高制动，遵医嘱适当功能训练。

4周后复诊：固定松动，肢端肿胀消除，血循、感觉、运动可。舌淡，苔薄白，脉弦。X片显示：右侧锁骨中段骨折，对位较好，略向上方成角，骨痂影明显。治疗：（1）调整外固定；（2）遵医嘱适当功能训练。

按语：该患者为儿童，生机旺盛、脾胃稚嫩、畏痛，可不予用药及针刺。儿童好动，应特别注意固定。

7. 罗某，女，63岁

病史：右肩伤痛伴活动受限2小时。患者于2小时前不慎摔倒，右肩部着地，即觉右肩部疼痛，活动受限，无头部外伤，不伴有昏迷、恶心、呕吐等症状，遂至我院急诊。既往无特疾，无过敏史。

查体：右侧肩部压痛，局部肤温增高，未触及骨擦感。右肩活动受限。前臂、腕及手指感觉、运动正常，指端活动良好。桡动脉可扪及。

X片显示：右肩关节未见确切骨折、脱位。

诊断：（1）右肩软组织损伤；（2）筋伤（气滞血瘀）。

治疗：

（1）郑氏手法：解痉止痛、理气活血。

（2）TDP、电针：肩髃、肩贞、臂臑、曲池、合谷。

（3）外用：芷香新伤膏；内服：制香片。

按语：本例病情单纯，唯患者年龄较大需注意，后期活血化瘀的同时应补益气血肝肾。

（三）上　肢

1. 卓某，女，14 岁

病史：20 余分钟前（当天下午 4 点）患者骑自行车跌倒。右手撑地致右肘前臂损伤，未做任何处理，遂送至我院急诊，既往无特殊疾病。

查体：患者健手扶持伤手体位，右肘、前臂肿胀较明显，肘前外侧突起畸形，前臂向掌侧突起畸形。肘外侧可扪及向前脱出的桡骨头，外髁下方凹陷；前臂掌侧中的皮下可触及尺骨中段骨折端，局部有 0.3～0.7 cm 皮伤血痕。肘、前臂功能完全丧失，拇指发麻，手指可活动。

X 片显示：右桡骨头向前外上侧完全脱位，尺骨中段斜形骨折，远端向背，尺侧移位全宽度、重叠向掌侧成角约 30°，尺骨近端骨尖刺入皮下。

诊断：右尺骨中段骨折合并桡骨头完全性脱位，又称右前臂孟氏骨折合并桡骨头全脱位（伸展型）。

治疗：无麻醉下，患者仰卧，行手法整复复位。

（1）一助手固定肱骨下段，另一助手握持住手腕部作拔伸牵引；同时，术者双拇指向内后用力，推挤按压向外前侧脱出的桡骨小头，听见桡骨小头复位声。

（2）令助手将前臂于中立位、屈肘 100°，以使桡骨头稳定。在此体位下，术者双手作拉挤分骨和推挤手法矫正尺骨骨折移位，听得到有骨擦音。

（3）最后捏住骨断端，轻微摇碰一下，以使骨折稳定。

（4）前臂骨折小夹板固定，将患肢固定于前臂中立位，过度屈肘位，外用铁托板固定。

X 片显示：右桡骨脱位完全复位，尺骨中段骨折对位对线好，远端略轻微向掌移位。

以上体位固定 3 周，鼓励手指屈伸、握拳等活动，内服创伤宁（现称创伤消肿片）。3 周后改为前臂中立位屈肘 90°，固定 3 周时间，内服正骨丸，加强握拳和手腕活动。X 片复查：骨位良好，尺骨骨折有少量骨痂。伤后 6 周，伤肢不肿，骨折脱位处无明显压痛，内服接骨丸。

伤后 8 周，X 片显示：尺骨骨折线模糊，骨愈合较好，桡骨小头无移位，患者肘屈伸功能基本恢复。

伤后 12 周，患者伤肢功能完全恢复。

按语：本例患者属伸展型孟氏骨折，西医都主张手术治疗，而中医手法整复有时不理想，小夹板难以固定住桡骨头脱位和尺骨骨折。因学习了天津中西医结合治疗骨折的经验，张世明教授首先整复了桡骨头脱位，并在前臂中立位过度屈肘位固定下能稳定住。桡骨头复位后，尺骨骨折的重叠成角会自然得到解决，术者只需用手法整复尺骨前后侧向移位，就容易整复成功。因此，对本例患者采用手法治疗一次整复成功，且对位良好。

张世明教授运用手法整复，固定治疗伸直型孟氏骨折，多取得了满意疗效，值得推广应用。

2. 黄某，男，14 岁

病史：半小时前小孩站式骑自行车摇摆玩耍，不慎自行车撞击在路边花圃水泥坎沿上，人向右侧倒地，手撑地致伤，当即右肘不能屈伸，疼痛肿胀。

既往史：无特疾可记。

检查：右肘关节明显畸形，肘外侧有一较大的血肿凸起，外侧可触及一锐利骨折端，骨块可移动，肘外侧压痛明显，肘功能丧失，手指可活动，无明显神经、血管异常症状体征。

X 片检查：右肱骨外髁骨折，骨折块向外水平轴旋转 90°，折块断面翻向掌侧（属 4 型骨折）。

诊断：右肱骨外髁骨折（4 型）。

治疗：

（1）冷水冷敷 15 分钟左右。

（2）在 X 片透视下，反复分析外髁骨折块移位的机制：做肘内翻活动时，折块可向外移动。

（3）手法整复：

① 患者仰卧，左上肢外展约 30°，一助手握住患者手腕，不牵引；一助手固定住上臂。术者用拇指推折块向后（是推肱骨小头，而不是推刺入皮下的骨折尖端），一手拇指端推住尖端之下方。同时，令一助手将前臂内收（使肘内翻）、前臂内旋，再慢慢屈肘关节。目的是使骨块向后，以矫正水平位的旋转，向外翻转改善，使断面相对（这种整复手法明显可以感到骨块移动）。

② 然后术者一手拇指压住外上髁上沿，另一手拇指推肘后骨折块后缘，同时令远侧一助手将前臂慢慢伸直（患臂在解剖位置下）。一次复位成功。检查肱骨外髁区无骨块移位突出和活动感，无骨擦音。当即在 X 片透视下检查，证明复位成功，对位良好。

③ 然后在屈肘 20°~30°位，术者一手拇指推折块外侧，另一手拇指推后侧，使折端嵌合牢稳。在术者固定下，令助手轻轻慢慢屈肘到 90°~100°，无异物活动感，肘关节活动好。

（4）固定，髁上骨折小夹板固定，用增形塑分别置于外、内上髁区，后侧置一梯形塑，三束带绑扎，铁钢托板固定于解剖位（前臂旋后位）肘屈 10°~20°位，卧床，悬吊患肢高于心脏，嘱手指握拳活动。

（5）内服三七粉、白药。

观察前臂手指血循，防止束带过紧发生缺血性肌挛痛等异常。

夹板固定 3 周，铁钢托板 1 周，之后中药汤剂内服几天，取托板，令主动屈伸功能活动，外用活血散瘀洗药熏洗。肘关节活动范围及其余反应良好。

伤后 35 天右肘轻微肿胀，骨折压痛不明显，肘功能达 0°—20°—110°活动范围，余反应良好。

1 个多月后，患肘屈伸功能完全正常，无疼痛，X 片示：骨位好，骨折线模糊。

2015 年 8 月随访，患者，诉 30 多年右肘无异常，工作运动正常。

按语：本案例患者属肱骨外髁骨折 4 型，手法很难整复，绝大部分都采用手术复位固定治疗。由于早期治疗及时，认真分析了肱骨外髁骨块翻转的受伤机制，在透视下又进行分析研究，所以采用了逆受伤机制的整复手法，一次取得了十分满意的整复效果，中后期给予了积极功能锻炼，使患者很快恢复了右肘关节功能。32 年随访，患者右肘功能无明显异常。

3. 王某，男，12 岁

病史：4 小时前患者在 2 m 高篮球架杠子上拉引体向上，手滑落地后仰左手掌撑地致伤，当即左肘肿痛畸形，遂送我院门诊。

查体：患者左肘肿胀畸形，肱骨内外髁区均有压痛，肘外侧可触及骨折块，可移动，肘关节功能丧失，伤侧手指无明显神经异常症状体征。

X 片显示：左肱骨小头骨骺分离伴外髁（干骺端骨折），折块向后外下方翻转移位，分别为约 30°和 90°；肘关节向内脱位，有绿豆大小一小骨折片向前移有分离。

诊断：

（1）左肱骨小头骨骺分离伴外髁骨折（属第四型）；

（2）左肘关节向内脱位。

治疗：

（1）冷水冲洗肘关节 3 分钟后，行肘关节骨折脱位整复手法。

（2）术者用双手抱住肘内、外侧行推挤手法矫正肘内侧脱位。未牵引下术者右手拇指端扣住向后外翻转的肱骨小头骨折块断面，令助手作肘屈伸活动数次，同时术者双手拇指顺前臂伸肌在外髁附着处的牵拉力做轻柔顺势的推旋手法，以矫正翻转的骨块，此时有明显的骨块活动感。屈肘时，拇指推旋骨块；肘伸时，拇指放松，如此多次。手法复位成功，骨端无骨擦音。在术者用手固定下，肘屈伸活动较好，无障碍阻力。

（3）绷带加压包扎固定，钢板托板屈肘 50°固定、抬高患肢。内服七厘散，嘱咐手腕功能活动。X 片复查：左肱骨小头骨折对位良好。

伤后 9 天，肿痛明显减轻，手指活动，调整托板角度屈肘约 100°。

伤后 16 天，取托板舒活酒按摩，活血散瘀洗药熏洗。加强前臂屈伸活动。

伤后 35 天，患者左肘轻肿，无压痛，肘关节活动度为 0°-45°-120°。X 片复查：骨位好，干骺端骨折区有增生。

出院经过 20 天功能锻炼和康复治疗，患者肘功能恢复正常。

按语：儿童肱骨小头骨骺分离骨折四型是很难手法整复复位的，一般都需手术切开复位。本例取得成功的关键之处是对翻转骨块的手法整复技巧和整复后的固定康复方法。

4. 辜某，男，9 岁

病史：患儿于 2 天前运动玩耍时不慎从 1 m 高跌下，左手撑地致伤，在成都某医院 X 片检查诊断为左尺桡骨双骨折，经手法整复未成功。2 天后来我院诊治。

查体：患儿左前臂及腕肿胀明显，尺桡骨下段有明显压痛。腕关节压痛，手指可活动，前臂屈伸，旋转功能丧失，手指无神经异常症状体征。

X 片显示：左尺桡骨下段骨折，尺桡骨向桡、背侧成角，骨间隙变窄；

尺骨下段骨折轻度移位，桡骨远端背移全宽度，桡移二分之一，下尺桡关节纵横向分离。

诊断：左尺桡骨下段双骨折合并下尺桡关节分离（特殊型盖氏骨折）。

治疗：

（1）在局部浸润麻醉下，行手法整复，两助手分别握持手肘部行左前臂旋前位适当牵引，术者双手拉挤分骨尺桡骨下段骨间隙，并挤拉桡骨近段端，以矫正尺桡骨骨间隙和成角畸形和桡骨向桡侧移位。然后令远侧助手，加大拇桡侧的牵引用力，同时术者双手用折顶手法整复桡骨向背侧全宽度移位和下尺桡关节的纵向移位。在维持牵引下，推挤下尺桡关节，使其分离复合。

（2）将伤肢于中立位，小夹板固定，中立位托板固定。

X 片摄片复查：尺桡骨折对位对线良好，桡骨远端轻微桡移，下尺桡关节无分离。

（3）内服创伤片，嘱咐手指握拳活动。

2 周后，患者伤肢肿痛大消，手指活动好，嘱咐加大握拳活动量，在中立位作推磨、冲拳等活动。内服正骨丸。X 片复查：骨折对位对线良好。

4 周后，X 片复查，对位良好，有骨痂形成，伤肢无明显肿痛。

6 周后，去除夹板，托板固定，改用纸板固定前臂中下段，绷带包扎。用舒活酒按摩和加大前臂旋转，腕关节等功能锻炼。X 片复查：有明显骨痂形成。伤肢消肿，无压痛。

10 周后，小孩左前臂骨折 X 片检查，大量骨痂形成，骨折线模糊。左前臂，手腕功能完全恢复正常。

按语：本例患儿骨折属盖氏骨折受伤机制（桡骨下段骨折合并下尺桡关节分离），但患儿还发生了同平面的尺骨下段骨折，故张世明教授认为是一种特殊型的盖氏骨折。“盖氏骨折”容易被误诊为单纯桡骨下段骨折，按常规手法整复是很难成功的。本案例张世明教授采用了适度牵引，挤拉分骨，再加大拇桡侧的牵引，行折顶手法，一次整复成功。本案治疗成功基础在于正确的手法整复和小夹板固定。

5. 杨某，男，12 岁

病史：3 天前，患者在体育活动中致右食指掌指关节伤，在其他地方治疗无效，后来我院治疗。X 片检查诊断：右食指掌指关节全脱位。于张世明教授处诊治。

查体：患者右手食指掌指关节区肿胀明显，向前成角畸形，在掌侧可明显触及脱出的第二掌骨头，有明显压痛，弹性固定感，伤指不能屈曲活动，食指有轻度麻胀感。

X 片显示：右食指掌指关节全脱位，掌骨头向掌侧脱位。

诊断：右食指掌指关节全脱位。

治疗：术前，仔细询问伤史和 X 片分析，因伤节弹性固定感强，掌骨头全脱出，诊断为掌指关节脱位出现交锁。在臂丛麻醉下，患者坐位，行手法整复。

（1）术者先将食指（第一指节）后伸，用推挤手法将第一指节向尺侧移位矫正，使伸食指肌腱还位。

（2）然后，在第一指节后伸牵引位造成向前脱位的机制，术者用一手拇指端顺利脱出掌骨头下关节囊、韧带纽扣样交锁之伤筋，反复理顺，使其解锁。

（3）在后伸牵引下，慢慢牵拉，轻微旋转，将关节囊破裂口理伸解锁。

（4）在慢慢牵引下，屈曲第一指节，同时另一手拇指推第二掌骨头掌侧复位。当即患者食指可以屈曲活动。检查，右第二掌指关节头出现屈曲握拳状，伸食指肌腱位于掌骨头掌侧位置。

手法整复后，用棉垫包扎、绷带固定于半握拳状。内服七厘散、止痛片，当即行 X 片透视检查，完全复位。

2 日后复查，小孩患指整复后当晚痛重，右手背和患指肿胀明显。

处理：将患指屈曲角度减小包扎固定、并抬高伤肢，内服药同前。

4 日后复查，右手肿痛明显减轻，X 片复查示：已复位。嘱咐加大握拳手指活动，止痛药停服。

1 周后，右手肿痛大减，用舒活酒手法按摩，鼓励伤手在固定下活动。

2 周后，去除包扎固定。舒活酒按摩，做伸屈伤指功能锻炼，内服中药停服，活血散瘀洗药外洗。

4 周后，小孩伤指屈伸功能基本恢复，脱位关节无压痛，局部掌侧组织轻度肥厚粘连。

2 个月后，小孩伤指功能完全恢复。

按语： 关节脱位一般都能手法整复复位，但有少数脱位发生了交锁，则很难复位。多发生在肩关节、髋、膝和掌指关节。本例患者属典型关节脱位交锁，按常规的对抗牵引和推挤屈伸手法是不能复位的。越是牵引关节越是更会交锁。本例被不少医生整复失败的原因在此。

张世明教授分析本例脱位的病史，掌指体征和X片，认为脱位发生了交锁，故采用逆受伤机制的整复手法，并进行了“解锁”整复手法，使本例一次成功复位，经屈曲包扎固定，早期功能锻炼，很快伤节功能恢复正常。

本案例提示：医者注意有无关节交锁发生，并且应仔细分析伤机，逆受伤机制的整复方法才是减少损伤、成功复位的正确方法。

6. 谢某，男，18岁

初诊日期：1995年夏。

病史：患者三天前驾豪华汽艇在龙泉百公堰湖上游玩，因速度过快撞击在另一艘船上致右手腕伤，当即前往成都某医院急诊住院，X片检查诊断为：右腕巴尔通氏骨折伴腕关节脱位。该院治疗意见是手术。患者家属不同意，特请张世明教授前往该院诊治。

查体：右腕手肿大、畸形，桡骨远端压痛明显，腕关节功能明显障碍，手指握拳活动受限。尺骨茎突后压痛，前臂旋转受限。五指无明显神经异常症状体征。

X片显示：右桡骨远端骨折，远端向掌桡侧移位，骨块轻度重叠，折线从桡骨远端关节面中下行，向掌侧斜向下穿过，远端骨块同近腓腕骨向掌侧半脱位，折端有一小骨皮；尺骨茎突有撕脱骨折。

诊断：左腕巴尔通氏骨折合并腕骨向前半脱位，尺骨茎突撕脱骨折。

治疗：

（1）在臂丛神经麻醉下行手法整复：患者坐位，双助手分别用双手握持住患者右前臂上段和手腕部作旋前位拔伸牵引；术者用双手掌根作推挤手法矫正桡侧移位；在持续牵引下，术者双手拇指置于远骨端掌侧用力，其余四指置于桡尺骨远端背侧作推挤按压手法，同时令远端侧助手作屈腕活动，以矫正桡骨远端和腕骨向掌侧移位。

（2）在持续牵引和手法整复骨折后将伤肢置于前臂中立位，在掌背侧各置一棉垫固定远、近骨端，再用桡骨远端放骨折夹板伸立托板固定。经X片复查，骨位明显矫正，有轻度掌移位。再次同前手法整复一次，同前夹、托板固定之。X 片再次复查，桡骨远端有轻微掌移，腕关节脱位已矫正。继续同上固定伤肢于中立位，手腕略向腕屈。内服创伤消肿片、玄胡伤痛片。

（3）每周复查两次，密切观察手背、手指肿胀活动和骨折部疼痛情况及时调整束带。鼓励患者手指屈伸活动和推磨（前臂中立位）活动。2 周后，手腕肿痛明显消减，手指屈伸活动轻度受限。X 片复查，骨位稳定。加强手指屈伸和握拳活动，静力和动力性收缩练习。内服同前。

3 周后，患者手指活动正常，活动时骨折端无明显疼痛。加大功能锻炼量。内服正骨紫金丹、创伤消肿法片。

经以上治疗一个半月，患部肿胀基本消除，局部无明显压痛，手指活动良好，去除小夹板、托板固定。用舒活酒手法按摩，在骨折部固定断端下，加大腕部屈伸、旋转，前臂旋前功能锻炼，但禁止支撑活动。X 片复查：骨折部有骨痂生成，折线明显模糊。内服接骨丸、创伤消肿丸，外用活血散瘀药。

共治疗 3 个多月，患者骨折部无压痛，手腕和前臂功能基本完全恢复（除手腕支撑外活动）。X 片复查：骨折线模糊，骨位无异常。继续予护腕固定下活动。随访半年，右腕功能恢复正常，无明显腕部疼痛不适等症状。

按语：巴尔通氏骨折时腕部严重的关节内骨折，因此类骨折折线通过关节面，故多发生腕关节半脱位，特别是骨折线位置越低就越严重，骨折越不稳定。西医一般都需手术复位治疗，其疗效不定，而中医手法整复也有较高难度。

张世明教授认真分析此类骨折发生机理和辨证分析，在手法整复、夹板固定、功能锻炼和内服中药等方面都做到逆受伤机理的复位方法和有效的小夹板固定及主动积极功能锻炼，从而获得十分满意的疗效。

7. 曾某，女，52 岁

病史：患者于 3 天前在浴室跌倒左手撑地致左肘伤，当即左肘剧痛肿胀不能活动，在某医院骨科住院，X 片检查诊断为左肱骨髁间粉碎性骨折。该院主张手术治疗，推荐来我院诊治。

查体：左肘关节肿大，内侧有轻度皮瘀，肱骨远端环形压痛，触及内外上髁区有骨擦音，肘关节功能丧失，手指屈伸可活动，无神经异常症状体征。

X 片显示：左肱骨髁间呈“Y”字形骨折，折线波及关节面，内外髁向外旋转向后移位，关节面错位不平整，骨折近端前移，轻度嵌择，骨断端有小碎片。

诊断：左肱骨髁间粉碎性骨折。

治疗：进行臂上神经阻滞麻醉。

（1）手法整复：患者坐位，助手双手分别握住患者上臂上段，另一助手握持前臂远端，做适当牵引，医者用手按住肱骨内、外髁做按髁挤压合拢手法，多次。医者双手持续按住髁部，令远端牵引助手在牵引下做屈肘活动两次，同时医者双手拇指按压近骨折端，以矫正近端向前移位，以便关节面恢复正常平整。在 X 片透视下检查，仍有少许移位，再次手法整复一次。

（2）髁间骨折塑形小，夹板托板固定，后内板置梯形垫、外板塔形垫，前板置撑三条束带固定夹板，内外棉垫；将肘关节固定于屈肘 90°位。在放射科 X 片透视下骨折对位较好，关节面略不平整。患者卧位，伤肢外展约 45°屈肘 90°位固定，托板悬吊抬高。

（3）3 周内内服七厘散、三七散，3 周后内服正骨散，三七散，6 周后服接骨丸。

（4）固定姿势卧床 3 周，随时观察伤肢远端血供、肿胀、手指活动情况。

（5）固定期间，调整束带松紧度，鼓励患者做手指屈伸活动。1 周后，折处肿痛明显消减，开始作用力握拳的静力练习。2 周后逐渐加量。3 周后，肿胀消，折处不痛，开始下床活动，改善屈肘角度并在卧位下开始做屈肘的活动。X 片复查：骨位稳定。4 周后，除加强肘功能锻炼外，配合舒活酒手法按摩。6 周后，X 片显示骨位稳定，有骨痂形成，折线略模糊。手法治疗加肘屈伸和旋转等活动。以上方法提示：患者共住院两个半月出院，肘轻度肿胀，折处不压痛，肘屈伸功能达 0°—40°—110°。出院后，继续门诊功能恢复锻炼，治疗共 4 个月，患者肘功能达 0°-20°-120°，肘部活动不痛。随访 15 年，患者左肘功能无加重，肘关节无肿痛等异常症状。

按语：肱骨髁间粉碎性骨折是一种十分严重的关节内骨折，在 20 世纪 90 年代前，西医都采用手术治疗，其疗效不太满意。而中西医结合治疗此类骨折则有较好的疗效，这是值得研讨和提倡的。

此类患者治疗取得了满意的疗效有以下几点：

（1）此类关节内骨折筋骨受损严重，故出血肿胀会很大，故手法整复采用了精准的复位手法。手法要求，不主张猛力牵引，易使分离的内外髁骨折块分离，使抱髁整复手法失败。因此，是在适当牵引下行抱髁复位手法。抱髁时须仔细分析内外髁分离施术情况，进行精准的复位手法。

（2）鉴于是上肢关节粉碎骨折，故在整复时，不一味去追求解剖复位，事实上是不可能的。尽量使肱骨内外髁骨块关节面平整为要求，也是对此类骨折治疗获得满意的关键。

（3）早期消肿和早期主动积极的功能锻炼，是本病骨折愈合和功能有很大恢复的关键治疗之一。伤肢悬吊抬高和在小夹板固定下进行功能锻炼，对关节面填造、骨折愈合和功能恢复有重要作用。

（4）但须指出的是，根据张世明教授治疗不少此类患者，若骨折错位严重，肘肿胀严重者，不宜急于手法整复、固定，应在托板固定悬吊 2～3 天肿胀消减后，再行整复手法为宜。在固定期，应特别注意肢端血循环、肿胀和手指活动情况，随时调整夹板束带紧张度。

8. 刘某某，女，23 岁

病史：患者于 1 周前在劳动中跌倒，左手撑地致左肘伤，在当地医院诊治无效，X 片检查，诊断为左肱骨髁间粉碎骨折，后来我院诊治。

查体：左肘关节肿大，外侧有皮下瘀血，肱骨内外髁有明显压痛，可触及骨擦音，肘外髁可触及一骨块刺入皮下未破皮，可移动。关节功能丧失，手指能屈伸活动，无神经异常症状体征。

X 片显示：左肱骨髁间粉碎性骨折，折线呈“Y”字形，波及肱骨小头近滑车的关节面，内外髁向外旋，外髁外侧有一明显翻转小骨块，骨折近端向前下嵌择位。

诊断：左肱骨髁间粉碎性骨折。

治疗：

（1）无麻醉下行手法复位：两助手适当牵引下，医者两手行抱髁手法整复骨折；在持续牵引和抱髁下，做前臂屈肘活动数次。

（2）在维持屈肘位前臂固定下，用肱骨髁间骨折塑形小夹板和塑形压垫（梯形、塔形）、束带固定，再用铁丝托板 90° 绷带包扎固定。X 片检查：骨位较好关节面基本平整，肱骨外髁略向外旋转，外侧一小骨块仍有翻转。

再行一次以上手法整复。X 片显示：肱骨外髁小骨块同前。

（3）同前小夹板、托板固定于屈肘 90°位，悬吊伤肢，卧床半月。

（4）内服七厘散、三七散，2 周后患者肿痛明显消减，改服正骨紫金丹、三七散，5 周后改服接骨丸。

（5）卧床固定下 1 周内，鼓励病人主动积极进行握手和静力性屈肘用力活动，逐渐加量。2 周后开始下床活动。3 周后 X 片复查，骨位稳定，同手法整复后 X 片显示，改变屈肘固定角度。4 周后，开始用舒活酒按摩，隔日一次，在夹板固定下开始做屈伸肘关节活动。

经上治疗，患者共住院一个半月出院，X 片复查同前，折端有骨痂生成，肘关节轻度肿胀，折端下压痛不明显，肘可主动屈伸活动自如。出院后去除托板，只小夹板固定，门诊每周治疗两次，半月后去除小夹板固定，鼓励患者加大屈伸肘关节活动。

患者伤后 4 个月复查，肘关节运动到了 0°—10°—120°，只是肘外侧翻转的小骨块刺入皮下，局部有压痛外，余无明显异常。

患者 1 年后复查，左肘关节功能基本能伸直，屈肘略差于健侧。肘外侧小骨块在活动久时有捏痛。建议手术切除突起骨块，患者不愿意。

按语：该案与上案除患者年龄差异外，治疗要点类似。

9. 贾某某，女，18 岁

病史：患者于 4 天前在行走中滑倒，右手撑地致肘伤，在当地诊治，X 片检查诊断为右肱骨髁间粉碎性骨折。由其母亲送来我院住院治疗。

查体：右肘关节肿胀明显，肘后鹰嘴区有一小片皮性伤痕，肱骨内外髁压痛明显，有骨擦音，肘功能丧失，手指可活动，无神经异常症状体征。

X 片显示：右肱骨髁间粉碎性骨折，呈“Y”字形，外、内髁向外明显旋转，折线波及滑车与肱骨小头角接触，关节面不平整，折端有小碎片。

诊断：右肱骨髁间粉碎性骨折。

治疗：

（1）因患者肿胀较重，见鹰嘴处皮肤伤损，不宜做鹰嘴牵引平法整复、小夹板固定。张世明教授采用自制塑形托板“L”形屈肘 90°位，将伤肢固定，并将前臂行皮牵引，向上重量 1kg 毛巾裹住前臂上段作肱骨 2.5 kg 重量牵引，伤肢呈上臂外展45°，屈肘90°位，托板远端钻孔用绳索系住悬吊。鹰嘴处伤损皮肤每天常规敷药处理。

（2）经以上悬吊、固定牵引下3天后，伤肘肿痛明显消减，皮伤好转。开始行整复手法：在适度牵引下，双手抱髁推挤整复手法，并用肱骨髁间骨折夹板，压垫固定。继续用上托板固定皮牵、布套牵引，体位同前。床旁X片检查，骨位较好，但两髁有轻度旋转，关节面略不平。

2天后，再行整复手法一次。继续固定。嘱咐患者做手指握拳静力性收缩。

（3）住院10天后，患者肿痛大消，肘后皮伤开始结疤。令患者开始在固定下主动作屈肘活动和握拳功能练习。逐渐加量。

20天后，调整托板屈肘角度为60°，继续加大屈肘和伸肘活动。

（4）内服中药：半月内口服七厘散、三七散，半月后因肿痛大减，内服正骨紫金丹、三七散，1个月后内服接骨丸。

经上治疗，患者1个月后去除托板，开始下床活动，用舒活酒手法按摩，鼓励在夹板固定下加强肘屈伸功能锻炼。

患者共住院一个半月出院。X片的复查：右肱骨髁间粉碎骨折骨位较好，关节面轻微不平，折线模糊。患者右肘轻微肿胀，无压痛，肘功能达0－15°－120°。

继续门诊治疗，每周一次，舒活酒手法按摩，做肘摇晃、屈伸等功能锻炼。半年后随访，患者右肘功能基本恢复正常，无疼痛异常等反应。

按语：本案例虽是肱骨髁间粉碎骨折，但在牵引固定悬吊抬高及精准的手法整复和牵引下早期行肘关节功能锻炼，是本案例取得较满意疗效的关键。

10. 张某，男，57岁

病史：右腕伤痛伴活动受限2个月。

患者在马路上行走时不慎摔倒右手着地致伤，当即感右腕疼痛、活动丧失；不伴有头痛、昏迷，无恶心、呕吐。随即入我院急诊，经X片检查后以“右桡骨远端粉碎性骨折伴尺骨茎突骨折”收入我院手腕科治疗。于全麻下行“右桡骨远端骨折切开复位内固定术”，手术顺利。出院后患者自行功能训练。目前患者右腕手部疼痛、僵硬明显，右腕手部活动痛，活动障碍，严重影响患者正常生活及工作，为求进一步治疗，至我院门诊。

查体：右腕、手部肿胀，皮温偏高，皮色不红。右桡远掌侧见一长约 6 cm 的手术切口，右桡骨远端、尺骨茎突压痛及右腕环形压痛、叩痛明显，局部未扪及异常活动及骨擦感。右腕、右手各掌指关节、指间关节活动明显受限，右腕关节掌屈 5°，背伸 10°，尺偏 0°，桡偏 5°，前臂旋前 30°，旋后 5°，右手 1～5 掌指关节屈曲约 50°，右 2、3 指近节指间关节屈曲约 40°，右 4、5 指近节指间关节屈曲约 15°，右 2～5 指远节指间关节屈曲约 20°，右手 1～5 掌指关节、指间关节伸直可。右肩肘活动度可，患肢远端血循正常。

既往有手术史（阑尾炎、左下肢静脉曲张），有过敏史（青霉素）。

X 片显示：右桡骨远端粉碎性骨折内固定术后；尺骨茎突骨折。

诊断：右桡骨远端粉碎性骨折内固定术后，右尺骨茎突骨折，右腕关节僵硬（骨断筋伤，血瘀气滞，异物内存）。

治疗：

（1）郑氏手法按摩。

（2）TDP、电针：阿是穴、外关、后溪、腕骨、曲池、合谷。

（3）外用：郑氏舒活酊；内服：创伤宁片、双龙接骨丸。

（4）运动疗法：右腕部主动牵伸、握拳训练、右腕抗阻等训练。

按语：本例术后局部气滞血瘀、粘连僵硬，以手法及针刺解除局部瘀滞及粘连，并内服伤药止痛活血，促进骨折愈合及功能康复。

11. 章某，男，20 岁

病史：左肘关节伤痛伴功能受限 1 年。患者在某部队训练时不慎摔伤，致左肘伤痛，活动受限，在某医院就诊，诊断为“左肘关节脱位”，予手法复位及三角巾固定约 3 周，随后出现肘关节屈伸受限、手指麻木，遂来我院住院。入院诊断：① 左肘关节僵硬伴异位骨化形成；② 左尺神经损伤。全麻下行“左肘关节僵硬松解术，尺神经探查松解术”，手术顺利，好转出院。现患者感左肘关节疼痛，左肘关节活动度受限，至我院门诊求治。

查体：左肘关节无内外翻畸形，左肘关节无肿胀，左肘关节肘后三角正常。左肘关节后侧可见一长约 5 cm 的手术切口疤痕。左肘关节皮温正常，左肘关节内后侧关节间隙压痛，可扪及弹响，左肘关节主动活动度 110°—10°—0°。前臂旋前 90°，旋后 90°，左肘关节肱二头肌腱处无明显紧张及压痛，肢端血循环及感觉正常。双侧肱二头肌腱反射正常，双侧肱三头肌腱反射正常，双侧桡骨骨膜反射正常。肢端血循环及感觉正常，左手握力下降。舌质淡红，苔薄白，脉涩。

既往无特疾，无过敏史。

X 片显示：左肘各骨未见确切吸收、破坏，关节对应关系良好。左尺骨冠突骨质增生，左肱骨内髁旁、肱骨远端桡侧及尺骨鹰嘴上方见小片骨样密度影。

诊断：（1）左肘关节僵硬；（2）左肘关节僵硬松解术后；（3）左肘关节创伤性关节炎；（4）左侧尺神经损伤松解术后（气滞血瘀）。

治疗：

（1）郑氏手法按摩。

（2）TDP、电针：阿是穴、曲池、外关、合谷、后溪、尺泽；理疗：超声波、毫米波。

（3）外用：郑氏舒活酊；内服：创伤消肿片；熏洗：活血化瘀洗药。

（4）运动疗法：左肩关节主动功能训练、左肘关节主动屈伸训练、左肘关节抗阻屈肘肌力训练及抗阻伸肘肌力训练。

按语：本例患者有明确摔伤史，致“脱位，关节出槽”，血瘀脉外，阻滞气机，不通则痛，关节不利，日久血行不畅，痹阻关节，气血不通则痛，舌质淡红，苔薄白，涩脉主瘀。本病辨证属筋伤，病性属实，病位在左肘关节，属中医“骨痹病”范畴。辨证：血瘀气滞证。治则：活血行气止痛，改善关节功能。

（四）脊　柱

1. 李某某，女，52 岁

病史：患者于半月前在街上被汽车撞倒致腰伤，当即腰痛剧，直立困难，被送往重庆市某医院急诊住院。经 CT 和 X 片检查诊断：腰 1 椎体爆裂性骨折，骨片突入椎管，提出需手术治疗。因患者二便无失常，双下肢活动基本正常，不愿手术。于 2001 年 5 月 10 日送到我院就诊。

查体：患者无直立行走，双下肢有胀痛感。胸腰段脊柱轻微后弓畸形。

T12、T1 棘突压痛明显，脊旁肌肉发紫，有压痛，腰不能屈伸，翻身困难。双下肢可抬举活动，但腰痛。CT 和 X 片检查示：腰 1 椎体爆裂性骨折，椎体楔形后侧骨块明显突入，椎管狭窄，胸腰段生理曲度轻度反弓，无明显脊柱脱位。患者无明显特疾可记，生命体征正常。

诊断：L1 椎体爆裂性骨折，椎管狭窄。

治疗：

（1）当晚给患者行手法整复治疗，先用舒活酒做解痉止痛手法按摩。患者仰卧位，双手持住床头，一助手双手扶住患者胸腋部助力后上牵引，另一助手双手握住患者双踝上方向下牵引，术者双手按压 T12、L1 脊柱高突处，在牵引下行按压抖动手法，坚持 10 秒以上。压住高突处，助手缓慢松手。如此反复整复脊柱骨折手法 3 次。整复手法后，再行舒活酒涂擦、解痉、指针和推脊手法结束。当晚内服制香片、玄胡伤痛片。

（2）仰卧休息，胸腰段垫一薄布枕，以患者忍受为度。

（3）次日患者腰痛并无加重。鼓励患者进行腹部垫一薄枕进行腰背肌功能训练。

（4）推脊、点穴按摩，配合电针治疗：夹脊（T12、L1）肾俞、关元俞、秩边、环跳等。TDP 治疗。

（5）内服药 1 周后改服制香片、归香正骨丸，后改用双龙接骨丸。

经上治疗半月，患者腰痛症状减少，可以翻身等活动。住院一个半月后可在腰围固定下下床活动，无明显腰痛感。嘱加强腰腹肌力锻炼。X 片和 CT 复查：胸腰反弓矫正；爆裂骨折线模糊，向后突骨块未见加重。住院 2 月出院。

随访，患者出院后，坚持适当腰围固定下功能锻炼，数月后前往深圳打工。2015 年随访，患者在深圳工作生活正常，腰部无异常症状体征。

按语：此例腰椎爆裂性骨折，因无明显脊髓损伤症状、体征，虽然爆裂骨折块突出椎管，但通过采取积极的手法复位和功能锻炼、药物治疗，尽快恢复脊椎生理弧度，增强了脊椎的稳定性和爆裂骨折的愈合，是本例获得成功和良效的关键，使患者免于一次手术治疗。

医者应当仔细读片和辨证分析患者的临床症状、体征，采取积极正确的治疗。患者随访 14 年，腰部情况良好。

2. 苏某，女，49岁

病史：1996年夏晚去广汉路上发生车祸，乘坐的汽车翻下公路沟致受伤，被人送往广汉市某医院治疗，X片显示：L1椎体爆裂骨折，左锁骨中段骨折，左第3～6肋骨骨折。当晚送往363医院住院。该院主管医师和医大骨科主任医生会诊后认为L1爆裂骨折必须手术。患者不愿手术，故来我院就诊。

查体：患者左肩，背和腰部痛重，不能进行站立、翻身、屈伸等活动。左锁骨肿胀，中段压痛明显，可触及错位骨断端；左肩胛背部压痛，呼吸痛；T12、L1轻度后弓畸形，棘突和脊旁压痛明显。四肢无明显神经异常体征，上肢关节活动正常，双下肢有胀痛感，抬举受限。

X片和CT显示：L1椎体爆裂性骨折，椎体压缩1/3，椎体后骨块向椎管突入明显，椎管狭窄，但脊髓圆锥未见明显受损；左锁骨中段横断骨折，远端向上移位全宽度；左3～6肋骨后支骨折，轻度移位，无血气胸征象。

诊断：L1椎体爆裂性骨折；左锁骨中段骨折；左3～6肋骨后支骨折。

治疗：鉴于患者L1椎体爆裂性骨折，椎管狭窄，但脊髓圆锥未见明显受损，双下肢无明显神经异常症状和体征，且功能正常，决定暂不行手术治疗，待今后若发生脊髓受压损伤症状再行手术。

（1）在仰卧位行锁骨整复手法，“8”字绷带适当固定，背部垫一薄书，肋骨骨折未做特殊处理。胸腰段脊柱垫一布类薄枕。内服三七散、制香片、七厘散及抗炎止痛药。鼓励上下肢活动，防止压疮发生。治疗1周内，锁骨骨折整复2次，因无床旁照片，张世明教授凭手触诊。

（2）1周后，患者急性症状明显减轻，增加腰脊垫枕高度（以患者能忍受为度）。鼓励患者加强屈膝抱腹等功能训练，内服制香片、七厘散。

（3）2周后，锁骨骨折压痛不明显，无骨摩擦音和活动感。肋骨骨折压痛不明显。开始在医生协助下翻身。在俯卧位，做腰椎骨折整复手法。以摇晃、推脊、按压和抖动手法为主。配合解痉止痛按摩手法（包括点穴）。每周3次。内服制香片、归香正骨丸。

（4）伤后5周，患者能自行翻身运动。

除上述治疗外，开始进行积极腰背肌功能锻炼，腹下垫一薄枕行飞燕点水式的腰背肌功能锻炼，直腿抬腿和收腹等锻炼。10次一组，每次3组，每日3次。逐渐加量，至5组、8组、10组。内服接骨丸、制香片。

经上治疗，患者骨折症状减轻，功能活动增加。经 2 月治疗后，开始腰围固定下床活动。两个半月后出院，患者锁骨、腰椎功能基本恢复。X 片和 CT 复查显示：左锁骨骨折对位较好，且骨折愈合，骨痂显示较好。左肋骨骨折线模糊，腰椎椎体爆裂骨折基本愈合，椎管轻度狭窄。

患者出院后一直坚持腰脊和腰背肌功能锻炼，长达 1 年。

按语：此案是多发骨折，且腰 1 爆裂性骨折、骨块突出椎管是较严重的脊柱骨折，一般都必须手术治疗。这种腰椎、肋骨、锁骨多发性骨折的非手术治疗有高难度。

鉴于患者脊髓未明显症状体征，未采用手术治疗。张世明教授对椎体骨折复位采取的是在仰卧位垫枕法、复位手法等整复方法，治疗结果是非常成功的，同时顾全了锁骨骨折和肋骨骨折的治疗。对腰椎爆裂性骨折的治疗，张世明教授采用的是分步不加大损伤的垫枕法、功能锻炼法治疗。2 周后的手法整复和积极主动的腰背肌功能锻炼和出院后坚持功能锻炼，是本案多发性骨折治疗取得成功的关键。

随访 20 年，患者至今坚持腰腹肌功能锻炼，腰椎、锁骨、肋骨无异常症状体征，其功能正常。

（五）腰骶部

1982 年 5-7 月，受联合国教科文组织的委托和资助，经国家批准，张世明教授一行 5 人（其中 4 人为医务人员），参加了中国首次派出的中国运动医学代表团，前往美国洛杉矶市圣蒂奈娜医学中心（Centinela hospital medical Center）学习和交流，为中国首次参加 1984 年洛杉矶第 23 届奥运会做好前站准备工作。

因张世明教授治疗美国患者有奇效，原计划代表团留美时间为半个月，经圣蒂奈娜医学中心董事会研究，将整个代表团留美时间延长到三个月。美方请求张世明教授留在美国，遭到张世明教授拒绝。

圣蒂奈娜医院康复中心主任 Grace Fukuto 在欢送会上说：你们开始来时，我们的医生是不相信中医能解决问题的，现在我看到你们治疗取得的疗效，使我们的医生相信中国医学了，这是一个很大的成功。

张世明教授等被该医学中心授予了名誉医生称号，并发给了医师工作服。

下面 1、2 例为美国洛杉矶电视台采访的两名典型病人的诊治情况记录。

1. 女，49 岁，肥胖体型，住院病人

患者于 1967 年在工作中因举重物而致腰伤,美国医院诊断为腰椎间盘突出症。10 多年来因腰腿痛（右侧为甚）曾作腰椎手术 5 次，疼痛不减，行动困难。

查体：患者跛行，腰骶部留有手术切口皮痕，腰 4、5 棘突和棘旁压痛，扣击脊柱右侧有根性疼痛，向右下肢放散疼痛，直腿抬高试验右 40°、左 70°，右臀右小腿肌张力下降，腰屈伸功能受限。

CT 片显示：L5 – S1 椎间盘轻度突出，右侧椎板被切除，L4 – 5 椎间盘轻度突出。

美方诊断：腰椎间盘突出症

治疗方法：

采用郑氏手法，腹下垫枕，俯卧体位，先用松解腰脊、腰臀部筋肉手法，纵推横揉棘旁肌肉和脊柱；再指针点穴膈俞、十椎旁、肾俞、关元俞、秩边、臀边、环跳、委中、承山、阳陵泉、绝骨等穴，提拿跟腱，弹拨腘绳肌腱，提拿肩三对等以解痉止痛。

后再行还纳整复手法，以摇晃脊柱，推压脊柱为主，再行斜扳法等。最后，再行推脊、解痉止痛手法结束。时间在 30 ~ 40 分钟。

指导患者进行腰腹肌力功能锻炼。如腹下垫枕作腰背肌力练习，交替抱腿旋转练习，仰卧抬双腿收腹静力练习等。每天坚持作 3 次，经过一个月治疗，患者腰部功能恢复，疼痛解除，直腿抬高正常，疗效十分良好。

2. 男，74 岁，身体高瘦，住院病人

患者反复腰痛 30 多年，近 1 个月来又突发腰腿痛住院，经疼痛处理中心治疗无效，请张世明教授为他治疗。

患者患高血压病 40 多年。

查体：患者胸腰脊柱轻度后弓畸形，跛行，腰 3 – 骶 1 棘突压痛，脊旁右侧压痛明显，右侧梨状肌，臀外侧区压痛，直腿抬高试验右 20°、左 50°，腰屈伸功能受限。X 片、CT 片检查：腰椎椎体增生，L4-5、L5-S1 椎间盘突出，椎间隙变窄。

美方诊断：腰椎间盘突出症，退行性脊柱炎，高血压病。

治法：

该患者因高血压病较重，张世明教授师腰腿痛手法时需倍加小心，故数日后，特提出每次治疗先用手法、针刺手法给患者降压，其后再行腰部的手法治疗。因美方见其治疗其他病人疗效满意，经病人和中心主任同意，张世明教授在未有美国针灸医师执照下在美国医院行针刺治疗。虽然同意，美方主任和主管医生仍对张世明教授提出的治疗方案感到十分惊奇，不相信中医手法和针刺能降血压，以观望惑疑态度看张世明教授治疗。他们怕张世明教授搞“魔法”，不要张世明教授为患者测血压，而治前治后全部由美国医师检测。

首次治疗前患者血压是 220/110 mmHg，经张世明教授治疗后降 170/100 mmHg，而且腰腿痛也明显减轻。经张世明教授几次治疗，患者血压一直在下降，腰腿痛愈减。

治前，美国医生认为张世明教授的治疗效果只是暂时性的，但事实证明，患者的血压一直在稳定的下降。在张世明教授临走时（总共治疗约一个多月），他的血压最正常时在 119/79 mmHg，患者行动自如，他说他十年未跳舞，现能跳“迪斯科”舞了。具体治法介绍如下：

采用双耳背降压沟刺络放血。

郑氏催眠治疗配合指针点穴：

（1）患者仰卧位：①医者双手拇指在前额发际开始做分推手法，双拇指在太阳穴揉按，再沿颞部向头侧后分推；从发际逐渐向下依次分推手法，直到眉端眶骨，反复数次，手法力量轻－中强度。②双手五指端从头两侧发际开始，沿胆经方向，从前额向头枕部作掐压、推压手法，反复数次，强度中等。③点穴：上星、头维、百会、攒竹、太阳、丝竹空、内关、神门穴、足三里、三阴交、太冲穴。

（2）患者俯卧位：①拇指掐压枕骨缘，提拿颈枕、颈部肌肉，提拿肩三对筋肉。②从头向下，手推颈部，背部筋肉 20 次以上，重点推颈 1－胸 7 脊柱和脊旁筋肉，力量中等强度，最后轻推。③点穴：大椎、风门、身柱、风池、天柱、至阳等穴。④做完腰部手法后再轻推脊柱和脊旁筋肉数次。

（3）同时进行腰腿痛手法治疗：以松解整复减压为治则。①用掌根和全掌先揉和平推腰脊旁筋肉数次。②双手拇指，五指呈钳状，从胸 12 开始分拨脊旁筋肉 5～10 次。③双手拇指推压棘突椎板，做脊椎摇晃手法，从胸 12 到腰 5 脊椎，根据患者疼痛情况，一般先做患侧的横推脊柱的摇晃手法，再做健侧的摇晃手法。④双拇指从胸 12 开始向前下方用力纵推脊柱，逐节缓慢的进行直到骶 1 椎骨，反复多次。⑤双手掌根横揉脊旁、臀部筋肉，再用掌根和全掌平推脊旁筋肉。⑥指针点穴治疗：膈俞、十椎旁、肾俞、关元俞、秩边、臀边、环跳、委中、承山、阳陵泉、绝骨等穴。⑦斜板法，每周治疗 4 次。

（4）腰部功能锻炼：每天坚持以下功能锻炼，每日 2 次。

①腹下垫枕作飞燕点水练习，要求上半身抬高，双下肢低，每个可停 2～3 秒。②交替抱腿旋转练习，要求在屈髋位进行。③跪姿体位，做膝胸卧式练习。

（5）腰围适当固定。

按语：（1）此两例美国患者，关键是要仔细辨证分析患者长期腰腿痛的原因，以及西医手术、理疗和体疗效果不好的原因。体胖患者，正位手术，受累脊椎稳定性破坏，复位手术，局部组织受损，络脉受损严重，局部组织粘连，瘀阻肯定严重，患者体胖，缺乏腰腹肌力锻炼，故脊柱稳定性差，神经根受压，而出现长期腰腿痛。高瘦患者，有 40 多年高血压病，多为肝肾精血不足、筋骨萎缩，脊骨受损，血瘀气阻、肝阳上亢。美国医院诊断为：腰椎间盘突出症、退行性脊柱炎、高血压病。但美方治疗降压，患者血压未平复，腰腿痛治疗只有理疗体疗，而患者体疗不到位，故患者疼痛不减。张世明教授治疗，必行整体和局部辨证论治为则，故给患者调节血压和腰腿痛均取得了奇效。

（2）治疗腰椎间盘突出症，张世明教授的治疗原则是解痉止痛，受累脊椎整复，减压和增加脊柱稳定性为则。以手法和体疗为主，结合针灸：中药和理疗等治疗，这是很值得提倡的治法，也充分体现了中医整体与局部辨证相结合的科学理念。此类病症大部分都不需手术治疗，这也是张世明教授几十年临床的一个深刻体会。

（3）依美国医律，未取得美医执照者不得给病人侵入性治疗和药物治疗。故此两例只能用手法和运动疗法治之，针刺是后期经同意后用之。

3. 贾某，男，65 岁

初诊时间：1996 年 6 月。

病史：腰腿痛半年多，无外伤史，在当地医院诊治效果不明显。行走左下肢有麻痛感。

查体：患者无明显跛行和抗痛性侧弯，腰 4/5 棘突和左侧有明显压痛，腰 4 棘突向左偏歪，直腿抬高试验左 40°（+），右 90°（+），腰后伸疼痛略加重，在左小腿前外侧和足背有痛麻感，足拇指抗阻肌力减弱。

X 片检查显示：腰 4 ~ 5 椎间隙变窄，前窄后宽，腰生理屈度平直，腰 3 ~ 5 椎体轻度骨质增生。

诊断：腰 4 ~ 5 椎间盘突出症。

治疗：

（1）舒活酒按摩，以解痉止痛手法（横纵推脊柱和筋肉，指针 T10 旁，肾俞、关元俞、秩边、环跳、委中、阳陵泉、太冲等穴）。

（2）坐位，行脊柱旋转手法，拇指推旋腰 4 偏歪棘突并双手做按压抖动手法、减压整复手法，再做解痉止痛手法。手法结束后患者腰腿痛明显减轻，直腿抬高试验和腰活动度明显增加。

（3）外贴活络膏，内服三七散，腰围固定，卧硬板床。

（4）主动积极进行“飞燕点水”和五点式拱桥和仰卧位交替抱腿旋转等高难度动作，逐渐加量。

每周行减压整复手法两次（因患者照常上班工作）。

2 周后行解痉止痛手法和药物治疗，并坚持功能锻炼，经以上治疗 1 月余腰腿痛消失，腰部功能和直腿抬高试验复常。嘱咐继续坚持腰背肌力锻炼和腰围固定 1 个月。后期随访，患者无异常症状，工作正常。

按语：本例根据临床症状体征检查和 X 片检查完全符合腰椎间盘突出症诊断。张世明教授采用解痉止痛、减压整复手法和积极的腰背肌功能锻炼，配合适当中药和腰围固定，在短期内取得了十分优良效果，可见郑氏伤科手法和冯氏旋转手法对腰椎间盘突出症的治疗是很值得推广的有效方法。

4. 黄某某，男，23 岁

职业：某研究院工人。

病史：患者于 1974 年 7 月一个晚上，因行走不慎跌倒致腰部受伤。十几天后腰痛加重，行走困难。曾内服中西药并做针灸、局部痛点封闭等治疗无效，腰腿痛反而加重。于 1975 年 4 月到内江某医院住院 15 天，碘油椎管内造影 X 片检查诊断为：腰椎间盘突出症。在住院期间曾作理疗、封闭、牵引等治疗，效果不明显，不愿手术治疗，出院于 1975 年 10 月用担架送来我院门诊，于 10 月 13 日收入我住院部治疗。既往史无特疾。

查体：撑双拐跛行，腰 4 棘突棘旁两侧均有明显神经根性压迫痛，左侧为甚。腰 4 棘突向左偏歪，棘上韧带有一条索状物，压痛，板腰，骨盆倾斜，直腿抬高试验右 30°、左 25°；咳嗽征（+）；左侧股四头肌明显萎缩等；腰屈伸、旋转功能受限。

X 片检查显示：腰脊柱右侧弯，生理屈度平直，腰 4～5 椎间隙不等宽，碘油在腰 4～5 椎间隙部位明显受阻征象。

诊断：腰 4～5 椎间盘突出症（双侧型）。

治疗：

（1）卧硬板床，腰围固定下床解便。

（2）手法按摩治疗：腹下垫枕俯卧位。

① 解痉止痛手法，纵推横揉脊柱旁，臀部筋肉，反复数次，指针其穴，强刺激松解：肾俞、关元俞、秩边、环跳、委中、阳陵泉、太冲等穴。提拿肩井，腘绳肌和跟腱。

② 还纳整复减压手法：用双拇指横推 L4 偏歪棘突作脊柱摇晃手法；再用拇指置于棘突旁作前下方用力推压脊柱手法；按压抖动手法；在牵引下，用双手重叠行按压抖动患椎，由轻到重，频率逐渐增加，时间 20～30 秒。

③ 侧卧位斜搬法、俯卧位搬腿法

④ 坐位：冯氏旋转复位法（见中国大百科全书：中医骨伤科学），一周一次，中后期停用。

（3）腰背肌功能锻炼：飞燕点水、拱挤式、交替抬腿旋转，逐渐加重，患者功能锻炼十分刻苦，到住院后期，飞燕点水腰背肌锻炼，一次最多可达 500 次，赤身大汗为止。

（4）中药：内服七厘散、三七散、铁弹丸（院内制剂）、自制处方药虎力散等。

（5）封闭：椎旁压痛点，臀上皮神经压痛点作强的松龙封闭（常规）。

经过数月治疗，患者于 1976 年 4 月 9 日痊愈出院。出院时，患者能行走 6 ~ 8 小时和抬举活动，双腿直腿抬高在 80°以上，无跛行，腰腿痛消失。追踪 1 年，腰痛未复发，能连续打两场篮球。

按语：此例椎间盘突出患者，属椎间盘大块突出（椎管造影证明），故出现双下肢神经症状，撑双拐跛行。治疗成功原因有：充分卧硬板床休息；解肌痉挛松动脊椎、整复运纳减压手法为主的治疗和增强腰脊稳定性的功能锻炼。医者坚持不懈的治疗和患者积极的配合、功能锻炼起到至关重要的作用。

患者康复后随访几十年腰腿疼从未复发。

5. 常某，男，34 岁

职业：原四川省田径队标枪运动员。

现病史：患者原为四川省田径队标枪运动员，约 1959—1960 年在运动训练中致腰伤。诊断为腰椎间盘突出症，最后因伤不能训练而退役。约 1973 年因搬重物突发腰痛，疼痛难忍，行动困难。在成都市某医院骨科诊断腰椎间盘突出症，（影像学检查）认为已有必要治疗而来我院就诊。

查体：行动困难，站立腰腿痛剧烈难忍，腰背骶棘右侧钝性压痛明显，腰背肌肉痉挛，直腿抬高 0°（+），右侧臀肌压痛，腰屈伸受限。

X 片显示：腰屈度改变，L5-S1 椎间隙变窄，轻度侧弯。

诊断：腰椎间盘突出症。

治疗：前两天主要以输液和卧床休息为主。

手法治疗：

（1）解痉止痛手法，以推按揉滚指针治之。

（2）整复减压手法：推拿 、摇晃、提按和斜扳、按压、牵抖法。

（3）内服中药：制香片。

（4）理疗：红外线，针灸。

（5）腰腹肌功能训练。

（6）腰围固定。

住院约 1 个月出院，后坚持治疗，1 个月后复诊正常。

随诊 4 年多未复发。

按语：

（1）腰突症急性发作，宜卧床休息为主。

（2）解痉止痛，整复减压和功能锻炼是腰突病的主要治则。

6. 张某，男，19 岁

病史：颈肩部、腰部痛反复 5 年，无双下肢疼痛麻木，伴胸部正中疼痛，可以忍受。站立行走正常。

体格检查：L1、2 棘突压痛明显，L3 两侧横突压痛明显，腰椎屈伸正常。

X 片显示：颈椎曲度正常，无明显骨质增生，椎间隙正常。MRI：L5/S1 椎间盘退变膨出。

诊断：第 3 腰椎横突综合征。

处理：

（1）郑氏手法按摩。

（2）TDP、电针：夹脊、腰阳关、命门。

（3）予以制香片通经活血、祛瘀止痛，壮骨腰痛丸以补益肝肾、壮腰健骨，郑氏舒活酊活血舒筋止痛；丁桂活络膏活血散瘀、祛风散寒、镇痛。

按语：第三腰椎横突综合征是以第三腰椎横突部明显压痛为特征的慢性腰痛，多见于青壮年，大多数有腰部扭伤史。第三腰椎横突位于腰椎中心，最长，受力最大，是腰椎前屈后伸及左右旋转时活动的枢纽，比其他腰椎更易劳损。它是深部筋膜附着处，腰方肌、横突棘肌的起止点。在长期弯腰劳动中，肌附着处产生慢性牵拉性损伤，可造成多数小肌疝，同时腰神经感觉支也会受牵拉而产生疼痛，引起局部肌肉痉挛，或慢性劳损，使第三腰椎横突周围发生水肿、渗出、纤维增生等慢性炎症。由于外伤后软组织的撕裂、出血、肌紧张痉挛刺激或压迫引起横突周围瘢痕粘连，筋膜增厚，肌腱挛缩等病理改变，影响神经的血供和营养，可导致神经局部水肿，出现第三腰椎横突周围乃至臀、大腿后侧臀上皮神经的疼痛。

7. 谭某，女，59 岁

病史：腰痛、左踝疼痛 2 年多。站立行走疼痛可加重，左踝有打软感，伴腰痛不适，弯腰困难。

查体：左侧踝关节轻度肿胀，内侧外侧明显，压痛；腰部板硬，腰椎前凸，腰肌紧张，压痛广泛，T12、L1、2 棘突压痛，臀肌紧张度高。

辅助检查：实验室检查血沉略高，淋巴细胞稍降低。腰椎 X 片、左侧踝正侧X片提示：腰椎轻度侧弯，前凸，平板足，跟骨结节骨质增生，附舟关节退变。

诊断：腰肌劳损，腰椎退行性变，左侧踝关节不稳定。

治疗：

（1）内服：制香片通经活血、祛瘀止痛；祛风活络丸以祛风湿、舒筋络、活血止痛。外用：芷香新伤膏以散瘀止痛、消肿止痛；郑氏舒活酊以舒筋活血止痛。

（2）劳动保护，减少负重，弹力绷带包扎跖筋膜。

按语：腰肌劳损、腰椎退变，为局部形体劳损范畴，其病因与形体过用或受伤，以及肝肾精血不足有关。急性期整复关节与筋伤、活血化瘀理气为主。后期当运动温养形体，药物温养脏腑气血。

8. 王某，女，27岁

病史：腰背疼痛反复半年，早晨疼痛明显，起床时明显。无心慌、胸闷等，无头晕、颈肩部疼痛。睡眠可，饮食可，大小便可。

查体：胸腰段脊柱侧弯，凸向左侧，后凸畸形，两旁肌肉萎缩，广泛压痛。

辅助检查：CT检查显示双侧骶髂关节未见异常；HLA-B27（－）。

诊断：腰背肌筋膜炎，胸腰段脊柱后弓畸形并劳损，强直性脊柱炎待排。

处理：

（1）手法松解。

（2）TDP，电针：夹脊、阳关、命门、委中、昆仑。

（3）内服：壮骨腰痛丸以补益肝肾、壮腰健骨止痛，外用：郑氏舒活酊、丁桂活络膏。

（4）腰背肌训练。

按语：本例患者病因为长期久坐所致僵滞劳损，年轻元气充足，急性期后当以运动疗法为主。

9. 李某，女，43岁

病史：患者9月前久坐后出现腰臀部疼痛，伴右大腿疼痛，疼痛呈持续性胀痛、酸痛，久走、久坐、久站、劳累及遇凉后疼痛明显，休息疼痛减轻。曾于我院电针、推拿等治疗后缓解，未予重视。1 周前患者无明显诱因腰痛伴右大腿痛加重，休息无缓解，腰部活动痛，严重影响患者正常生活，遂至我院诊治。

查体：脊柱略侧弯畸形；腰椎生理曲度变直；L3-S1 椎旁、棘突间压痛、叩痛明显，压叩痛伴双大腿放射痛；双侧 L3 横突压痛明显；左侧阔筋膜张肌压痛；双侧梨状肌走形区压痛明显；骶脊肌压痛明显；双侧直腿抬高试验至 70°阴性，直腿抬高加强试验阴性；股神经牵拉试验阴性；双“4”字试验阴性。四肢腱反射存在，病理征未引出。神志清，精神可，二便正常，舌淡，苔薄，脉弦。既往无特疾。

CT 显示：L2/3-L5 S1 椎间盘未见明显膨突征象，腰椎轻度退行性变。

诊断：（1）腰臀肌筋膜炎；（2）腰椎退行性骨关节病。

治疗：

（1）郑氏手法按摩。

（2）TDP、电针：阿是穴、夹脊、腰眼、肾俞、腰阳关、委中、昆仑。

（3）内服：玄胡伤痛片、祛风活络丸以活血化瘀，通经止痛；外用：郑氏舒活酊、丁桂活络膏疏经通络。

（4）运动疗法：拱桥训练、腰背部肌肉牵伸训练、核心肌力训练等为主改善腰背部肌力及脊柱稳定性。

按语：该病是慢性疼痛性病证，主要是肌肉和筋膜等创伤、退变导致的无菌性炎症产生粘连，并形成激痛点，好发于风湿、类风湿及损伤之后，应内外兼顾，综合治疗。

10. 黄某，男，72 岁

病史：右侧小腿疼痛反复 1 年多，伴右侧口角流涎，头晕，上下肢动作不协调，站立行走跛行。无明显外伤史，患高血压 2 年。

查体：腰椎稍变直，腰椎各棘突无压痛，右侧小腿无压痛，babinskii 征阴性，双下肢肌力正常。双侧直腿抬高试验阴性。

腰椎 CT：腰椎骨质增生，L5/骶 1 椎间盘向右突出，L4/5 椎间盘后正中突出，L3/4 骨桥形成，黄韧带肥厚。

诊断：腰椎退行性改变，颅脑病变待排除，脑梗待排。

治疗：

（1）郑氏手法按摩。

（2）电针、TDP：命门、夹脊、腰阳关、委中、昆仑、百会。

（3）内服：消增强骨片、祛风活络丸。

（4）建议进一步颅脑 CT、MRI 检查，请神经内科会诊。

按语：患者年老体衰，肝肾虚风动于内。消增强骨片补肝肾、祛风湿、活血止痛；祛风活络丸祛风湿、舒筋络、活血止痛；两者治标。外症缓后当以补益体质、内科、神经科用药治疗为主。

（六）髋部、下肢、膝关节

1. 吕某，男，26 岁

职业：龙泉区某建筑公司工人

病史：1 小时前患者行走不慎坠下 3 m 深沟，左侧大腿外上侧着地，左大腿外展致伤，当即左髋关节剧痛，功能障碍，遂至我院急诊。

查体：患者身体健康，神清合作，被人抬来，左大腿筋肉痉挛呈屈髋 70°、外展外旋约 40°，屈膝位畸形，弹性固定，不能做伸直内收活动，屈髋疼痛，股骨大粗隆上方明显凹陷，耻骨联合，大收肌腱下可扪及脱出的股骨头，局部有明显压痛。

X 片显示：左股骨头向前下（闭孔下）全脱位。

诊断：右髋关节前下脱位（闭孔下脱位）。

治疗：患者仰卧地上（下置棉垫），在无麻醉情况下行手法整复，先嘱咐患者尽量放松，不必紧张。

（1）一助手固定住骨盆，另一助手用右肘勾住患者左膝关节，用大力在外展、屈髋 > 90°位拔伸牵引（用大力），并轻度外、内活动，以松解左髋筋肉。拔伸牵引约 20 秒后，术者用右手掌推挤脱出的股骨头，突然听到股头回臼的声响。整个复位过程，术者边复边语言暗示病人放松。

（2）整复后左髋大腿当即不痛，髋膝可屈伸活动。将伤肢内收内旋、髋伸直，用弹力绷带包扎固定。X 片检查：左髋关节已复位。

将患者收入住院康复治疗。主要用舒活酊按摩，嘱咐患者主动作髋臀、大腿筋肉的静力性收缩功能锻炼，逐渐加量。内服创伤宁和玄胡伤痛片。

2 周后，除不能大腿外展活动外，逐渐加大了左髋膝屈伸活动。3 周后，患者左髋压痛不明显，髋膝活动度明显增加，嘱咐扶拐下床活动。内服正骨丸、创伤宁。

4 周后，患者出院，嘱咐继续扶拐行走半个月，1 个月内不做过度外展外旋大腿的活动。

按语：髋关节前下脱位较少见，少数患者可发生关节交锁，使其复位困难。本例是在无麻醉情况下，通过心理暗示，采用逆受伤机制的整复方法，一次取得复位成功。郑氏治疗骨折脱位传统多在无麻醉下进行手法整复，通过心理暗示和正确的手法整复，使患者其疼痛感若无，此正是《医宗金鉴·正骨心法要旨》中所述对真正手法的要求。

2. 龚某某，男，39 岁

病史：患者于 5 天前因车祸致右大腿受伤，被送往宜宾市某医院救治，X 片检查后诊断为右股骨中段骨折，经治无效，后来我院住院诊治。

查体：右大腿肿胀，股骨中段有压痛和异常活动，但无骨擦音，下肢功能丧失，肢端无神经症状体征，足踝活动正常。

X 片显示：右股骨中段短斜形骨折，远端向前移位全宽度，向内移位，重叠约 2 cm，远近骨断端不对接，有旋转移位。

诊断：右股骨中段短斜行骨折（有轴回旋转 180°）。

治疗：

（1）胫骨粗隆骨牵引，伤肢外展 20°、屈髋 40°位置于托马氏架，牵引重量 5 kg。

（2）牵引 2 天后，行手法整复：两助手适当用力对抗牵引，术者一手握持住股骨近端，另一手握持骨折远端作向内下回绕手法活动，同时握持住近端配合向外反方向回绕，当听到骨擦音时说明回绕成功。再令助手用力牵引，术后继续回绕，复位成功。将伤肢放于托马氏架上继续牵引。听骨传导音，音质较清脆说明骨位对合。床旁 X 片透视检查：骨折解剖对位。用股骨干骨折夹板四束带固定。

（3）继续骨牵引，牵引重量 7kg，以维持骨位。每天听骨传导音做骨折对位的监测。嘱患者作小腿、踝足部功能锻炼。

（4）前 2 周内服七厘散、三七散，再服正骨紫金丹 2 周，4 周后内服接骨丸。

通过以上治疗 6 周，X 片检查确认骨位良好，有骨痂形成。患者伤肢无不良感觉，去除骨牵引，小夹板继续固定于屈髋屈膝位，伤肢下用枕头、沙袋固定。加强股四头肌和膝关节功能锻炼，舒活酒手法按摩，恢复关节功能。

患者伤后两个半月扶拐下床活动，X 片复查：骨位好，折线模糊。半月后出院。继续小夹板固定、服用接骨丸和功能锻炼等。

半年后复查，患者骨折线模糊，有骨纹理，伤肢各关节功能正常。

按语：本案虽然是股骨中的短斜行骨折，当地诊治失败，多为未分析 X 片骨折移位特点，而按常规的对抗牵引、端提挤按手法复位治疗，则肯定失败。这也是骨科临床常见的错误和不足。

骨干骨折的轴向旋转并不少见，虽有正骨十法、十二法，其中有回绕手法，但在临床实践常不得要领而复位失败。张世明教授经验认为医者应仔细分析骨折复位情况和其受伤机制，采取拔伸牵引，逆受伤机制的复位方法才能成功。骨干骨折的轴向 180°的旋转移位，属较严重的骨折，受伤机制较复杂，其软组织损伤较重，且有筋膜肌肉嵌夹于骨断端，故此类骨折多无骨擦音。在手法牵引时，不得猛力对抗牵引，不仅使软组织嵌夹厉害，且组织受损加重，宜适当拔伸牵引，使骨断嵌顿重叠减轻，医者再行骨折轴向回绕手法，才能成功。但须指出的是，要分析远端旋转复位的机制，是顺时针还是逆时针旋转的，否则同样用回绕手法，也会复位失败。

本例中，张世明教授仔细阅读分析和结合伤史，故在整复骨折时一次获得成功，且达到了解剖对位。成功关键是正确的手法整复和中、后期的功能康复治疗。

3. 王某，男，42 岁

病史：患者 4 天前因车祸致右大腿等处受伤，当即被送往简阳某医院救治，X 片检查诊断为右股骨干多段骨折，后来我院诊治住院。

查体：中等个子，略体胖，痛苦面容，腹胀、伤后未解大便、纳减。血压体温在正常范围，脉略数。患者右大腿肿大疼痛，外侧青紫瘀血，皮肤无挫裂伤；右大腿中、上段广泛性压痛，股骨上、中段压痛明显，有明显骨擦音，下肢功能丧失，足背动脉可扪及，足踝关节可活动。伤肢短缩约 2 cm。

X 片显示：右股骨上、中段楔形、短斜形骨折，骨折错位，骨折错位均全宽度、轻度重叠，正、侧位股骨轴线均呈弯曲畸形。

既往身体无特殊疾病。

诊断：

（1）右股骨上、中段多发性骨折；

（2）右大腿上中段软组织挫伤。

治疗：

（1）行右股骨髁上骨牵引、伤肢屈髋 50°、外展外旋 30°左右体位置于托马氏架，重量 7 ~ 9kg（视情况加减）。

用开塞露通便；内服七厘散、三七散。

严密观察血压、脉搏、体温生命体征。加强防治褥疮的护理。

（2）持续牵引 3 天后，患者大便已通，饮食基本正常，伤肢肿痛明显减轻。在床旁透视下行手法整复骨折，尽量使骨端对合，骨轴线复常。X 片透视检查：中段骨折对位较好，上端骨折对位达 1/2，但中、上段在正位相仍有 10°以上成角，上段向外成角 15° ~ 20°。中、上段骨折无分离。

用纸压垫（针对成角、移位放置）、股骨骨折夹板固定（四根束带），调整屈髋角度达 60°，伤肢外展、外旋牵引。

（3）3 天（住院 1 周）后，再 X 片透视检查，成角有改善。在透视下再次手法复位，上段成角有明显减轻。继续夹板固定和牵引。每天通过听骨传导音了解骨折对位情况。嘱患者膝、小腿、足踝的屈伸功能锻炼。

（4）又半月后（住院 2 周后），患者伤肢无异常反应，肿大消，骨折处不痛。X 片透视下检查显示：中段骨折对位对线较好，上段骨折对位大于 1/2，向外前成角约 15°。嘱患者在夹板固定下加大股四头肌静力收缩、膝屈伸等功能锻炼。内服正骨紫金丹、三七散。6 周后内服接骨丸。

（5）用骨牵引、小夹板固定 8 周。X 片显示：骨位对线同前，有新生骨痂生成。取骨牵引，继续小夹板固定，将伤肢用枕头、沙袋固定于屈髋 45°、外展 30°位。用舒活酒手法按摩，并加大股四头肌静、动力收缩功能锻炼。

经以上治疗，患者共住院三个半月出院，患者可扶拐、小夹板固定下行走治疗，髋膝功能轻度受限，骨折处不痛，X 片复查：右股骨上、中段骨折有大量骨痂形成。

半年后复查，患者骨折基本愈合，扶单拐随意活动。一年后，患者伤肢功能基本恢复正常，已开始农村劳动。

按语：股骨多发性骨折很少见，是一种严重的骨干骨折，筋骨受损、出血都十分严重。一般都以手术内固定术治疗，而中医骨科治疗此类骨折很少见。本例中，张世明教授运用了中西医结合治疗方法，取得了较好的疗效，恢复了患者伤肢功能和劳动能力，很值得总结和研究。

（1）我院从 1969 年 7 月—1979 年 6 月底共收治股骨干骨折达 1076 例，张世明教授在住院部临床工作期间，对股骨干骨折病例做了总结和研究，积累了一定经验，因此，对本例病人的治疗有很大把握。

（2）单纯股骨上段骨折的复位和固定是比较困难的，何况多段骨折的处理。因此，对于本例多发性骨折患者的骨牵引角度、肢体位置，张世明教授采取了屈髋 50°外展外旋 30°位牵引，以克服股骨近端向前、外侧成角。外旋的肌力收缩力，并通过手法整复骨位和成角，尽量减少骨折移位和成角角度。张世明教授没有一味追求解剖对位、对线的理念思想。对此类骨折，切忌牵引重量过度，易造成骨端分离和成角，不利于骨折愈合。

（3）由于伤患系车祸伤，除骨折外，大腿筋肉伤损也很严重，故未急于采取复位和夹板固定等治疗，而是在牵引下待肿痛缓解，全身情况比较平稳后再行手法整复和小夹板固定治疗。这点十分重要。

（4）在小夹板固定和牵引下进行早期的伤肢不加重损伤的主动功能锻炼，对本例骨折愈合和功能恢复的发挥了重要作用。

（5）本例骨折出血严重，易发生其他并发症、电解质和脏器功能紊乱，因此及时运用行气活血散瘀、泻下通便逐瘀药物，对防治骨折并发症有重要作用。

4. 黄某，女，54 岁

病史：患者时发左下肢、左膝无力不能行走 6 年，自诉在情绪激动时发生症状更重，感觉左下肢无力，没有感觉。多次在其他医院神经外科检查诊断无果，从头到整个脊柱 MRI 检查、血系检查未发现异常，曾用骨维素、抗焦虑药物无效，无确切诊断意见。

既往史：患者以前喜爱跑步运动，每天达 6000 m。

查体：患者健康，健谈，无焦虑症状，无高血压，糖尿病，冠心病等。活动正常。颈、腰部功能正常，深蹲时左膝略有不适感。左膝无肿胀，无压痛，压磨髌试验有轻度捻发音，髌底髌尖胫骨粗隆区有明显骨突，但无压痛，下肢肌肉无畸形萎缩，张力正常，腱反射，病理反射（－）。

MRI 片：颅、颈、胸、腰椎无异常。

左膝：髌骨底股四头肌腱附着处钙化增生明显；髌尖增生变尖，髌腱附着处增厚，张力腱区明显骨化增生；胫骨粗隆骨突，髁间嵴增生，胫腓上关节有增生；无骺区牵拉，髌股关节面无异常，髌骨位置偏低。

诊断：

（1）左膝股、髌腱附着处增生钙化。

（2）左膝退化性骨关节炎。

（3）神经功能失调（官能症）左下肢功能乏力症。

治疗：

（1）手法按摩。

（2）理疗：针刺；红外线。

（3）药物：内服消增强骨片；外用郑氏舒活酊、丁桂活络膏。

按语：患者身体健康，以前喜爱运动。在其他医院只对其突发感左下肢无力、不能行走，做中枢、脊髓神经等方面检查无果，且用神经类药物无效。唯独未对其左下肢各关节做临床检查，未做影像等检查。唯一左膝 X 片是地方小医院检查，但报告单结果为正常。

患者左膝影像摄片显示有增生的问题，有时有不适感，因其喜爱运动而忽视，故有时出现膝（髌骨关节）无力而无疼痛症状，只在情绪激动时，会加重左膝动作失调，使其有左下肢突发无力或没有下肢的感觉。左膝的伤痛是客观存在的，只是到处求医无果，在情绪激动时而突发左下肢功能失调，无力加重，不能行走。

临床中，应做全面仔细的检查，分析病情，而不可单一神经科就只考虑神经学方面，或单一骨科就只考虑骨科，应当做整体和局部相结合的辨证诊断。

5. 黄某，女，48 岁

病史：右膝外伤 6 年，近一周再次扭伤。左膝一直有疼痛不适，下蹲、上下楼时有影响，在当地医院诊治，效果不好。7 天前在我院门诊入院诊治，患者左膝曾有“卡”住的情况发生，在当地治疗解锁。

查体：行走正常，不能快走，下蹲活动有时疼痛。右膝轻肿，膝屈伸正常，内侧间隙压痛，麦氏征，内膝眼肿胀，前抽屉试验（+），大腿肌肉轻度萎缩。

在做前抽屉试验检查时（前抽后再后推时）突然右膝不能伸直，绞索样疼痛。屈膝不痛，但在伸膝 20°~30°不能伸，自诉有明显“卡”住，疼痛剧烈。

MRI 检查示：右膝交叉韧带断裂，内侧半月板撕裂伤Ⅲ度。

诊断：

（1）右膝交叉韧带断裂；

（2）内侧半月板撕裂伤Ⅲ度；

（3）内侧半月板绞索嵌顿。

治疗：

仰卧，右膝屈膝 45°左右，做膝外翻旋转和内翻旋转活动失败，在牵引下做旋转伸膝失败。固患者较紧张，大腿肌群紧张。① 在屈膝位松解和提弹股二、半腱半膜肌腱和筋肉，指针委中、阳陵泉以解肌镇痛。② 医者双手推膝（胫骨髁），双拇指置于内侧间隙半月板内前方（因此处压痛明显），做屈膝 30°位，膝外翻旋转再内翻活动，在做膝内翻伸膝旋转活动时同时用双拇指推内半月板向内向后，反复多次，并令患者放松，（在推压时拇指可感觉到嵌顿的半月板复位感），最后在适当牵拉下伸直膝，患者无卡痛感。膝功能正常，下床行走。

按语：本例为张世明教授关节解锁整复典型病案。张世明教授在关节创伤诊治中较为重视关节与筋肉的错缝、紊乱，必先整复，再用其他治疗方法，否则疗效不佳。

6. 何某，男，19 岁

病史：左膝疼痛、无力 3 月多。患者于 2015 年 11 月 25 日于沈阳上体育课滑雪时不慎扭伤左膝，当时未感疼痛，无肿胀。三日后突发疼痛，并于几日内逐渐加重。患者于 2015 年 12 月 7 日在某大学附属医院就诊，行 MRI 示：左膝前交叉韧带损伤，左膝关节少量积液，关节周围组织肿胀。嘱患者卧床休息。患者左膝肿痛逐渐减轻。后患者自觉左膝活动后疼痛、无力，于

2016 年 1 月 13 日在某医院就诊，未予特殊处理，后患者于我院膝关节科住院治疗，经保守治疗后疼痛好转。至目前，患者左膝活动后疼痛，左膝无力明显，不能负重，左膝活动略受限，患者求进一步治疗。

查体：左膝关节无明显内外翻畸形，双下肢等长，左膝部无肿胀，皮温正常。膝浮髌试验(－)，积液诱发试验(－)，磨髌试验(－)，推髌试验(－)，髌周无压痛，内侧副韧带走行区有压痛，过伸(－)，过屈不能完成，右膝内侧胫股关节间隙压痛轻，麦氏征(±)，伸膝抗阻试验(＋)，拉赫曼试验(－)，脉弦紧。

既往对青霉素过敏，无特殊病史。

MRI 显示：左膝前交叉韧带损伤，左膝关节少量积液，关节周围组织肿胀。

诊断：左膝前交叉韧带损伤，筋伤（气滞血瘀）。

治疗：

（1）电针：阿是穴、阴陵泉、阳陵泉、血海、梁丘、足三里。

（2）外用：郑氏舒活酊；内服：祛风活络丸、血藤当归胶囊。

（3）运动疗法：左膝股四头肌肌力训练，以终末伸膝、卧位夹球、靠墙站桩等练习为主；下肢平衡及步态练习。

按语：患者不慎筋伤，失其束骨作用，血脉受损，气血运行不畅，气行不畅则气滞，血行不畅则血瘀，气滞血瘀，致经络不通，不通则痛，故见膝部疼痛不适，屈伸不利，脉弦紧主肝经瘀滞疼痛，故本病辨证属筋伤气滞血瘀。

7. 辛某，女，66 岁

病史：双膝反复酸胀痛不适半年，加重 2 个月。患者半年前无明显诱因出现双膝部酸胀感，以右膝明显，左膝偶有酸胀不适，上下楼时疼痛明显，下蹲起身困难，双膝无明显红肿发热，无潮热、盗汗等不适，无夜间疼痛加剧等症状，曾在昆明某医院就诊行保守治疗（具体不详），症状缓解，后反复发作，2 个月前无明显诱因出现酸胀感加重，休息缓解不明显，遂至我院门诊就诊，门诊予查风湿全套 1 未见异常，摄片显示：右膝退行变。为早日见效，再至张世明教授处诊治。

查体：双膝关节略肥大，皮肤不红，皮温不高，无明显内外翻畸形，腹股沟淋巴结未扪及肿大及压痛，右股四头肌肌肉萎缩不明显，肌张力正常，双膝内外侧脂肪垫膨隆，内外侧脂肪垫轻度挤压痛，右侧明显，双膝髌周轻压痛，右侧明显，双膝磨髌试验（+），双膝内侧关节间隙轻压痛，双膝外侧关节间隙无压痛，膝关节过屈过伸痛（–），抗阻伸膝试验右（+），双膝浮髌试验（–）。

无输血、过敏史，既往高血压病史3年多，服用波依定控制良好。

X片显示：右膝关节退行性变，髌骨软化。

诊断：

（1）双膝关节退行性骨关节病（缓解期）；

（2）双膝膝痹（肝肾亏虚，气滞血瘀）；

（3）高血压病。

治疗：

（1）郑氏手法按摩：活血通经、消肿化瘀。

（2）电针：肿胀局部丛刺，血海、梁丘、足三里、阳陵泉、阴陵泉、三阴交。

（3）外用：郑氏舒活酊；内服：消增强骨片、血藤当归胶囊；熏洗：祛风寒湿洗药。

（4）运动疗法：指导患者踝泵、四方位抬腿、空蹬自行车练习。

按语：患者为老年女性，天癸已绝，肝肾渐亏，祖国医学认为肝藏血，束骨而利关节，肝血足则筋脉强劲，肝血虚则筋失所养，不荣则痛。肾主骨生髓。肾亏则髓无所生，骨失护佑，不荣则痛。肝肾亏虚，卫外不固，肌腠疏松，外邪风寒湿乘虚而入，注于经络，留注关节，痹阻络脉，营卫不通，气血运行受阻，而发为痹证。结合舌质淡红、苔薄白、脉弦，本病病位在双膝，病性属本虚标实，辨证为肝肾亏虚，气滞血瘀。属中医“膝痹”范畴。

治疗上予外用郑氏舒活酊外用以行气止痛；内服消增强骨片、血藤当归胶囊以补益肝肾、强筋壮骨、活血止痛。

（七）足　踝

1. 文某某，女，54岁

初诊时间：1992年秋。

病史：患者于1天前在都江堰采访，因下雨后石梯路滑在下梯时滑倒致左踝扭挫伤，当即痛剧肿胀不能站立，被送往当地医院急诊，X 片检查诊断为左踝骨折脱位，做了一般包扎固定处理，后送来我院住院治疗。

查体：左踝关节明显肿胀畸形，内外踝下方青紫瘀血，内外踝区有广泛压痛，踝关节功能丧失。

X 片显示：左足外踝骨折向外侧移位，内踝骨折轻度外移分离，后踝骨折、折线波及关节面约四分之一，轻度向后上移位，距骨轻度向外脱位。胫腓下联合轻度分离。

诊断：左足踝骨折合并距骨外脱位，胫腓下联合分离[属踝旋后（跖屈）外旋外翻型]。

治疗：

（1）肢体抬高固定一天后，在局部麻醉和内服止痛片下，行手法整复治疗。患者卧位，两助手行拔伸牵引手法（踝跖屈，外旋外翻位牵引），术者双手抱住患者内外踝行推挤手法矫正外踝骨折和下联合分离。再令远侧助手在牵引下作踝内翻内旋足背屈活动，同时术者用拇指推挤距骨向内，矫正距骨外脱位和内外踝骨折，在足背屈位持续牵引下，术者再抱踝矫正胫腓下联合分离和外踝骨折。

（2）在足背足牵引下，用三踝骨折（超过踝）夹板固定。

（3）将伤肢抬高约 20°，作袜套悬吊牵引。膝、腿下垫枕。床旁行 X 片检查，后外踝骨折对位良好，胫腓下联合无明显分离，内踝有轻微向下移位。

（4）继续袜套悬吊牵引，超踝小夹板固定。令患者进行足趾屈伸和股四头肌静力性收缩活动。定期观察肢端血循环、肿胀情况等。

（5）内服七厘散、三七散。3 周后，内服正骨紫金丹、三七散。5 周后，内服接骨丸、三七散。

经治 1 周后，患者肿痛明显减轻，调整夹板松紧度。令加强足踝和足背屈的功能锻炼，以利骨折稳定和肿痛消减。

3 周后，X 片检查，骨位稳定。停止袜套悬吊牵引，将伤肢垫枕抬高，小夹板继续超踝。令患者加强足背屈活动，直腿抬高和膝屈伸活动。

4 周后，用舒活酊手法按摩，促进瘀肿消除和功能恢复。经上治疗 2 月患者出院。X 片检查显示：骨折端有明显骨痂增生，折线略显模糊。内踝骨折骨痂少，轻微向下移位。患者伤肢踝关节轻微肿胀，骨折端无压痛，踝关节屈伸旋转功能轻度受限。

出院后定期门诊治疗，在医生指导下，扶拐行走，逐渐加量。舒活酒手法治疗，外用活血散瘀洗药，内服接骨丸。

出院 1 月后去除小夹板固定，弹力绷带固定下扶墙行走。行走后 X 片检查显示，骨折线模糊。弹力绷带固定下继续行走活动。

患者共治疗半年，踝关节功能恢复正常，无压痛，久走踝关节有轻肿痛不适感。嘱咐继续加强踝关节功能锻炼，弹力绷带固定下进行活动。

随访 20 年，患者工作生活正常，患者伤肢踝关节完全正常，无异常不适反应。

按语：本例属三踝粉碎性骨折伴距骨脱位，为跖屈位踝外旋外翻型骨折，为一种严重的踝关节骨折脱位，现今多以手术治疗。张世明教授采用天津医院中西医治疗骨折的经验，施行逆受伤机制的整复骨折脱位损伤方法，并用袜套牵引（主要是其足背屈满意矫正和固定后踝骨折）和小夹板固定。早期在牵引下进行功能锻炼和内服中药的治疗，免于手术复位，取得了满意的疗效，使患者踝部功能完全恢复，工作正常。

张世明教授认为逆受伤机制的手法复位是值得推广的，他治疗了不少这种类型脱位患者取得了较为满意的效果。

2. 柳某，女，28 岁

病史：右踝伤痛伴活动受限 10 天。患者于 2016 年 02 月 28 日活动时不慎扭伤右踝关节，当即感右踝部疼痛明显，随即肿胀，活动障碍，无昏迷、恶心、呕吐等不适，随即被送往当地医院。予查体摄片，未予处理，次日患者右踝关节仍疼痛、肿胀明显，遂至我院就诊，未摄片，予口服活血化瘀药物，外敷药物等治疗（具体用药不详），患者继续上班。患者现右踝部仍疼痛、肿胀，伴明显活动受限，到我院就诊。

查体：双下肢等长，右大腿、小腿肌肉无明显萎缩，双踝关节无明显内外翻畸形，右踝皮色皮温正常，跟腱走行区连续，右踝内、外侧关节间隙、内踝尖处压痛，距腓前韧带处压痛明显，下胫腓联合挤压痛，右足中足、前足无明显挤压痛，右足距舟关节、距跟关节、舟骨楔骨关节等处无明显压痛。右踝关节活受限明显，背伸 0°，跖屈 25°，内翻 0°，外翻 0°。

既往有外伤史、手术史（胆囊切除），无输血、过敏史。

X 片显示：右踝目前未见明显骨折及脱位征象，右踝周围软组织明显肿胀。

诊断：

（1）右距腓前韧带损伤；

（2）右踝软组织挫伤；

（3）伤筋。

治疗：

（1）郑氏手法按摩。

（2）电针：阿是穴、申脉、照海、丘虚、足临泣、昆仑、悬钟、阳陵泉。

（3）内服：创伤消肿片、玄胡伤痛片；外用：郑氏舒活酊。

按语：急性期，以积极抗炎消肿止痛为主，嘱患者扶双拐行走，指导患者不负重情况下踝关节背伸、跖屈、内外翻训练，指导患者正确冰敷。

3. 王某，女，27 岁

病史：左足伤痛 6 周。患者 6 周前行走时不慎扭伤左踝，诉呈内翻内旋位扭伤，足踝疼痛，逐渐肿胀，外侧明显，伤后送至我院急诊科就诊。经查体、摄片提示：左第 5 跖骨基底部骨折。给予钢托外固定，并收入住院治疗。症状好转，2 周后出院。患者自述在家中行走时出现疼痛，敷药后好转，近来我院复查，摄片提示：左第 5 跖骨陈旧性骨折再次骨折，断端未见骨痂影。医生意见手术治疗。患者要求保守治疗促进骨折愈合，遂来我院门诊就诊。

查体：左足背外侧、外踝无肿胀，足外侧未见皮下青紫瘀斑，皮温正常，内外踝尖压痛不明显，距腓前韧带无压痛、跟腓韧带处无压痛、左第 5 跖骨基底部压痛，中柱无挤压痛，距骨背侧无压痛，足舟骨、骰骨无压痛，跟骨叩痛不明显，跟腱走行区连续，跟骨结节无延长，踝抗阻背伸痛（ – ），距下关节肿胀（ – ），跟骰关节压痛（ – ），跖楔关节压痛（ – ），下胫腓横韧带压痛（ – ），第五跖骨基底压痛（ – ），下胫腓关节挤压痛（ – ）。

无输血史，无过敏史，既往无特疾。

X 片显示：左第 5 跖骨基底部骨折，对位可，未见骨痂影。

诊断：左第 5 跖骨基底部陈旧性骨折再骨折。

治疗：

（1）电针：阿是穴、丘虚、足临泣、昆仑、阳陵泉。

（2）内服：双龙接骨丸、血藤当归胶囊；外用：郑氏舒活酊、祛风寒湿洗药。

（3）运动疗法：以足底内在肌的训练，踝关节肌力训练为主。

按语： 患者骨折中期，根据骨折三期辨证治疗原则，予双龙接骨丸、血藤当归胶囊续筋接骨、养血活血，郑氏舒活酊舒筋通络止痛。中药熏药温经活血消肿。电针疏经通络。运动疗法：此期以改善骨折断端微循环，促进骨折愈合为主。

4. 徐某，男，38 岁

病史：右踝扭伤 1 个多月。患者 1 个多月前下楼梯时不慎扭伤右踝，诉呈内翻位扭伤，右足踝疼痛，逐渐肿胀，外侧明显。伤后患者曾于成都某医院就诊，摄片显示右外踝末端下方见少许点状骨样密度影相邻，多系骨化影，余右踝各骨未见明显错位性骨折或脱位征象。未作特殊治疗，自行外用药酒等治疗，现仍感右踝疼痛肿胀，行走活动时明显，为求进一步治疗，来我院就诊。

查体：右外踝稍肿胀，皮温皮色正常，无皮下瘀斑，右外踝压痛，右距腓前韧带、跟腓韧带处压痛，右内踝及周围压痛，右踝内外侧关节间隙挤压痛，右跗骨窦区无明显压痛，右跟骨远端外侧无压痛，右跟骨叩痛不明显，抽屉试验（+）。

自述幼时多次扭伤右踝（具体不详），有手术史，15 年前行阑尾切除术，无输血、过敏史。

DR 显示：右外踝末端下方见少许点状骨样密度影相邻，多系骨化影，余右踝各骨未见明显错位性骨折或脱位征象。

诊断：

（1）右踝关节陈旧扭伤；

（2）右踝关节不稳；

（3）伤筋（气滞血瘀）。

治疗：

（1）郑氏手法按摩。

（2）电针、TDP：阿是穴、丘虚、申脉、照海、昆仑、足临泣、阳陵泉。

（3）内服：强筋片、血藤当归胶囊；外用：郑氏舒活酊。

（4）运动疗法：平衡功能训练，足踝肌力训练、提踵训练、步态训练等。

按语： 患者青年男性，因外伤导致足踝部筋骨损伤，血溢脉外，瘀血阻滞，影响正常气血之运行，气行不畅则气滞，血行不畅则血瘀，气滞血瘀，致经络不通，不通则痛，痛处固定不移，属中医“伤筋”范畴，辨证属血瘀气滞。

予强筋片、血藤当归胶囊强筋健骨、养血活血，外用郑氏舒活酊活血化瘀。电针、推拿疏经通络。平衡功能训练促进本体感觉恢复，运动疗法促进患者肌力及关节稳定性康复。

5. 杨某某，女，47 岁

病史：左踝扭伤伴活动受限 5 个多月。患者于 5 个多月前在人行道行走时不慎“踩小石”滑倒，致左踝部扭伤，当时左踝关节肿胀、疼痛明显，于成都某医院就诊，MRI 未见明显骨折脱位，嘱卧床休息，避免负重，未予特殊处理。后患者左踝肿胀疼痛逐渐减轻，但久行、久站后仍疼痛明显。后于另一医院治疗，症状改善不明显，并反复发作。患者近日左踝疼痛，站立及行走后明显，为求进一步治疗来我院门诊就诊。

查体：双下肢等长，左踝轻度肿胀，无明显内外翻畸形，左外踝压痛，内、外踝关节间隙压痛、左踝后侧胫后跟腱压痛，左内外踝横向挤压痛，左下肢全段未扪及骨擦感及骨擦音。左足外侧跗骨窦区压痛，距舟关节、跟骰关节处轻压痛。左踝 ADT（+），左踝关节活动度轻度受限，背伸及跖屈较健侧均差约 5°。左小腿肌肉萎缩，围度较健侧差约 1 cm。肢端血循感觉及运动正常。

既往无高血压、冠心病、糖尿病病史，高脂血症病史 2 年，慢性肾炎病史，无输血、过敏史。

CT 显示：左踝未见明显骨折脱位；MRI：左踝关节软组织损伤。

诊断：（1）左踝距腓前韧带损伤；

（2）左足跗骨窦综合征；

（3）左踝关节不稳；

（4）左踝创伤性滑膜炎；

（5）伤筋。

治疗：

（1）郑氏手法按摩

（2）电针、TDP：阿是穴、丘虚、申脉、照海、昆仑、太溪、三阴交、足三里。

（3）内服：制香片、血藤当归胶囊；外用：郑氏舒活酊。

（4）运动疗法：平衡训练，左踝四方位踩带抗阻训练，左踝平衡垫训练，步法练习。

按语： 本病当与踝关节骨折相鉴别。踝关节骨折往往外伤病史明确，暴力多来自垂直、旋转方向，可伴有踝关节周围骨挫伤，严重者累及踝关节面，在影像学下可明确骨折及骨折类型，MRI 可见骨质骨髓水肿。该病例无此表现，结合影像学检查可相鉴别。

6. 王某，女，28 岁

病史：左踝及右膝伤痛 1 天。患者于 1 日前不慎摔倒致伤左踝及右膝，即觉左踝及右膝疼痛、肿胀、活动稍受限，遂至我院门诊。就诊时：无恶寒发热，无其他头身疼痛，食纳可，二便正常。

既往无特疾，无过敏史。

查体：左足外踝肿胀，局部肤温增高，压痛明显，踝关节活动受限。足背动脉可扪及。肢端感觉、血循、活动良好。右侧膝关节未见明显畸形、肿胀，局部可见皮下出血瘀斑，肤温增高，未扪及骨擦感。膝关节稍活动受限。肢端感觉、血循、活动良好。面色红润，舌淡，苔薄白，脉平。

X 片显示：左踝关节诸骨未见明显骨折，关节对应关系未见明显异常，软组织肿胀；跟骨底骨质增生；右膝关节各骨未见确切骨折，关节对应关系良好，软组织未见明显肿胀。

诊断：（1）左踝及右膝软组织损伤；

（2）筋伤（气滞血瘀）。

治疗：

（1）郑氏手法整复、按摩。

（2）电针、TDP：阿是穴、瘀血肿胀处丛刺，血海、梁丘、足三里、阳陵泉、丘虚、申脉、昆仑、悬钟、丰隆。

（3）外用：二黄新伤止痛软膏（过敏停用）；内服：玄胡伤痛片、创伤消肿片。

（4）弹力绷带外固定，受伤 3 ~ 5 天内冰敷，抬高患肢制动，伤肢不剧烈活动。

按语： 本例患者无骨折，需考虑关节错缝及筋伤可能与程度。年轻体实不虚，针刺及活血化瘀药物疗效较佳。

（八）其　他

1. 邹某，男，20

职业：国家队体操运动员。

病史：9 月 11 日上午陈伤：腰痛涉及右臀外，大腿外侧痛，上腰段后方，L1、L4、L5 棘旁压痛，右侧为甚，右侧外侧区压痛。

9 月 12 新伤：上午 10：30 从单杠落下致伤。MRI 显示：左股内侧肌血肿，关节轻度积水。

查体：左膝内上方肿胀（轻度），压痛明显，PCL 损伤，左前髂血肿，髌骨内上缘压痛，有捻发音。

诊断：急性左股内侧肌损伤，髌骨关节损伤，左前髂血肿，眼眶损伤（皮擦损伤）。

治疗：内外用药，间断冰疗，加压包扎。

13 日恢复训练。晚 11 点复诊：左脖局部无发热肿胀，屈伸基本正常，局部发胀，屈曲有牵扯感，头部伤皮疼痛。冰敷两次后决定下床活动，反应较好。

14 日正常参加比赛。

按语：运动员伤病有其特殊性，必须兼顾训练与比赛，很难如群众患者一样有充分的治理时间。急则治标，在运动员伤病中应用特别突出，也是不得已而为之。

2. 赵某，男，8 岁

职业：体操运动员。

病史：胸部疼痛 10 天。

患者 10 天前体操训练，在蹦床空翻落下时含胸低头落地，颈部过度屈曲后受伤，当即感胸部疼痛，活动不适，无咳嗽、呕吐等症状，神志清楚。在成都某医院就诊效果不佳，遂到我院就诊。X 片显示：胸骨体中上段向胸腔侧塌陷移位，考虑胸骨体中上段骨折。结合外伤史、查体及 X 片，诊断为胸骨体中上段骨折。

治法：患者仰卧，背部垫一个 8 ~ 10 cm 的薄枕，让患者极度挺胸，双肩下沉，术者一手张开虎口中指按压胸骨柄，借患者挺胸（垫枕）的牵引力，使脱出的部分复位。复位后患者即感疼痛减轻，查体触诊见局部凹陷变浅，摄片复查胸骨对位良好。用胸部护板加垫胸带固定，背后垫枕让胸部尽量挺起仰卧休息，避免含胸动作。口服制香片活血化瘀、行气止痛。两周后复查，骨位对位较好。

按语：胸骨的两侧有肋骨的支持和保护，活动幅度小，较少出现骨折。有明确的胸部外伤史，胸骨查体有急性或者局部按压痛，行胸部侧位或斜位片 X 片即可诊断。对于开放性胸骨骨折或胸骨骨折移位明显且合并有胸腹脏器损伤者，应积极及时进行手术治疗。对于胸骨骨折伴有移位但无胸腹脏器损伤者，可先行复位，若不成功，再手术治疗。对于胸骨骨折无移位且无合并胸腹脏器损伤患者，需卧床、止痛、胸带固定。

本患者为青少年体操运动员，由于在训练中从蹦床跳下时速度较快，含胸低头落地，颈部过度屈曲的特殊体位姿势下，身体自上而下被压缩而颈部在胸骨的上部向前压迫。此时，斜角肌等肌群的强烈牵拉增加胸腹体承受的“折刀式”外力而致伤。手法复位相对安全、简单，要求在复位过程中避免暴力，利用极度挺胸的牵拉力，并施加适度外力即可复位成功。胸骨骨折复位后需胸部护板加垫胸带固定，防止骨折端由于肌肉活动牵拉而影响复位不完全。手法复位免除了手术创伤，且恢复迅速，效果理想。运动员不同于普通患者，其有训练、比赛任务。建议 10 周后方逐步恢复小强度的训练，并禁止可引起胸部疼痛的训练。适应后逐步恢复正常训练。10 周后随访，患者基本恢复正常训练，无明显不适。

3. 单某，男，23 岁

出诊时间：1993 年夏。

病史：患者于 3 天前从 3 楼跳楼致腰、右踝关节骨折伤，当即在职工医院救治住院。X 片检查诊断：腰椎体压缩性骨折，右双踝骨折脱位。请某医院骨科主任医师会诊，对踝部骨折手法复位失败，行石膏托固定，等候手术治疗。3 天后，请张世明教授前往职工医院会诊。

查体：患者卧床不起，胸腰段脊柱轻度后弓畸形，T12/L1 棘突压痛明显，翻身困难。右踝足部肿胀明显，外踝区有青紫瘀血，内外踝和踝前有明显压痛，踝关节屈伸旋转功能明显障碍。双下肢无明显神经异常症状和体征。

X 片显示：腰椎体楔形变，压缩约二分之一，右足内外踝骨折有明显移位，胫腓骨下联合间隙略加大，距骨向外侧脱位。

诊断：

（1）腰椎体压缩性骨折；

（2）右足双踝骨折合并胫腓骨下联合分离，距骨外脱位。

治疗：

（1）胸腰段垫一个薄枕，仰卧于硬板床上。

（2）右踝行手法整复治疗：

① 两助手先行踝外旋外翻位拔伸牵引约半分钟，术者用双手抱住双踝一手置于内踝上方，一手置于外踝距跟部行推挤手法，距骨向内复位，同时，令远端助手在牵引下做踝内翻内旋活动，术者反复用拇指指腹向外推挤距骨，以整复距骨外脱位和向外移位的外踝骨折。

② 牵引下置踝关节于中立位，术者用双手抱踝，整复胫腓下联合分离，再用拇指用推挤按压手法整复内外踝骨折。

③ 足踝骨折处小夹板固定，铁钢托板固定足踝关节于中立位略内翻位。

行 X 片检查显示：外踝骨折对位良好，胫腓下联合分离改善，距骨无脱位，内踝骨折有轻微移位分离。

④ 抬高伤肢固定，嘱咐足趾功能活动和直腿抬高活动，加强护理。

⑤ 内服中药：以活血化瘀、行气止痛为主。

当归 15 g　　赤芍 15 g　　川芎 12 g　　川红花 12 g
桃仁 6 g　　酒军 6 g　　枳壳 12 g　　云木香 12 g
柴胡 12 g　　玄胡 9 g　　川牛膝 9 g　　甘草 6 g
生地 12 g

7 剂。

经治疗 1 周，患者右踝肿痛和腰痛明显消减，踝部 X 片复查，踝部骨位稳定，无移位。令患者做挺腹功能锻炼伤肢活动，在固定下，做踝关节的静力性屈伸活动、抬高活动，逐渐加量。调整小夹板的束带，腰部垫枕增加一定高度，间断调整垫枕高度。内服药去酒军、生地，加大枣 12 g、陈皮 9 g。

3 周后，松开夹板检查踝部骨折情况，触摸检查无异常，肿胀缓解，踝背屈跖屈有一定活动度。继续固定 2 周，改服正骨丸、三七散、创伤宁。加强踝功能锻炼。俯卧位，嘱咐腰背肌功能锻炼（飞燕点水）等。逐渐加量。舒活酊按摩腰脊，外贴活络膏。

5 周后，X 片检查，骨位稳定，有少量骨痂，踝关节轻微肿胀，压痛不明显。托板固定，改用弹力绷带固定，用舒活酊按摩。

8 周后，去除小夹板固定，弹力绷带固定和腰围固定，扶双拐下床行走活动，X 片复查：外踝骨折线模糊，内踝少量骨痂。伤后 3 个月，患者去拐行走活动。

8 个月后，患者恢复正常工作。

按语：本例患者为复杂性骨折，腰椎体压缩性骨折属轻-中度，并无脊髓损伤症状，故按单纯性压缩性骨折处理。而踝关节骨折脱位，张世明教授采用逆受伤机制整复手法，一次获得满意的复位，配合踝部小夹板固定和早期功能锻炼、中药等治疗，是本例取得成功和疗效满意的关键。

4. 陈某，男，87 岁

病史：胸部伤痛伴活动受限 1 天。患者于 1 天前不慎撞伤胸部，即觉左胸部疼痛，咳嗽，呼吸时加重，无胸闷气促、呼吸困难等表现，无头部外伤，无昏迷、恶心、呕吐等症状，无恶寒发热，无其他头身疼痛，食纳可，二便正常。

否认既往史、过敏史。

查体：胸骨疼痛明显，伴叩击痛，胸部活动受限，双下肢肢端感觉、血循、活动良好。

X 片显示：胸骨体部下段骨折，折端明显成角。

诊断：胸骨体部下段骨折（骨断筋伤，气滞血瘀）。

治疗：

（1）弹力胸围外固定制动，必要时卧床休息。禁剧烈咳嗽及胸部剧烈活动。出现呼吸困难、胸痛加重、胸闷心慌、腹痛等不适应立即返院。

（2）内服：制香片、七味三七口服液；外用：二黄新伤止痛软膏（过敏停用）。

28 天后复查：X 片显示胸骨体部下份骨折，胸椎多发性压缩性骨折。不排除其他隐匿性骨折及胸腹部脏器损伤可能，必要时需进一步诊查。禁剧烈咳嗽及胸部剧烈活动。出现呼吸困难、胸痛加重、胸闷心慌、腹痛等不适应立即返院。内服七味三七口服液；外用丁桂活络膏。

按语：该例患者首诊时未见胸椎骨折，诊治时应全面考虑，不应只关注主症。同时年高患者应时时注意并发症，加强护理。

5. 李某，男，44 岁

病史：左胸部伤痛伴活动受限 7 小时。患者于 7 小时前不慎被车撞倒左侧半身着地，即觉左肩、左胸胁部、左下肢疼痛，无头部外伤，无伴有昏迷、恶心、呕吐等症状，遂至我院急诊。就诊时：无恶寒发热，无其他头身疼痛，食纳可，二便正常。否认既往史、过敏史。

查体：左胸壁压痛明显，未触及骨擦感，局部未见明显肿胀青紫瘀斑，双肺呼吸音清，叩诊音对称。左肩、上臂、左髋部轻压痛，左膝局部皮下瘀斑，左小腿外侧轻压痛，无纵向横向扣痛，未及骨擦感，余未见明显异常。

CT 显示：双侧肋骨骨皮质连续，未见确切骨折线，未见液气胸征。

诊断：（1）左胸壁软组织损伤；

（2）左上臂软组织损伤；

（3）左膝软组织损伤；

（4）左小腿软组织损伤；

（5）筋伤（气滞血瘀）。

治疗：

（1）内服：制香片、七味三七口服液；外用：二黄新伤止痛软膏（过敏停用）。

（2）卧床休息，不排除其他隐匿性骨折及胸腹部脏器损伤可能，必要时需进一步诊查。禁剧烈咳嗽及胸部剧烈活动。出现呼吸困难、胸痛加重、胸闷心慌、腹痛等不适应立即返院。

按语：本例伤处较多，但治法单纯不复杂。

6. 欧某，女，79 岁

病史：右侧胸壁疼痛 7 天。患者于 7 日前不慎拉伤右胸胁部，即觉右胸胁部疼痛，咳嗽，呼吸时加重，无胸闷气促、呼吸困难等表现，无头部外伤，无昏迷、恶心、呕吐等症状，遂至我院急诊。就诊时：无恶寒发热，无其他头身疼痛，食纳可，二便正常。

既往高血压史、冠心病史、脑梗病史，无药物过敏史。

查体：右侧胸壁压痛明显，未触及骨擦感，局部未见明显肿胀青紫瘀斑，双肺呼吸音清，叩诊音对称。

X 片显示：右侧第 6 肋前支近肋软骨处皮质欠规则；未见确切液气胸及肺挫伤改变；双肺纹理增多，双肺散在钙化灶；主动脉结见钙化灶。

诊断：右侧第 6 肋前支近肋软骨处骨折。

治疗：

（1）弹力胸围外固定，受伤 3 ~ 5 天内冰敷，抬高患侧上肢制动，伤侧肢体不剧烈活动。

（2）内服：七味三七口服液、制香片。

按语：本例患者病情以虚为主，虽急性期，也不宜活血化瘀理气太过，应兼顾其内科慢性病。急性期后以养气养血活血为主。

7. 罗某，男，72 岁

病史：右腕关节疼痛 3 年，颈痛 15 年，腰痛 12 年。20 年前腰扭伤，颈部及双手无外伤史，曾到其他医院就诊，病情无改善。无高血压、糖尿病史，无药物、食物过敏史。

体格检查：颈部强，颈棘突广泛压痛，颈椎屈伸旋转基本正常，胸腰椎左侧凸畸形，腰椎颈椎屈伸无疼痛。右腕关节肿胀不明显，桡背侧有轻度压痛。

MRI 显示：右侧月骨信号异常增高，囊性变化，三角骨信号呈高信号，腰椎退行性变增生。CT 提示颈椎骨质增生，后纵韧带钙化，6/7 间隙变窄。

诊断：右侧月骨缺血性坏死，颈椎病，腰椎退行性变。

治疗：

（1）郑氏手法按摩。

（2）外用：祛风寒湿洗剂、丁桂活络膏；内服：消增强骨片、血藤当归胶囊、益尔力口服液。

（3）避免伏案过多及过度弯腰；护腕；颈部练功；腰部肌力练习。

（4）考虑老年人活动不多，患者日常生活能自理，不建议手术。

按语：局部对症治疗，整体兼顾补虚。适度温和运动。

8. 饶某，男，46 岁

病史：2 周前清晨，患者左足再次突发痛风，疼痛难忍，在广汉当地医院诊治无效后用担架送来我院门诊。

既往史：患者于 1991 年 8 月 30 日首发痛风。

查体：患者体胖，左足拇跖趾关节红肿明显，轻触痛重，关节痛不能动，且呻吟，不能站立和行走。舌质略红，苔黄厚，脉象弦数。

X 片显示：左足拇跖趾关节骨质有明显“*”孔样改变。

诊断：痛风性关节炎（湿热型）。

治疗：

局部外敷中药：黄柏、芙蓉花叶、苍术、大黄、赤芍、土茯苓、白蔹、防己。

内服中药：

黄柏 15 g	赤芍 15 g	川牛膝 9 g	土茯苓 12 g
防己 12 g	苍术 9 g	木通 9 g	泽泻 12 g
山楂 12 g	白芷 12 g	葛根 12 g	

共 5 剂，每日一剂，分 3 次服。

二诊：患者诉内外用药后肿痛消失，能活动，饮食正常，感谢不尽，继续服药 5 剂，处方同前。

按语：痛风患者大多体实，多为膏粱厚味所致湿热痰瘀，张世明教授所用药也以清利湿热为主，兼凉血活血及通经活络，疗效甚佳。

9. 李某，男，55 岁

主诉：左踝足痛风疼痛难忍 3 天。

病史：3 天前晚上突然感左足踝关节前下方（以外侧为主）疼痛、红肿，不能下床行走活动，外敷中药有所减轻，但仍疼痛，今来就诊。患病前一直饮酒，未注意饮食，有胆结石。

检查：身体健康，大便正常。左足外踝关节内外踝下有红肿热痛，轻触压痛，压痛剧烈，踝关节功能受限，跛行，行走引起疼痛。舌质红，苔黄厚腻，脉浮强有力，肝脾脉旺（左右关脉）。

诊断：左足痛风性关节炎。

治疗：

（1）外敷：黄柏、苍术、土茯苓、赤芍、白芷、血竭、草药、防风。

（2）内服药：

柴胡 15 g	黄芩 15 g	川牛膝 9 g	土茯苓 12 g
防己 12 g	苍术 9 g	木通 9 g	泽泻 12 g
黄柏 12 g	川楝子 12 g	葛根 12 g	赤芍 12

共 5 剂，每日一剂，分 3 次服。

二诊：诸症均缓，继续服药五剂，处方同前。

按语：同上案。

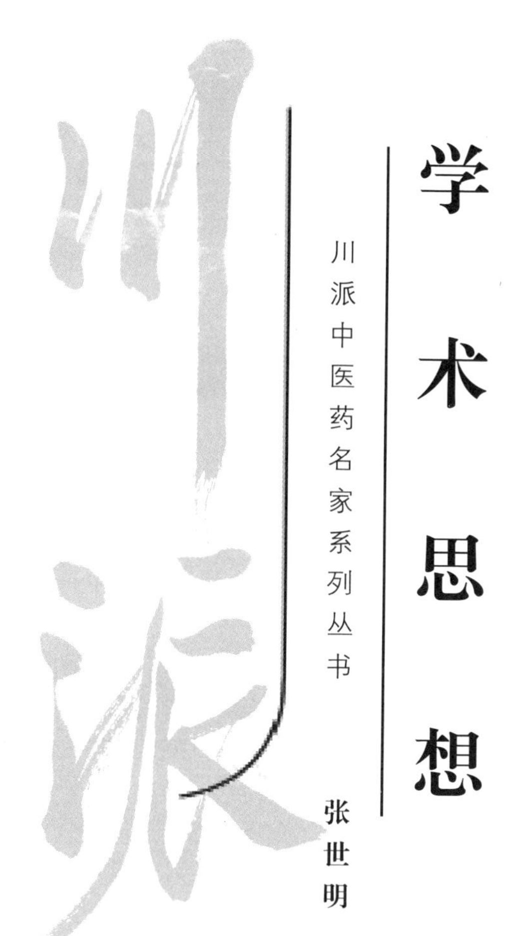

学术思想

川派中医药名家系列丛书

张世明

张世明教授全面继承了郑怀贤教授武医结合学术思想和诊疗经验，并在郑老基础上发展完善了郑氏骨伤学术诊疗体系，推进了郑氏骨伤流派的形成，完善了中医运动创伤学。其学术思想以中医基本理论传承、阐释和发展郑氏骨伤和运动创伤；以中医整体观与阴阳平衡等学说，完善了中医运动创伤病因、病机、分型、诊断标准和防治原则，丰富了中医运动创伤、中医骨伤理论内涵；承担国家计委“十五”公关课题，在国内率先开展运动员大样本伤病调查研究，提出运动性疲劳的中医病机和分型诊断标准，作为负责人开展了消除和恢复运动性疲劳的中医方法与中药研究；丰富了郑氏伤科推拿、按摩、经穴按摩手法和郑氏伤科药物。推拿按摩手法形成“绵柔透里、度身顺势”八字诀。

一、以整体平衡观为基础

整体与平衡观是张世明教授学术思想的重要理论基础，它作为主要的指导思想贯穿其整个骨伤、运动创伤理论体系。

张世明教授认为人体是一个由脏腑、经络、气血、精、津液和皮肉筋骨等器官组织和物质构成的一个有机整体。同时，人与自然、社会也是一个整体，运动创伤的发生发展时刻都受到自然、社会环境的影响。

在整体观基础上，张世明教授非常重视各要素间的平衡关系。其运动创伤平衡观，主要体现在筋骨之间支撑与运动的平衡、肌肉肌群肌力之间协同作用的平衡、筋骨与内脏经络之间气血供应消耗的平衡、运动消耗疲劳与恢复之间的平衡等各方面。

在分析运动创伤病因病机时，张世明教授重视从整体上考虑疾病发生的各种因素，以及各因素内部及因素间整体平衡辨证关系。（中医）筋与骨、运动系统与脏腑气血、创伤瘀肿与正气等之间的“对立统一”“消长平衡”辨证，以及（西医）力学、生理、病理变化分析，整体与平衡均是其分析把握的重要法则，在张世明教授辨证施治学术思想中，具有十分重要的地位。他认为局部皮肉筋骨受损，必然由表及里，内伤气血、经络，引起脏腑功能失调而产生一系列症状；诊治伤病时，除了局部筋骨伤损外，还应时刻兼顾局部病变导致的整体及内科病变，以及伤病所致训练、比赛、工作生活、心理整体失衡的影响，以达到全面诊治疾病、多方提高疗效的目的。

张世明教授不仅重视自然环境各种外在因素的影响，而且重视人的内在因素，强调人体正气在疾病发生、发展和转变中的主导作用，提出了“过用病生”的运动疲劳及劳损理论。

张世明教授认为，中医的整体思想充分体现了系统论和全息理论的认识观和治“本”思想，但也不等于不要局部，而是强调局部与整体结合的辨证观念，更好地把握运动创伤病因病机变化的规律，更好地认识分析、诊治疾病。

在运动创伤内伤（津液气血精髓耗损、脏腑经络病变、筋骨疲劳等）诊治方面，张世明教授基本按照中医理论方法辨证施治，他认为首先人体自身是一个由脏腑、经络、气血、精、津液和皮肉筋骨等构成的有机整体。其次，人与自然也是一个整体，人的生存和发展时刻都受到大自然环境的影响。在分析病因病机时，必须具有人体自身整体平衡观，以及人与自然环境统一的整体平衡思想。整体平衡关系的破坏即意味着人体疾病的开始。

在运动创伤外伤（皮肉筋骨伤损）方面，张世明教授强调筋骨并重、动静结合，不能仅仅只考虑骨折的整复，同时还特别注重异常筋肉结构与力学的整复及其运动功能的防治。治疗上张世明教授多采用中医整体辨证基础上的中西医结合诊治，以中医与西医为一个辨证的整体，该中就中，该西就西，中西医结合，全面发挥中医理论与西医技术两者优势，补充各自不足，提高了运动创伤外伤的诊治水平。

他在运动创伤防治中注重扶正固本及治神，积极调动人体与精神的自愈能力及主观能动性。其认为人体内虚、肝肾气血不足、筋骨失养、筋骨疲劳和退变是运动创伤发生的重要内在基础。在治疗中也要注重顾护正气，并善于诱导气血作用于伤病的修复。

张世明教授在中医整体平衡理论基础上运用中西医结合的运动创伤模式，即坚持和发挥了中医特色优势，避免了唯技术论的西医的不足，同时也充分吸收利用了现代医学的技术优势，形成了务实、传承、创新的张氏独特中西医结合运动创伤体系。张世明教授的中西结合运动创伤诊治理法模式，在数十年他本人、弟子学生及培养的大量队医人才为国家、省市运动队伤病服务及广大群众创伤诊治实践中，取得了显著确切的疗效，通过国家体育总局多年推广，具有相当的学术影响力。

二、运动创伤“预防为主、防治结合”

张世明教授“运动创伤防治原则”源于传统中医、武医基本理论及中医骨伤原则，是在整体观念、脏腑经络、气血津液、筋骨并重、动静结合、活血化瘀、通经活络等理论原则指导下，在深入研究运动员训练、比赛及伤病规律基础上发展起来的，以顺应自然，符合机体的生理与生物力学为特性，以保护及恢复最大生理及运动功能为目的，具有鲜明的张氏特色。在运动队及群众运动创伤诊治中得到了广泛的应用。

张世明教授运动创伤防治思想包括：坚持积极的“预防为主、防治结合”；坚持训练科学化；坚持中医对运动性疲劳恢复的基本理论思想指导；注重科学的营养膳食和训练中的补糖补水问题等。

这些方面虽然简单，但真正做到、做好却不是容易的事。

1. 坚持积极的“预防为主、防治结合”

要树立“预防胜于治疗”的思想，而不是消极地等待伤病发生后再采取治疗措施。要转变观念，从发生运动创伤的内因和外因等方面去进行认真分析，采取积极有效的预防措施，把运动损伤降低到最低限度。

2. 坚持训练科学化

树立训练科学化的理念是提高运动能力、技术水平、减少伤病发生的根本。

树立循序渐进的训练原则，万事万物都是处于阴阳调和、平衡与相生相克的关系，要坚决摒弃用兴奋剂代替训练的错误思想。

树立热身准备活动和训练后的恢复放松、牵张等活动是训练科学化的重要内容，也是保证训练、预防伤病的训练内容。要有足够的时间（30～40分钟）进行准备活动和放松恢复的练习。并了解机体植物性神经系统、内脏机能惰性的生理特点。

（1）训练与恢复的关系

两者绝不可孤立存在，而是矛盾的统一，万万不可偏颇。大运动量训练后，没有恢复，或恢复不力，不仅仅伤害运动员身体，且可发生过度训练，加大伤病的发生率。因此，必须拿出足够的时间，采取积极的医疗恢复措施，及时保障运动员的体能和脏腑神志机能的恢复，才是科学的训练方法。

（2）疲劳与恢复的关系

没有疲劳，就没有运动效应和超量恢复。但是运动性疲劳应尽早消除，以保证训练计划更好地完成，从而不断提高运动技能。如果没有及时恢复就加大训练，极易造成过度训练，发生严重运动性疾病和运动创伤。因此，应特别注意疲劳与恢复的关系，在训练中，注意“万事莫过，过用病生”。

必须在医务监督下，进行循序渐进、不断提高机能的科学训练原则，而不是超运动员生理极限的过度训练或加重损伤的错误训练方法。

在疲劳恢复方面应重视几点：

① 养神志，重在治神，注重睡眠质量。“得神者昌，失神者亡”“神者生之本，精之成也”，充分说明了“神”的重要性。因此，注意观察运动员的精神和精力。睡眠质量高低对机体与神志疲劳的恢复都具有十分重要作用。

② 药食调补，重在补益，强壮脾胃，以化生精气。人以胃气为本，脾胃乃水谷精气化生之源，所以运动员的脾胃功能是否强健，对精气、体能的恢复具有十分重要作用，应注意饮食有节，起居有常。

③ 积极应用中医药治疗以尽快消除运动性疲劳。这是提高抗疲劳和运动能力，预防伤病的重要方法。

3. 坚持中医对运动性疲劳恢复的基本理论思想指导

（1）树立“平衡—不平衡—平衡”的机能不断提高的认识观。

应充分认识中医药的平衡阴阳和双向调节的作用，平衡是相对的，不平衡是绝对的。

（2）树立对立统一的整体辨证观思想。

注意体质与气质、生理与病理、形态与功能、气与血、筋与骨、疲劳与恢复、预防与治疗、身体素质与专项素质训练、训练与恢复、运动与睡眠、伸肌与屈肌训练、共性与特殊性、人与自然等哲理关系。

（3）“万事莫过，过用病生”。

任何运动和训练计划的制定都应遵守这一原则，否则机能平衡失调，过度疲劳则伤病必然发生。可以说，一切慢性损伤都与单一动作的过度训练密切相关。

（4）动静结合，刚柔相济。

（5）辨证论治，有的放矢。

（6）坚持“治未病”“治本”思想，疲劳和伤病防治必须从“根本”着手。

4. 科学的营养膳食和训练中的补糖补水问题

高强度训练中的科学营养膳食十分重要，已有专述。张世明教授认为提高运动员的脾胃消化功能，摄取天然营养食品才是首务，不要采取不顾或抑制运动员脾胃消化功能，只靠外源性补充营养药物的方法。膳食应注意人的四气五味变化，宜以摄取碳水化合物、多种维生素、电解质为主，补充足够蛋白质、低脂类食物为要。

大运动量训练必然喘息和出大汗，耗损大量津液、能量和精微物质，脏腑及运动功能下降。因此，及时、正确地补充足够的水分和能量是十分重要的。张世明教授认为，“汗血同源”“心主血脉”“心主神明”，在高热和大强度训练中必耗损大量津液、能量，若不及时补充液体能量，可导致缺津液、精血严重不足而发生机体疲劳、高热、虚脱和筋肉痉挛（抽筋）等症状，且大汗易伤卫阳之气而易受风寒发生感冒或痹症。

三、围绕运动创伤诊治的活血化瘀

活血化瘀是中医骨伤各流派及许多相关内科疾病共同的诊治法则，疗效独特，广泛用于临床。在骨伤科领域，活血化瘀的应用范围也十分广泛，是该领域研究重点之一。

张世明教授认为损伤是血瘀的重要致病因素。人体运动创伤时，局部皮肉筋骨受损，必然会由表及里，内伤气血，瘀血阻滞经络，引起脏腑功能失调而产生系列症状。反之脏腑伤病或功能失调也可由里达表引起经络、气血的瘀滞，从而影响运动员的正常训练和比赛。故活血化瘀是张世明教授运动创伤诊治的重要指导思想之一。

张世明教授运动创伤活血化瘀理法与其他流派相比较，其特色主要体现在运动创伤病因诊断辨证、郑氏骨伤活血化瘀药物应用、三期原则上的辨证用药、针刺按摩等方面。

张世明教授活血化瘀法在运动创伤上分为内治法和外治法，内治法主要是指内服药物治疗，外治包括外用药物、针灸、按摩等疗法。

内治法根据“伤气必及血，伤血亦必及气”的病因病机和气血兼顾、阴阳并重、分期论治等治疗原则，辨证应用攻下逐瘀法、行气消瘀法、清热凉血法等。

外治法一般在分期基础上辨证施治。初期，组织损伤及出血期，治宜清热凉血，行气活血，消肿止痛。此时，欲治其痛，先行其瘀，欲消其肿，必活其血。张世明教授临床习用的郑氏新伤软膏对运动创伤早期一切软组织肿胀具有明显的清热凉血、消肿止痛的作用，在运动创伤和普通人群的急性软组织损伤中广泛应用，效果良好。张世明教授一般根据具体情况辨证加减，外用黄柏、血通、延胡索、赤芍、川芎、白芷、芙蓉叶、防己等。中期，炎症反应肿胀期，局部出血停止，出现反应性炎症，局部血管扩张，吞噬细胞增加，组织间液中的淋巴管有损伤性阻塞，局部疼痛肿胀发硬，活动受限，治宜活血化瘀，散结止痛，外用桃仁、红花、乳香、没药、三棱、莪术、苏木等。后期，肉芽组织机化和瘢痕期，可引起关节功能障碍，此期多温经活络、活血化瘀，外用川芎、党参、白术、茯苓、牛膝、半夏、南星等。

除药物外，张世明教授常配合应用针灸、按摩等加强活血化瘀疗效。针刺一般在瘀血肿胀疼痛局部选穴为主，配合循经远道取穴。按摩一般用松解、向心性挤捏推按等手法（以理筋复位为基础）；新伤避开伤痛部位，手法力度适中柔和，节奏适度。两者均有助于缓解疼痛和瘀血肿胀消除。

另外在运动性疲劳的消除方面，张世明教授结合训练实际及辨证，及时合理地应用各种活血化瘀法，也收到较好疗效，值得进一步总结研究。

四、整体辨证的劳损理论思想

劳损是张世明教授运动创伤重要基础理论之一。张世明教授认为，一切组织、器官的过用都可能发生劳损；运动系统劳损，不仅仅肌肉劳损，筋膜、关节和骨的劳损或慢性伤损也是十分常见的，本质均属中医虚劳或虚损证候范畴。其病因病机有内、外因两方面，张世明教授认为其主要病因是过用致病、精气内夺、积虚成劳、积劳成损。其伤损不仅在局部，凡参与过用的形体、津液气血、脏腑机能乃至神志等均受累，需应用中医整体及平衡观念才能充分认识把握。

张世明教授劳损学说建立在中医和现代医学理论基础上，结合其长期的运动创伤临床实践和运动性疲劳课题研究成果，发展出独特的筋肉、骨与关节劳损临床经验与学术理论，其要点如下：

（1）筋肉、关节劳损是因过用造成的疲劳性、慢性、积累性的伤损疾病，其主要病因是局部组织的长期过度使用和活动，同时参与过用的相关形体组织及脏腑机能等也受累，多为内伤不足之证。

（2）肌肉、筋骨与关节三者劳损是一个密切关联、相互作用的整体。

肌肉、筋骨与关节是一个有机的完整协调的运动系统整体，筋肉骨之间是紧密相连的，筋和肌肉都能束骨，筋肉强健则骨与关节强壮，它们之间相互依存、相互作用。运动性劳损伤病中，单一组织劳损伤较为少见，而更多的是筋肉、筋骨关节等组织的复合性伤损。例如“腰肌劳损”，不是单纯的肌肉劳损，实质上是腰部肌肉和筋膜的劳损，有的患者还常合并有腰脊椎间关节筋肉的劳损、椎间盘退变等。

（3）筋骨肉和关节形体的劳损，具有多虚、多瘀、多痹证候特点。

筋骨肉和关节形体的劳损，局部多筋脉不舒、气血郁滞，或气血不足，易内损所主的肝脾肾脏机能和气血，使气血不能濡养筋骨肉形体，或风寒湿外邪乘虚而入发生络脉瘀阻或痹阻，产生顽固性疼痛，缠绵不愈。反之，若肝脾肾气不足或亏虚者，则肌肉筋骨关节更易发生劳损。因此，局部治疗是远远不够的，应从整体辨证出发，对形体局部的劳损和气血、肝脾肾脏机能内伤不足证者，宜采用局部与整体结合、内外兼治的治法。首先应减少或去除局部形体过用等伤因，并积极对局部形体劳损进行治疗，还应对内伤的脏腑、气血不足证进行积极地治疗，以恢复、增强脏腑机能和气血，这对局部形体组织劳损的修复和功能恢复具有重要作用。

五、运动性疲劳学术思想及创新

中医在悠久历史中积累了大量恢复疲劳的经验，并以中医整体观、阴阳、五行、藏象、经络、卫气营血学说等理论对疲劳的本质、疲劳的证侯分类、疲劳的诊断，以及消除疲劳的手段、方法等提出了一系列的理法阐释。但传统中医对疲劳的理论阐述均限于一般性疲劳，运动性疲劳的中医研究是近代才逐渐开展的。随着运动创伤及疲劳研究的深入，鉴于中医药在疲劳消除理论方法的独特有效性，中医药研究成为该领域研究重点之一，并取得了一定的成果。

（一）运动性疲劳的中医病机

张世明教授通过对国家及省市运动队系统的大样本调查，结合大量中医相关文献及运动训练实践，对运动性疲劳中医机理与本质进行了深入的研究，充分肯定了中医药对消除运动性疲劳的重要作用。运用中医整体观及阴阳动态“平衡—不平衡—平衡”理论，张世明教授率先提出了运动性疲劳症候是长期高强度训练导致的津液、气血（精髓）耗损，内外皆越、脏腑功能失调或下降的发生机理，并揭示运动性疲劳与形体、脏腑、神志功能密切相关。过度喘息汗出是主因，大运动量必耗其大量气血、津液、精髓，必劳其形体（肌肉、筋、骨与关节），劳其脏腑和神志，其本质是气血、津液、精髓不足和形体、脏腑功能减退失调，为内伤不足之证。

（二）运动疲劳的中医分型、证候诊断标准

中医在悠久历史中积累了大量恢复疲劳的经验理论，但均限于一般性疲劳。中医对运动性疲劳的认识一直缺乏深入的理论指导和系统的诊断标准。根据这种情况，张世明教授及其研究团队在《黄帝内经》关于形体、脏腑气血、神志理论及中医八纲辨证等理论基础上，对不同项目，不同运动强度下运动员产生的运动性疲劳进行中医辨证分型研究，经过十余年的相关研究工作以及连续多项国家级、部级课题系统研究和大量备战奥运会、亚运会的科技攻关与服务的工作经验积累，提出了运动性疲劳中医证候诊断标准。根据中医对疲劳证候分型的理论和依据国家标准《中医临床诊疗术语》（GB/T16751—1997）有关条款，早期归纳出运动疲劳的三种类型、九种常见证，经后期实践和研究，逐渐完善为三个类型、八种常见证候、十二种常见的运动性疲劳证。

1. 三个类型和八种常见证候

（1）形体疲劳（两个证候）。主要指运动系统：肌肉、筋、骨与关节的疲劳，以肌肉酸困疼痛、筋骨关节疼痛两种证候为主。

（2）脏腑疲劳（五个证候）。主要指五脏六腑功能失调和下降，多见脾胃失调（含脾胃虚弱、食积阻滞、肝胃不和证），肾气不足（肾阴虚、肾阳虚证），气血不足（含气虚、血虚、血气两虚证），阴阳虚证（含阴虚、阳虚、阴阳两虚证），女性多伴月经失常（含痛经、月经过多、过少、月经先期、后期、先后不定期、闭经等证）等证候。

（3）神志疲劳（一个证候）。主要指精神和情志内伤，表现为失眠、萎靡不振、情绪不稳、困倦厌训等症候。

2. 十二种常见的运动性疲劳证

（1）筋肉疲劳酸痛证。多见筋肉酸胀或痛、压痛、麻木、僵硬、动作不协调、脉多弦等症候。

（2）关节、骨疲劳证。多见骨、关节酸胀或疼痛、压痛、微肿或不肿、脉多弦等症候。

（3）失眠证。多见心烦不眠、夜寐不安、五心烦热、疲倦乏力等症候。

（4）气虚证。多见神疲乏力、气虚懒言、厌食纳差、易感风寒、自汗、舌质淡、脉虚等症候。

（5）血虚证。多见面色淡白、头晕眼花、心悸多梦、女性经少、脉细等症候。

（6）阳虚证。多见畏寒肢冷、口淡不渴或喜热饮、尿清便溏、舌淡胖齿痕、脉沉迟无力等症候。

（7）阴虚（津、液、精髓亏虚）证。多见口燥咽干、口渴欲饮、大便干结、小便短黄、盗汗、五心烦热、耳鸣目涩、失眠、舌红少津少苔、脉细数等症候。

（8）气血两虚证。多见面色淡白、气短懒言、头晕耳鸣、心悸失眠、女性经少、舌淡脉弱等症候。

（9）阴阳两虚证。多见畏寒肢冷、神疲乏力、眩晕耳鸣、心悸腰酸、舌淡少津、脉细弱等症候。

（10）脾胃失调证（三个证候）。

① 脾胃虚弱。多见厌食纳差、食少腹胀、口淡无味、便溏、乏力、舌淡齿印、脉多虚无力等症候。

② 食积阻滞。多见胃脘胀痛、厌食、吞酸打嗝、肠鸣矢气、便多或溏泄、下后症减、舌苔黄厚或腻、脉弦滑沉实等症候。

③ 肝胃不和。多见胃脘及胁肋胀痛不舒、嗳气、呃逆、冒酸、心烦易怒、苔薄黄、脉弦等症候。

（11）肾气不足证（三个证候）。

① 肾阴虚证。多见腰膝酸软或痛、筋骨关节酸软、五心烦热、眩晕耳鸣、记忆减退、遗精、闭经、舌红少津少苔、尺脉细数等症候。

② 肾阳虚证。多见畏寒肢冷（腰膝以下尤甚）、精神困乏、面色恍白、小便清长、夜尿频、阳痿、带下清稀、舌淡苔白、尺脉细弱等等症候。

③ 肾阴阳两虚证。多见畏寒肢冷、五心烦热、眩晕耳鸣、腰膝酸痛、遗精早泄、月经失调、尺脉弱等症候。

（12）月经失常证（八个证候）。

① 月经先期。月经周期提前 7 天以上，连续 2 个周期以上。

② 月经后期。月经周期延后 7 天以上，连续 2 个周期以上。

③ 月经先后无定期。月经周期时前时后 7 天以上，连续 2 个周期以上。

④ 月经过多。月经量异常增多，经期、周期正常或异常。

⑤ 月经过少。月经量异常减少，或行经不足 2 天伴经少。

⑥ 经期延长。行经持续 7 天以上，甚至淋漓半月，经期正常或异常。

⑦ 痛经。经期或行经前后小腹疼痛，疼痛难忍、或痛引腰骶。

⑧ 闭经。闭经前，非孕月经中断 3 个月以上。

3. 调查分析

据该诊断标准，张世明教授课题组对 1998 年曼谷亚运会、2000 年悉尼奥运会集训的国家队及部分省市重点项目队和冬奥项目队的 741 名运动员进行了运动性疲劳证侯调查和诊断分析，其运动项目包括国家体育总局 11 个管理中心所属的 20 个项目，调查地域包括长春、北京、四川、昆明、广东、福建等省市。调查结果分析为：

（1）形体疲劳及神志疲劳证候发生率占 50%以上，发生率较高，其中形体疲劳最为常见。

（2）以症状单独诊断的检出率明显高于症、舌、脉合参，符合运动训练实际，运动性疲劳证候的诊断标准应以运动员出现的疲劳症状诊断为主，其舌、脉象仅作为参考为宜。

（3）十二证的诊断中，脏腑类最常见肾阴虚证和脾胃失调证。

运动性疲劳证候的中医临床及研究，前期一直缺乏科学、明确、系统、完善的中医分型和诊断标准，张世明教授运动疲劳分型标准创立于《黄帝内经》、中医八纲辨证等基本理论及其长期运动队临床及研究实践基础，是在传统中医理论上的继承与创新，弥补了该领域内的空白，对运动性疲劳中医研究及运动队消除运动性疲劳的中医方法应用创建了有效的理论基础，对以往中医药消除运动性疲劳临床及研究缺乏中医理论指导，不做辨证分型，盲目套用古方、验方，以一方一证诊治所有运动疲劳的现象，提供了相当价值的参考指导。

（三）运动疲劳药物研究

张世明教授课题组将中医理论成功应用于运动性疲劳防治的临床、处方开发以及有效成分的提取和确定，制备出质量高、符合运动员生活和习惯的中药制剂，完成了相关临床验证工作，并在国家运动队奥运会训练及比赛中使用了课题的初步成果。

（1）肌肉疲劳按摩乳研究（疲王霜）。

（2）肌肉疲劳颗粒研究（疲王颗粒）。

（3）肾阴不足的中药研究（肾王膏）。

（4）健脾升血中药的研究（脾王膏）。

（5）将中医辨证施治理论及整体观成功应用于运动性疲劳防治临床，通过调查发现运动训练和比赛中一系列亟待解决的运动生理指标问题，经过国内著名中医专家反复论证及 4 ~ 5 轮运动队临床观察，最后确立治则及处方。在近年的运动队实践过程中证实课题的药物疗效显著，对恢复运动性疲劳有非常明显的作用，十分受运动队欢迎。

雅典奥运会、盐湖城冬奥会、女子曲棍球世锦赛、13 届亚运会、第 10 届全运会及四川省备战北京奥运会运动员期间，四川省骨科医院先后派出数十人前往运动队进行科技服务，同时进行了课题药物的初步应用，结果证实成果有明显的恢复运动性疲劳的作用，受到国家体育总局的表彰和广大教练员、运动员的高度赞扬。

运动性疲劳发生面相当广泛，所有竞技体育大强度训练都不同程度地需要消除运动性疲劳。我国竞技体育运动员在大强度训练和比赛周期中，也都面临消除运动性疲劳的问题。

运动疲劳药物研究为运动医学和中医药学的有机结合提出了全新的科研例证，不仅在相关产品的应用效果上有所突破，也在运动队的实践中得到验证。

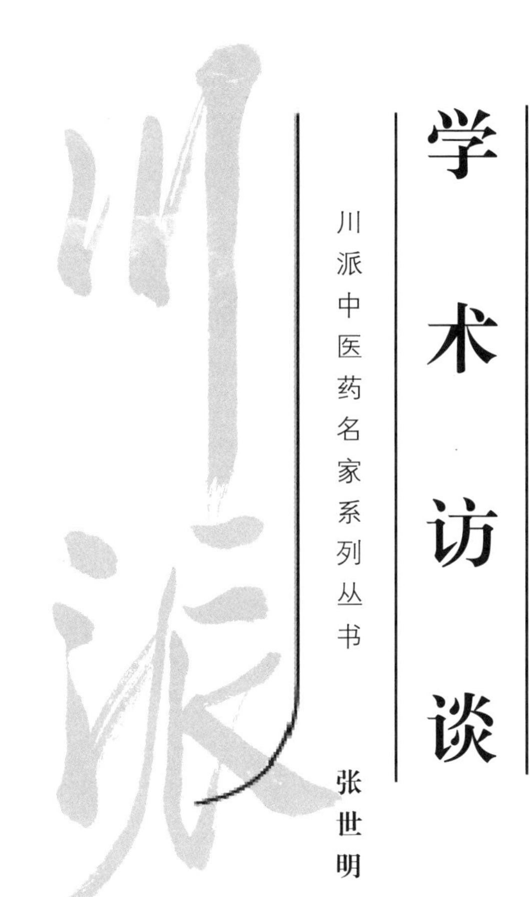

学术访谈

川派中医药名家系列丛书

张世明

访谈一、郑氏骨伤流派传承发展源流及特色

（一）郑氏骨伤流派创始人郑怀贤教授简介

问：张世明教授，您的骨伤、运动创伤临床及学术思想根源于您的老师郑怀贤教授，郑老是一位传奇人物，他既是武术大师，是著名武术宗师孙禄堂的真传弟子，代表中国参加了柏林奥运会，表演飞叉绝技；同时又是中医骨伤、运动创伤大师，为我国中医骨伤、中医运动创伤学科发展，为我国体育事业，为中医骨伤、运动创伤人才培养，均做出了卓越贡献，但我们对郑老生平和他的学医行医经历知之甚少，您长期师从郑老，能否给我们讲述一下郑老的事迹？

我的恩师郑怀贤教授，1897 年 9 月 15 日出生于河北安新县新安镇北辛村白洋淀边的一个农家，少时父母双亡，靠两个哥哥抚养长大。郑老幼年拜镖师魏昌义习武，学习戳脚、轻功。1910 年，郑老 13 岁时向本县屈恒山、李耳青两位名师学飞叉、拳术。

1919 年，郑老拜北平武学宗师孙禄堂为师，学习太极、形意、八卦，为孙氏入室弟子。1928 年，郑老追随孙禄堂到南京中央国术馆学艺 2 年。经孙氏介绍，又拜师李景林，学习武当剑法。其间，郑老兼习伤科医术。

1929 年，郑老到上海中华体育会任武术教员。1932 年至 1934 年，郑老兼任上海交通大学武术教员。1934 年，郑老在两江女子体育师范学校任教 2 年。在上海期间，结识了上海武医名家佟忠义、王子平，关系密切，共磋技艺，开业行医。

1936 年，郑老参加在上海举行的第 11 届奥运会国术表演队选拔赛，凭绝技飞叉入选中国国术表演团。8 月初，随中国体育代表团到柏林参加第 11 届奥运会体育表演。1937 年 5 月，郑老到南京中央陆军军官学校（黄埔军校）任教。日寇侵华，局势紧张，郑老随校辗转武汉、重庆等地，与武医大师朱国福等四人结为金兰。

1938 年 4 月，郑老到成都，教授武术及行医，结识杜自明、李雅轩、杨天鹏等武学医家。其间，与刘纬俊结为夫妻，夫妇俩先后在槐树街、光华街

开业行医。师母刘纬俊擅长伤科中药制剂，日后成为郑老工作和生活的得力助手，并辅助郑老参与体育医院和运动保健系的创立和建设。1947 年，郑老到四川省立体育专科学校（现成都体育学院）任武术教员。

新中国成立后，郑老习武行医，教书育人。1950 年 1 月郑老任四川省立体育专科学校武术教师、武术教研室主任，1952 年 9 月任武术副教授。1953 年，到天津担任全国民族体育大会裁判，并到中南海怀仁堂向中央领导汇报表演。1958 年任国家级武术裁判。1962 年任武术教授。

1958 年，贺龙元帅指示：把体育医院办起来。1958 年 10 月 1 日，郑老在贺龙元帅的指示下，筹建以中医骨伤科为特点的成都体育学院附属体育医院（现四川省骨科医院，成都体育医院），出任院领导，并直接参与临床和教学工作。1958 年至 1959 年郑老组织举办第一期骨训班。1959 年至 1961 年举办第二期骨训班，培养大批中医骨伤专门人才，为创办成都体育学院运动保健系打下基础。1960 年郑老任成都体育学院运动保健系首届系主任，体育医院院长。1960 年，郑老作为中国队队医前往莫斯科参加第三届世界女排大赛。

作为武术家的郑老，精心培育了不少武术新苗，许多名扬海内外的四川对练项目，如空手夺枪、对擒拿、三节棍进枪、空手夺双枪、对剑等，均由他编制和教练，四川“猴王”肖应鹏的猴拳、猴棍，也倾注了他不少心血。

作为中医骨伤和运动创伤专家，郑老德艺双馨，长期为中国广大优秀运动员、群众患者及领导干部诊疗伤病，传教学生，深得病员和学生好评。郑老和师母刘纬俊擅长中药配制，有多种疗效显著的秘方和经验方，制剂有膏丹丸散等多种剂型。

1981 年 10 月 31 日 6 时 45 分，我的恩师郑老因患冠心病，医治无效，与世长辞，享年八十四高龄。

郑老 1956 年加入民盟，1957 年 9 月 25 日加入中国共产党。1964 年，郑老任第二届中国武术协会副主席，1980 年任第三届中国武术协会主席。郑老还担任过中华全国体育总会常务委员、中国体育科学学会理事、中国运动医学学会委员、四川省政协常务委员、中华医学会四川分会常务理事、成都市运动医学会主席、成都市武术协会主席、中共成都体育学院委员会委员等职务，武艺出众、医技精湛，曾多次在全国运动会上获奖，多次被评为四川省和成都市的先进工作者。郑老将中国武术与传统医学融会贯通，建立中医运动医学体系，开创体育院校兴办医学教育的先河，是中医运动创伤学体系和郑氏中医骨科的奠基人，不愧为一代武医大师。

（二）郑氏骨伤流派传承、发展、创新者张世明教授简介

问：张世明教授，您师承并辅助郑怀贤教授，数十年为郑氏骨伤、运动创伤的传承、发展、创新以及我国体育、卫生事业做出了巨大贡献，能为我们介绍一下您的个人和学术方面的情况吗？

我出生于1943年10月，四川省资中人，师承于著名中医骨伤科专家、武术家郑怀贤教授。我目前是中医骨伤科主任医师、研究员、二级教授，中央干保委医疗专家。曾任中国体育科学学会理事、中国运动医学专委会副主任委员、国家体育总局体能恢复与运动营养专家组副组长、中华中医药学会常委、奥运会运动创伤防治专家、省中医药学会副会长、中医骨科专委会主任委员、成都运动医学会专委会主任委员、中国运动医学杂志副主编，新加坡中华医学会专家咨询委员、成都体育学院教授（硕士生导师），全国首届中医药传承博士后导师，多次被评为国家体委体育科技先进工作者、四川省科技先进工作者、享受国务院政府特殊津贴、全国老中医专家学术经验继承指导老师、四川省名老中医、四川省首批有突出贡献卫生人才、四川省学术技术带头人。先后公派赴美国、苏联、保加利亚、意大利等国家，以及我国香港和台湾地区讲学交流。我曾是我国数届备战奥运会、亚运会和全运会科研攻关与科技服务高级专家，曾为郎平、邓亚萍、张蓉芳、张山、朱玲、唐琳、殷剑、杨阳、赵蕊蕊、张军、姚明等著名运动员疗伤。

因为我在中医骨伤科、运动创伤有数十年的学习研究和临床经历，获得了四川省人民政府授予的“四川省首届十大名中医”称号。

我从事中医已有50余年，全面继承了郑怀贤教授“望、闻、摸、认”四诊、十二正骨手法、十三按摩手法、十二经穴按摩手法、运动按摩、郑氏系列伤科药物、练功术、分期论治和心理治疗等伤科学术思想，我长于应用中医药、手法、推拿、针灸传统方法进行运动创伤、中医骨伤的临床、科研和教学工作，重视中医与现代医学相结合进行辨病辨证诊疗疾病。我

在先师郑氏骨伤基础上，将中医药理论和实践进一步与运动医学结合，为中国特色运动创伤医学体系（运用中医药进行运动创伤防治和运动性疲劳的恢复）做了开创性工作，率先带领同仁系统地开展中医药消除运动性疲劳的研究，完成了国家计委重点课题《中医消除运动性疲劳与恢复方法的研究》，率先创立了运动疲劳中医分型及诊断标准，研制了运动疲劳消除的相关中药制剂，荣获全国体育科技进步奖、四川省科技进步奖。撰写并发表论文 70 余篇，主编或参与编写医学专著 10 余部。其中 2008 年出版的《中医药与运动医学》《中西医结合运动创伤学》等专著，对运动训练和医务监督具有临床指导意义。

我这数十年临床、研究之余，同时也为体育系统和卫生系统培养了许多中医骨伤科和运动医学学生。经过我及各位同仁、弟子多年的努力，目前我所在的四川省骨科医院逐步建立形成了集医疗、教学、科研为一体，以传统骨伤、中医运动创伤为特色的西部中医骨伤医教研基地、全国中医运动医学基地。

（三）郑氏骨伤科的学术传承

问：张世明教授，请问在郑怀贤教授去世后，郑氏骨伤科学术传承状况如何?

先师所传郑氏骨伤流派是我国现存的武医传承的典范之一，郑氏骨伤流派的形成可上溯到明清的曹继武、戴龙邦、李奎垣、孙禄堂等武术大师和骨伤科专家，下溯到省级非物质文化遗产郑氏中医骨伤科保护单位我院（四川省骨科医院），以及成都体育学院运动医学系、成都体育学院附属医院。传承人遍布全国各省市体育、医疗机构，部分传承人立学海外。

郑氏骨科学术的传承一是依托临床基地，主要有四川省骨科医院，另外有成都体育学院附属体育医院。二是依托高等院校教学，主要是成都体育学院运动医学系。四川省骨科医院为三级甲等中医骨伤科医院，前身是成都体育学院附属体育医院，在贺龙元帅的关怀下创建于 1958 年，是我国第一所体育医院。2003 年 12 月更名为四川省骨科医院，另名成都运动创伤研究所、成都体育医院。医院中医特色浓厚，以骨伤科、运动医学科和康复科诊疗防治、教学科研为主，从医、教、研全方位传承郑氏骨伤科。成都体育学院附属体育医院，2008 年 2 月注册于四川省中医药管理局，是一所以“中医为主、体医结合”为特色，以郑氏骨伤为诊疗特点，集医、教、研为一体，承担成都体育学院运动医学系中医骨伤专业课程教学及学生临床实践工作的三级甲等中医骨伤科医院。成都体育学院运动医学系，中国体育界唯一能授予医学学士和硕士学位的教学单位，系统教学郑氏骨伤科学术思想、中药、手法及临床理法经验。中医学（中医骨伤科学方向）专业为国家级特色专业建设点、四川省特色专业，中医骨伤科学为国家体育总局重点学科，运动医学为四川省重点建设学科，郑氏伤科推拿学为四川省精品课程。

郑氏骨伤科学术的传承其次是众多郑老弟子及再传弟子。诸多郑老传人较为全面的传承了其学术思想、临床诊疗技能经验，近 30 年来不断进行深入研究和归纳总结，初步形成了全面涵盖理论与临证经验的学术体系，并通过临床带教、院校培养等途径，持续传承与弘扬。尤其是中医运动创伤学术体系的研究、总结与完善，运动性疲劳与恢复学术思想和临床诊疗体系的初步创立与发展，使郑氏骨伤科流派得以进一步完善和拓展。

郑老弟子（部分）：张世明、杨礼淑（已逝）、王英、郑先达、陈如见、刘波、张希彬、叶锐彬、常振湘、牟希瑾、张先发、胡蓉江、李玉芳、杨强、彭树森等，这些弟子大多仍在临床及教学服务。

除了这些郑老弟子，我作为四川省及全国名老中医传承导师，带了四届师承弟子：第一届，虞亚明、陈如见；第二届：张中、胡勇；第三届：罗小兵、张挥武、戴国刚、巫宗德、刘昕；第四届：荣海波、张宇、赵纯、路怀民、谢根东、蒋小明。这些弟子大多已成长为专家人才，在领导和临床、教学、研究岗位为郑氏骨伤、运动创伤，为我院及国家卫生、体育事业贡献力量。

（四）郑氏骨伤流派特色

问：张世明教授，中国中医骨伤流派众多，仅四川就有主要的四大骨伤流派，请问我们郑氏骨伤流派与其他流派比较有哪些不同的特色呢？

首先，我们必须明确郑老到底擅长什么?主要经验有哪些？武医结合到底体现在哪里？是如何结合的？只有这样，我们才能明确并坚持郑氏伤科流派的特色和奇效经验，并发扬光大！

我通过跟随郑老言传身教和五十年临床经验，浏览和精读古今中西骨科经典及专著，并有幸与中国主要骨科流派前辈交流学习，不断探索、总结，深感郑氏骨伤流派有以下突出特色：

郑氏骨伤在贺龙元帅“把体育医院办起来”指示和关怀下，开创了中国中医运动创伤诊疗学的先河，培养了大批懂中医手法、懂体育或武术的中医骨伤和运动创伤专门人才。在运动性疲劳恢复方面，对优秀运动员做了大量调查资料收集工作，率先总结出中医关于运动性疲劳的系统理论、分型和恢复方法。

以上工作为中国运动医学和体育事业做出了重要贡献，形成郑氏骨科这一大流派，影响海内外。其诊治特色体现了郑氏伤科学术思想和经验，也是郑氏伤科充满生命力和在国内颇有影响的重要原因，是郑派与其他兄弟流派最大不同、独树一帜之处。

其次，在诊治上，郑派擅长中医整体观念，局部与整体相结合诊治伤病，提出了“望、闻、摸（触/切）、认”的伤科四诊法。特别擅长摸诊（摸法），对伤部进行仔细检查，以达到素知其体相，手摸心会的独特伤科辨证目的，此也是中医骨伤共同的诊断特色。郑老不排斥西医，这与当时四川其他流派老中医骨伤专家有很大不同之处，他结识了四川省人民医院和华西医科大学（现四川大学华西医学中心）、成都市第二医院等著名西医骨科专家，能阅读一定 X 片，这是他在那个年代很了不起的地方，对骨折脱位的正确诊断和治疗有很大帮助。

郑老是中国著名武术大师，他将武术中的精神思想——动静结合、导引吐纳、刚柔相济、骨正筋柔、促运气血、气血周流（运行）、太极阴阳、形意（八卦）结合、强筋壮骨、强身健体、养生延年等思想理念和爱国爱民的武德思想充分运用到了骨伤科诊疗之中。

郑氏伤科学术思想特别重视医德，不断追求“大医精诚”“仁心仁术”，对待任何病人都一视同仁、认真检查、精心诊治。在诊治上，特别重视整体观念，坚持以生理—心理—社会整体医学模式诊治病人，在治疗中还擅长心理治疗，鼓励病人积极与伤病作斗争，充满信心，乃郑氏伤科一大特色。

最后，擅长手法、药物、功能锻炼（练功）和心理治疗，这是郑氏伤科临床诊疗的最大特色。

从古至今，手法、药物和功能锻炼都是中医骨伤科的治疗大法。而郑氏和（其）后辈尤其擅长，特别是手法治疗，真正体现了“武医结合”思想。没有武术功夫和长期武医结合治伤的临床经验，是称不上“武医结合”的，也达不到医学经典中提出的“手摸心会、法从手出，患者不知其苦”的最高治疗境界。

（1）手法特色

郑老乃一代武术大师，长期坚持武术练功，手脚身体功夫了得，他也严格要求后辈必须如此。骨折脱位的整复、各种损伤和风湿性疾病的按摩治疗，没有精湛的手法和手上功夫很难理想的达到复位、矫正关节错缝、理筋分筋、通行气血等治疗目的，更谈不上到“法从手出，患者不知其苦……就而复位”的手法境界。

郑氏伤科手法经过 60 年的不断临床实践和总结，由 1958 年的十三手术方法，形成了现今具有郑氏伤科特色的十二正骨手法、十三按摩基本手法、经穴按摩十二手法、郑氏伤科经验穴（55 个）和运动按摩术等，这是郑氏伤科治疗手法一大特色。

在十二正骨手法中，独具特色的有摸捏心会、拔伸牵引、挤拉分骨、牵抖分合、扳顶拉挂等手法，并对其手法技巧和运用做了详细和科学的总结。

经穴按摩是郑氏伤科按摩术中最独具特色的手法，总结出了按、摩、推、拿、分、合、揉、掐、捻、压、运、搓十二种手法和 55 个伤科经验穴。虽然古今都有点穴（指针）手法及死穴等记载，但没有像郑氏这样将点穴手法和伤科经穴做了十分详细的论述和总结。而更具治疗特色的是郑氏把伤科按摩手法与经穴按摩结合进行治疗，能取得更高疗效。在筋伤劳损或风湿性疾病治疗中，郑氏除了按摩手法、经穴按摩外，还常配合艾灸和火罐等治疗。在火罐治疗中，不单是定罐而已，而更常用走罐和定罐相结合的治法，并辨证加用活络酒、舒活酒或植物油进行走罐治疗，此乃郑氏伤科按摩又一大特色。

据查现今中医伤科文献和书籍，郑氏伤科经穴按摩是最早正式刊载出版的（1962 年人民体育出版社《伤科诊疗》，1960 年《正骨学》）。

需要提一笔以记录总结的，郑老不仅擅长伤科手法外，还擅长用手法治疗头痛、失眠之证，其手法独特。用单或双手五指端循胆经、督脉从前向后做掐、压、推运手法（手指不能离开头皮）数次，再用双拇指指腹在前额正中向太阳穴、耳根前、颞部到枕部做分法。从前额际开始，沿印堂方向一式一式的进行数次，再点压太阳、印堂、头维、上星、百会、风池等穴。再用四指端扣击头部多次。俯卧位，掐压枕骨缘，推压颈项脊肌肉。用双手拇指推压胸段脊柱（从上向下），推压、轻柔脊旁穴位和背部筋肉，以上胸段为主，时间宜长，以病人入睡为宜。

这是我在大学读书时郑老讲课及其给老干部治疗时，所学习总结的。

（2）中药疗法

中药疗法是中医骨伤科治疗大法之一，可以说在中国的中医骨伤科医生或前辈不懂手法治疗的大有人在，但不懂不用中药治疗却是没有的。郑氏伤科 60 年形成了一系列较完整的伤科药物体系，膏、丹、丸、散、水剂、酒剂，内、外药物俱全，从早期（1958 年）内服药 27 种，外用药 25 种到 1962 年总结出内服药 50 种，外用药 48 种。

郑氏伤科药物，有经典方、经验方，但不是照搬硬套、依葫画瓢，而多有加减创造，特别是在经验方外用药上独具特色，擅长中医辨证加减用药，而不是用简单的一方一药，并且总结出了一系列治疗运动创伤的外用药物。早期（1962 年以前）就总结有“集几种运动创伤的中医疗法”“膝关节半月板的疗法”“按摩”“中医正骨汇编”“正骨学”“正骨方药学”“中医治疗骨伤科的经验”等，1962 年还完成了近 70 万字的《伤科诊疗》上、下册等，这些论文、著作中都突出了郑氏手法和伤科药物治伤的独有特色。

外敷药有 1 ~ 5 号新伤药，1 ~ 6 号旧伤药，1 ~ 7 号接骨药，共计 18 种，可见，郑氏治伤在筋骨伤、新旧伤等方面擅长辨证论治。更值得一提的是，郑氏治疗新伤红肿疼痛剧烈者，把治疗外科的 1 ~ 2 号箍积散作为新伤加减重要药物，特别是擅长运用黄柏、大黄、黄芩和道地川药芙蓉叶来治疗骨伤红肿疼痛剧烈者，而不是其他流派医家用的如黄金散加栀子、面粉类药物。在调敷时主张蜜水调敷，外加地肤子以防皮肤过敏等。此乃郑氏用药特色和创新之一处。郑氏黄甘散（黄柏甘草）加地肤子或紫草油纱也是治疗皮肤过敏性药疹的经验方，很有效，现在也绝迹、无人知晓了。

在旧伤外敷药上，根据筋骨伤损程度、瘀肿疼痛和功能情况进行辨证加减用药，而不是一方一药治之。值得一提的是，在治疗陈旧伤上，除运用舒筋活血、行气通络、祛风湿寒药物外，还善用加减利水除湿、软筋化坚和续筋接骨类药物，有郑氏软筋散、软骨膏、提骨丹和续筋接骨类药物。

在治疗运动创伤方面已基本形成了常见运动创伤的外用药系列，这是开创了中医治疗运动创伤专科系列药物的先河和典范，有专治膝关节半月板损伤、韧带新、旧损伤的外敷药。

外用药酒和膏药，在药物配制、炼丹成膏和功效上具有十分明显的特色。

外用药酒有舒活酒、外擦酒、活络酒、风湿酒、冬青酒等，体现了在外用药酒上的辨证施治特色。

郑氏膏药有 1～2 号活络膏、熊油虎骨膏、狗皮膏和乳香膏，治疗陈旧和风湿痹痛十分有效。这也是郑氏伤科膏药的特色。值得一提的是，郑氏膏药的炼丹术，与其他中医流派的熬膏方法明显不同。现今，因现代观念认为炼丹有毒，不得已改为了橡皮膏剂型。

内服药已制成系列院内制剂，可基本应对各类闭合性筋骨损伤的用药治疗。内服药以丹、丸、散和酒剂为主，共有 50 种，可见郑氏擅长中医辨证治伤的学术思想（这与其他流派不同之处）。在 50 种方药中有 15 种为经典方，其他为经验方。在早期（1959 年以前）没有接骨丸，但有接骨外敷药。

郑氏常用的伤科特色药物有正骨紫金丹、一号接骨丸、双龙接骨丸、铁弹丸、大、小活络丸、冷膝丹、人参紫金丹、大力丸、健步虎潜丸（杜氏、杨氏都善用）、玉带丸、独活寄生丸、强力接骨丸、六味地黄丸、通导丸、四制香附散、三七散、七厘散、玉珍散、羚玉散、安神丹、回生丹、保胃散、白药（青白散）、术桂散等，药酒有虎骨木瓜酒、活络酒（1958 年时为舒筋活络散）等。

特别值得重视的是郑氏不拘泥于经典方，在药物组成、剂量和功效上均有差别，这可能是书本原方有误、漏或是用于伤科临床使用时经验使然。在内服药中具有特点的是道地中药的炮制很具郑氏特色，如制然铜、制川草乌、制马钱子、制甲珠、胆南星、制乳香没药、制杜仲、四制香附、巴豆霜等药很值得传承保留。

（3）功能锻炼（或练功）

这是骨伤科治疗大法之一，对受伤组织的修复和功能恢复有极其重要的作用。然而，不少医生只会手术或手法，不懂具体指导病人主动科学地锻炼，仅交给康复科去完成，而康复科医生又不懂骨伤专业理论，结果疗效不佳者不在少数，这是当前中、西医骨伤科存在的通病！

郑氏注重伤肢和全身的功能锻炼，这是一大治疗特色，也是武医结合的具体运用和体现。中医的功能锻炼，多还处于经验状态，如何在不同阶段动静结合、不影响固定和加重受伤组织的损伤，一直是我们需要不断探索研究的主要课题。中医接骨迟缓愈合很少，但成角多，功能较好，而西医虽然是骨位好，但迟缓愈合或不愈合多，功能恢复差较多，至少在中国是这样。

郑氏功能锻炼强调动静结合，主动和被动活动相结合，并积极配合手法按摩和内外中药治疗，这又是一大特色。

功能锻炼，如何科学地“动静结合”，如何把中医的导引吐纳术运用到伤者的功能锻炼和康复中去，是我们需要不断研究的课题。

（4）心理疗法

这是郑氏骨伤科临床诊疗的一大特色。心理疗法是中医整体观治疗模式不可缺少的部分。任何患者生病后，必然会产生心理上的变化或障碍，包括患者生存环境、社会因素的影响。郑氏治病，历来是鼓励患者对伤病治疗和治愈充满信心，不仅在治疗上认真诊治，而且针对不同患者心理在心理暗示、药物、手法秘示和开导解疑等方面都给其产生信任感，医患配合好能对患者的治疗产生更佳疗效。

（五）张世明教授对郑氏骨伤及我国体育事业的贡献

问：张世明教授，您从事郑氏骨伤临床研究及运动伤病防治数十年，能谈谈您所做出的贡献吗？

郑老不识字，他的临床经验、学术思想总结工作，师母做了一些工作，我们学生也做了很多，包括当时郑老自己的相关著作，以及《中国大百科全书》中医骨伤科分册、运动创伤分册等。在这些工作中，一方面协助郑老完成了郑氏骨伤流派临床、学术体系的整理、创建工作，同时也极大地促进了我在各方面的进步。

在郑老逝世后，随着中西医结合的发展和四川省骨科医院的发展，我和其他郑老弟子，以及我的弟子及医院同事，在前期基础上进一步对郑氏骨伤理法进行实践和研究。(1)辨证地吸收了西医的影像诊断手段方法和手术方法，进一步加强了郑氏骨伤中西医结合的能力，促进了郑氏骨伤诊断的准确性，增加了郑氏骨伤临床技术手段的多样性，大大提高了郑氏骨伤的疗效，同时也很好地保持了郑氏骨伤在传统中医骨伤科手法整复、小夹板固定、药物、体疗、针灸推拿等传承与研究，出版了《中医骨伤科诊疗学》等著作；(2)在运动医学方面，我们开展了运动疲劳的防治研究，首次提出了运动疲劳的中医体质及辨证分型理论，并主持相关国家级科技攻关科研项目，研制了运动疲劳消除相关药物多种，通过对国家队、省队等运动员大样本、多中心研究，取得了一定的成果与奖项。

我是数届备战奥运会、亚运会和全运会科研攻关与科技服务高级专家，曾多次为郎平、张蓉芳、张山、朱玲、唐琳、殷剑、杨阳、赵蕊蕊、张军、姚明等著名运动员疗伤，取得了较好的疗效，在我国体育系统有一定的声誉。目前我仍然定期到国家队和部分省市运动队为运动员诊治伤病，门诊也有专门的运动员诊治通道。同时每年参加我院举办的全国运动队队医培训班等，为体育事业继续贡献我的力量。

访谈二、张世明教授谈中医药防治运动创伤特色与优势

问 1：请问张世明教授，中医药在防治运动创伤中的现状和发展如何呢？

中国运动创伤学是新中国成立后才逐渐发展起来的，五十余年实践证明，祖国医学——中医药学在运动创伤防治工作中发挥了极其重要的作用。无论是在竞技体育训练、比赛，还是在群众体育运动中，广大中医药医务工作者都战斗在运动创伤第一线，他们起到了重要作用。

在世界运动医学领域中，中医药在中国运动创伤防治工作中的广泛应用是独具特色和优势的，并将发挥越来越大的作用。国家体育总局组织的“优秀运动员的运动创伤流行病学研究”课题对我国国家队及 28 个省市的共计 47 支运动队 6810 名运动员进行了运动创伤流行病学调查，调研结果表明，运动创伤发病率高达 59.46%，其中以腰背肌筋膜炎、踝腓侧副韧带

伤、膝半月板伤、肩袖损伤及髌骨末端病等最为常见。在65种治疗方法上，其中使用多、疗效好的前3种方法全是中医药治法，手法治疗占34%，针刺11.24%，中药外敷占9.77%。以上研究结果充分证明了中医药在我国运动创伤治疗上发挥了极其重要的作用，且是一种疗效好、深受广大运动员欢迎的治疗方法。

问2：传统中医药历史悠久、博大精深、请问您对中医药是如何认识的呢？

（1）中医药学是一门以整体辨证为核心的，具有完整理论体系的医学科学。

中医药学理论的产生是在中国传统文化的孕育和重要影响下发展起来的，是从不断实践到理论、理论到实践的长期认识过程中，逐渐形成的一门以整体辨证为核心的、具有完整理论体系的医学科学，独具科学的辩证唯物主义哲学思想、世界观与方法论特色，而且具有长期实践性和独特疗效的优势。综观世界医学史，没有哪种医学像中医药学那样具有高度的哲理性，并用科学的哲理观点方法全面地去认识、探索人体复杂的生命活动和疾病发生、变化的内在规律，并不断总结形成一个极富哲理的、具有独特疗效的完整医学理论体系，这使中医药学具有了极强的科学性和特色，充分显示了中华民族的聪明才智。

（2）中医药疗法是自然疗法，是在中医基础理论指导下，以辨证为核心进行论治，其治法独特，疗效显著。

① 中医药疗法是自然疗法，具有简、便、效、廉的特色和优势。

中华民族采用中医药治疗疾病源远流长，它师法于自然，又以自然之法治人，早在上古时期，有位俞拊的名医，就已采用石针、中药、按摩、导引等自然疗法，而且开创了世界外科手术的先河，这在世界医学史上是独一无二的奇迹。中医自然疗法不同于西药的化学治疗，其毒副作用极小，具有简、便、廉和疗效卓著等优势，深受国内外患者的认可，得到了广泛的应用和研究。

② 中医药疗法是在中医基础理论指导下，以辨证为核心进行论治。

中医药学具有完整的科学理论体系，其精髓是整体观念和辨证论治思想。因此中医药疗法不是没有科学指导的盲目治疗和滥用，而是必须在局部和整体辨证基础上进行论治，主要体现在理、法、方、药四大方面。只有正确地辨病和辨证，才能有正确的治疗，取得良效。

我认为，运动创伤学有别于骨伤科学，更有别于内、外、妇、儿等学科，在伤病发生原因和诊断上都独具特点。因此在治疗时，除精于辨病、辨型、辨证和分期辨证论治外，更要对不同运动项目运动伤病发生的原因，进行审因论治，才能达到防治运动创伤、创造优异成绩的目的。运动伤病的发生与其内、外因密切相关，其内因有运动员的体质、气质不足、运动系统生理结构不良、技术动作不正确、处于疲劳状态等因素，而外因多为运动训练不科学、局部过用、缺乏医务监督和保护、运动项目性质特点、缺乏职业道德、场地及环境卫生条件等因素。故我们在运动创伤防治工作中，必须认真研究分析运动创伤发生的内、外在原因，进行审因辨证论治。

在运动伤病治疗过程中，我主张坚持中医哲理辨证思想，精于审因辨证、辨型、辨病和分期论治，做到证型结合、证病结合、局部与整体结合、动与静结合、主证与兼证结合，认真进行辨证论治。中医理论认为，皮肉筋骨关节受损，必内伤经络气血，发生营卫不贯、脏腑不和等变化。因此，对于较为严重的运动创伤，整体辨证也十分重要。在局部伤病诊断中，必须对伤因、机转、筋骨、关节组织伤损程度、病理类型及神经、血管伤损等情况进行仔细检查，病证结合进行诊断。

（3）中医药疗法具有独特疗效和科学性，不容置疑。

几千年医学历史实践证明，中医药疗法是中医药学极重要组成部分，由于它具有独特的疗效和简、便、廉的优点，历经几千年而不衰，且得到世界越来越多国家的认可和应用。中医药在中国运动创伤领域中的应用发挥了重要作用。“优秀运动员的运动创伤流行病学研究”对 29 个运动队 4049 名受伤运动员的调查结果充分地证明，在 65 种治疗方法中，其中使用最多、疗效好的前三种方法全是中医药的特色疗法：手法占 34%，针刺占 11.24%，中药外敷占 9.77%。由此可见，中医药在中国运动创伤治疗中发挥了十分重要作用，得到了广大教练员、运动员的认可。在中医药消除运动性疲劳、提高运动能力方面，其应用更为广泛，可以说各个运动队都认识到了中医药的治疗作用。

问 3：请问中医药在运动创伤治疗中应用较多的有哪些呢？

运动创伤治疗中使用最多、疗效最好的三种中医疗法主要是手法、针灸和活血化瘀药物疗法。

（1）血瘀证和活血化瘀药物

血瘀证是伤科中最为常见的病理证候。中医认为，一切跌打损伤都是外力致皮肉筋骨组织受损，内伤气血、经络，血溢脉外，发生血瘀气滞或气滞血瘀、恶血内留等血瘀证，出现肿痛、营卫不贯、脏腑机能不和等临床症状。瘀结日久，则可发生各种病变。故一切跌打损伤之证，专从血论，主张活血化瘀为先，血不活则瘀不去，瘀不去则筋骨不能续接。因此，须先辨其伤损程度、瘀血或亡血情况，给予辨证施治之。在治疗法则上，提出了活血化瘀、祛瘀生新的原则，根据损伤部位、气血伤损情况，灵活采用攻下逐瘀、活血化瘀、行气消瘀等法治之，足见祛瘀生新的治则是极具科学性的。

西医对损伤血瘀证除采用加压、穿刺、手术及理疗以外，一般无更多办法。中医则是以活血化瘀、祛瘀生新为治则，采用中药、针刺、推拿等治法，特别是内、外用药、局部与整体结合兼治最具特色和优势。

（2）针灸疗法

针灸同中药一样历史悠久，应用广泛，疗效显著。针灸长于通经络、镇痛、化瘀、消肿等，在运动创伤中应用极为广泛。现大量基础和临床研究已证明了针刺镇痛等作用机理，具有很强的科学性。

（3）手法治疗

正骨手法及推拿按摩统称为手法，与中药、针灸和导引吐纳一样为华夏传统医术之一，疗效独特。它有别于古希腊和其他西方国家的按摩，不仅历史悠久，更为重要的是，它是在中医基础理论指导下逐渐完善起来的一门科学。根据脏腑、经络、气血等基础理论辨证施行补泻手法，且多与导引吐纳、针灸和药物结合应用，其疗效显著。按摩手法的作用主要是疏通经络、宣通气血、消肿止痛、舒筋解痉、通利关节、整复关节错缝、松解粘连、开达抑遏、平衡阴阳、调节和提高脏腑机能等。该法在运动创伤、康复、疲劳消除等方面与针灸一样应用极为广泛与频繁，具有其他疗法不可替代的作用。

问 4：请问张世明教授，西医是目前全世界的主流医学，中医界也努力在探索中西医结合的道路，请问您对中西医结合运动创伤是怎样看待的呢？

我认为，中西医结合是符合世界医学发展方向，是符合中国国情和人民健康需要的，也得到了越来越多的医学专家的认可。在短短五十年的时间里，中西医结合，进行了大量医疗实践和试验研究，作出了卓著成绩，特别是在骨科、急腹症、针刺麻醉、镇痛、抗击非典、烧伤、癌症、皮肤病、运动医学和康复医学等方面，取得了高于单纯中医或西医的效果，充分显示了中西医结合的生命力和科学性。

面向 21 世纪，中国的运动创伤学应如何进一步开拓和发挥中医药学的优势，促进中西医学的有机结合，以形成我国运动医学特有的优势和特色，是摆在中国运动医界同仁面前的至关重要的问题。

我认为：

（1）坚信中医药学是一门独具特色和优势的医学科学。应以科学的态度，用历史唯物主义和辩证唯物主义观点去学习、研究认识中医药学。只有对中医药学的科学性、长期实践性和独特疗效有正确的认知，才可能促进中医的发展和现代化，推动各具特色的中医、西医医学体系有机结合。

（2）了解中西医理论体系各自的长处与不足，是中西医结合的前提。两者不同之处，主要是在认识论方法论和思维方式上的区别。两者应结合起来，必须互相学习、取长补短，而不宜互相排斥、互不信任，这不是应有的基本科学态度。

（3）中西医结合是符合世界医学发展方向的。

中西医结合是在我国既有中医药又有西医药的特殊历史和现实条件下产生的，是相邻学科互相渗透、补充、促进和融合的必然结果，是符合世界医学发展方向的。50 年实践已证明，中西医结合已取得了许多丰硕成果，充分显示了其强大生命力。

问 5：您认为中西医两种医学体系如何才能更好地有机结合呢？

我认为关键是应在医学理论上、诊疗方法上找到重要的切入点，去进行有机的科学结合，才能达到取长补短、取得更高疗效的目的。中西医结合已走过了 50 多年历程，在诸多学术及临床方面已取得了丰硕的成果和经验，可以作为中国运动医学和运动创伤学今后发展方向之借鉴。现将我的认识体会介绍如下：

（1）针对中西两种医学基础理论特点，从认识论和方法论上去找出切入点，中西医结合应建立在唯物论和辩证法哲学基础和人体生命科学基础上，充分运用现代科学技术与方法，深入地研究、探索人体生命活动的奥秘和疾病发生、传变的规律，必将推动世界医学的进步与创新。

（2）在基础或临床研究方法上，应充分体现中医理、法、方、药的特点和现代医学研究方法，宜采取宏观与微观结合、辨病与辨证结合、整体与局部结合、功能与结构结合、离体与活体结合，及多学科多指标的研究方法，这是最为科学的研究方法。

（3）要特别重视提高临床疗效，从诊断和治法上去突破，去创新具有时代特点的中西医结合新理法。

在治法上，如何把中、西医治法的优势有机地结合起来，还需要我们从大量临床实践中不断去探索、总结出一个最佳治疗方案来，如涉及到采用手术（什么手术方式）与非手术疗法（什么方法）的选择，如何发挥中西医治法优势作用，是单一治疗还是综合治疗，中医的理、法、方、药应如何得到充分的发挥等，都需要我们去研究。

如急性软组织损伤，具有关节软骨、韧带或肌肉、腱等软组织的撕裂、急性出血、疼痛、功能障碍等病理特点。在制定治则和选择治法时，首先应判定有无骨折和软组织的完全断裂或部分断裂，因其治则和治法明显不同。韧带、肌腱等组织完全或大部分断裂者，一般应采用手术修补或重建治疗。对于部分断裂者，一般都采用非手术治疗。在急性软组织损伤出血、疼痛或手术后肿痛的治法选择上，西医的冷疗、局部加压、抬高休息及关节穿刺等治法对损伤止血、止痛、防肿消肿是很具科学性，值得采取的，但在冷疗时间、温度和加压强度、时间等方面必须要求掌握准确。从中医辨证来看，损伤急性期因筋肉、经络受损，血溢脉外，气血凝滞，其证属热证、实证，多采用清热凉血、止血、行气活血、通络止痛类药物，内外兼治，以消减肿痛。可以看出，在急性期的西医冷疗等治法与中医的辨证论治思想是不违背的，具有科学思想基础的。但对关节急性损伤有关节错缝、功能障碍者，若将中医整复关节错缝手法、药物治疗与西医冷疗、加压等治法结合起来，必将更具高效和科学性。临床实践还证明，在运动创伤中、后期治疗，慢性损伤或劳损治疗、围手术期的康复等方面，中西医的治法优势可有机地结合，充分发挥其治疗作用。

访谈三、张世明教授运动创伤防治原则与治疗

问 1：请问您对运动伤病的病因认识？

竞技体育以更快、更高、更强为目标，向生理极限不断挑战，竞争激烈，急慢性伤病、劳损的发生很难避免。目前我国的运动创伤的发生率相当高，严重影响运动员的训练和比赛成绩，成为体育界必须面对、非常急迫的问题。因此，从病因着手，重视运动伤病的防治具有十分重要的意义。

创伤的病因包括内因和外因。除车祸、自然灾害、毒蛇虫兽咬伤和少数急性运动创伤等意外伤害外，绝大部分损伤是完全可以预防的，正确的防治能够将运动创伤发生率减少到最低限度。

在长期给运动员诊治伤病经验基础上，我认为运动伤病的内因包括：①运动体质和气质不足；②运动系统生理结构不良；③技术动作熟练与正确与否；④心理素质不良；⑤处于疲劳状态和注意力不集中等。外因有：①训练方法不科学；②运动项目性质特点；③场地卫生与设施；④环境气候因素；⑤职业道德；⑥缺乏医务监督等因素。

（1）内　因

① 运动体质和气质不足。

国际上常称为体适能，主要是指肌肉力量状态、关节的柔韧性和心肺等脏器功能。当肌力不足、缺少训练、肌肉质量不佳时，平衡能力较差不仅影响关节的稳定性，更难以完成高强度训练和技术动作，而易发生筋肉及关节损伤。

当关节柔韧性差、动作不协作、僵硬时则更易发生关节韧带、软骨、肌腱及关节辅助装置损伤，且不能完成更强、更复杂的攻防技术动作和训练。

当心肺等内脏机能不强时则体能体力不足，耐力不强，又极易发生疲劳和动作不协调，不能适应胜任高强度训练，很易发生各种损伤。运动员的不良性格、情绪不稳定、精神状态差、意志力薄弱，缺乏团结拼搏精神，灵敏性较差，在训练比赛中就容易发生情绪化、注意力不集中、不能精神饱满、全神贯注地去进行高强度和高难度技术训练，也易发生各种损伤。

② 运动系统生理结构不良。

有不少运动员存在先天性骨、关节及肌肉等组织结构发育不正常或体形

肥胖、瘦弱，也容易导致运动机能不足，以及发生先天变异部位的组织损伤。

常见的先天变异或发育不良有：腰部，第 3 腰椎横突过长、腰骶椎隐性脊椎裂、腰椎弓根峡部裂（不连），第 5 腰椎横突肥大、腰椎骶化、骶椎腰化、脊柱畸形；膝部，股骨髁发育不良、高位髌骨、二分髌骨、盘状半月板、髌股关节骑跨不合槽、膝内外翻畸形，膝关节过伸等。其他还有：肘关节过伸、髋臼发育不良、四肢肌肉发育不良、乏力、关节、骨骺发育不良、小腿三头肌跟腱短小、扁平足、拱形足、足副舟骨、跟骨结节高凸、尺桡下关节结构不良、视网膜发育缺陷、高度近视等。

建议根据不同的运动项目特点，在选材时应注意对易伤的运动部位进行影像学检查，以正常骨关节肌肉结构选才为宜，对体形肥胖瘦弱，也应注意针对性的考虑。

③ 技术动作熟练与正确与否。

技术水平差的运动员常不能用正确的技术动作完成各种高强度和复杂动作的训练，很易发生受伤。如力量练习时，以不正确的体位做蹲起练习，极易损伤腰、膝，再如网球运动员反复进行错误的击球动作时，也易形成“网球肘”等。

④ 心理素质不良。

运动员过度热衷某项运动，易造成体力不足发生过度疲劳引起受伤。而过高估计自己的运动能力或好胜心太强，则易操之过度、失去自控去冒险，也易发生损伤。对焦虑、过度紧张者，易行为失常，“走神”，造成动作不协调而发生损伤。

⑤ 处于疲劳状态和注意力不集中。

当发生运动性疲劳后，运动员会出现运动技能下降、神疲倦怠、精神不易集中的状态。此阶段最容易发生伤病，应引起高度重视。而在训练全过程中，运动员注意力不集中时也易发生意外损伤。

（2）外　因

① 训练方法不科学。

这是伤病发生的很重要原因。主要表现在训练方法缺少科学性，安排不合理，缺乏循序渐进的训练原则，不重视热身准备活动和训练后的放松恢复练习；未针对运动员各自的体质和技术水平情况区别对待，而是统一的、单一的某一技术动作或身体素质训练太多；或技术动作不规范，或训练时间过长，使运动员过于疲劳而厌倦训练。这时最容易发生关节软骨、韧带、腱末端结构滑膜皱襞、滑液囊及骨、骨骺的慢性损伤和劳损。

② 运动项目性质特点。

对抗性、身体易接触的运动项目，如足球、篮球、曲棍球、橄榄球、摔跤、柔道、拳击、跆拳道、武术对打、散打等项目，易发生扭挫伤，且有些伤是难以避免的。

危险性高的运动项目如体操、跳水、弹网、激流皮艇、自由式滑雪—空中技巧、花样滑冰等；高强力的运动项目如举重、跳跃等项目，或在力量、耐力、弹跳、爆发力训练时，易发生负荷最强部分的筋肉牵拉伤、关节扭挫伤或骨应力性损伤。

③ 场地卫生与设施。

体育场地杂乱无章、灯光暗淡，活动空间太小，场地质量过硬、过滑、凹凸不平，设施陈旧失修，运动用具、服装鞋袜不合适，缺少保护装置，特别是在球类、跑跳项目和拳击、散打、跆拳道、击剑等项目，更易发生损伤。

④ 环境气候因素。

在寒冷或炎热天气或雨中进行训练和比赛可导致伤病发生。在疲劳情况下，肌体感受风寒湿外邪，可导致感冒、筋肉疼痛，关节劳损部位可复感风寒湿外邪，从而导致痹症，加重伤情。

⑤ 职业道德。

不遵守训练比赛规则，职业道德品质差，也是造成运动伤害的重要因素。

⑥ 缺乏医务监督。

医务科研人员未深入运动场地去发现和掌握伤病发生规律，未及时向教练员提出预防伤病的办法和建议，并未对突发的伤病进行及时正确地现场处理，对带伤训练的运动员缺少伤部支持带等保护措施等。

问 2：您认为运动创伤的防治原则有哪些呢？

我认为运动创伤防治原则主要有：①坚持积极的“预防为主、防治结合”的原则；②坚持训练科学化的原则；③坚持中医对运动性疲劳恢复的基本观点；④科学的营养膳食和训练中的补糖补水问题。

这些原则虽然简单，但真正做到、做好却不是容易的事。

（1）坚持积极的“预防为主、防治结合”的原则

要树立“预防胜于治疗”的思想，而不是消极等待伤病发生后再采取治疗措施。要转变观念，从发生运动创伤的内因和外因等方面去进行认真分析，采取积极有效的预防措施，把运动损伤降低到最低限度。

（2）坚持训练科学化的原则

树立训练科学化的理念是提高运动能力、技术水平、减少伤病发生的根本。

树立循序渐进的训练原则，万事万物都是处于阴阳调和、平衡与相生相克的关系，要坚决摒弃用兴奋剂代替训练的错误思想。

树立热身准备活动和训练后的恢复放松、牵张等活动是训练科学化的重要内容，也是保证训练、预防伤病的训练内容理念。要有足够的时间（30～40分）进行准备活动和放松恢复的练习。要知道机体植物性神经系统、内脏机能惰性的生理特点。

① 训练与恢复的关系。

两者绝不可孤立存在，而是矛盾的统一，万万不可偏颇。大运动量训练后，没有恢复，或恢复不力，不仅仅伤害运动员身体，且可发生过度训练，加大伤病的发生率。因此，必须拿出足够的时间，采取积极的医疗恢复措施，及时保障运动员的体能和脏腑神志机能的恢复，才是科学的训练方法。

② 疲劳与恢复的关系。

没有疲劳，就没有运动效应和超量恢复。但是运动性疲劳应尽早消除，以保证训练计划更好地完成，从而不断提高运动技能。但是当没有及时恢复就加大训练，极易造成过度训练，发生严重运动性疾病和运动创伤。因此，要特别注意疲劳与恢复的关系，在训练中，注意“万事莫过，过用病生”。

必须在医务监督下，进行循序渐进、不断提高机能的科学训练，而不是超运动员生理极限的过度训练或加重损伤的错误训练。

在疲劳恢复方面应重视几点：

• 调养神志，重在治神，需注重睡眠质量。“神者生之本，精之成也”，充分说明了“神”的重要性。因此，注意观察运动员的精神和精力。睡眠质量高低对疲劳的恢复，特别是神疲的恢复具有十分重要的作用。

• 药食调补，重在补益、强壮脾胃，以化生精气。人以胃气为本，脾胃

乃水谷精气化生之源，所以运动员的脾胃功能是否强健，对精气、体能的恢复具有十分重要的作用，应注意饮食有节，起居有常。

• 积极应用中医药疗法尽快消除运动性疲劳。这是提高抗疲劳和运动能力，预防伤病的重要方法。

（3）坚持中医对运动性疲劳恢复的基本观点

① 树立“平衡—不平衡—平衡”的机能不断提高的认识观。应充分认识中医药的平衡阴阳和双向调节的作用，平衡是相对的，不平衡是绝对的。

② 树立对立统一的整体辨证观思想。

注意体质与气质、生理与病理、形态与功能、气与血、筋与骨、疲劳与恢复、预防与治疗、身体素质与专项素质训练、训练与恢复、运动与睡眠、伸肌与屈肌训练、共性与特殊性、人与自然等哲理关系。

③ “万事莫过，过用病生”。

任何运动和训练计划的制定都应遵守这一原则，否则机能平衡失调，过度疲劳和伤病必然发生。可以说，一切慢性关节损伤都与单一动作的过度训练密切相关。

④ 动静结合，刚柔相济。

⑤ 辨证论治，有的放矢。

⑥ “治未病”“治本”思想，疲劳和伤病防治必须从“根本”着手。

（4）科学的营养膳食和训练中的补糖补水问题

高强度训练中的科学营养膳食十分重要，已有专述。只提醒一点，注意提高运动员的脾胃等的消化功能，摄取天然营养食品，不要不顾或抑制运动员脾胃消化功能，只靠外源性补充大量营养药物等，这不是好办法。膳食应注意人的四气五味变化，宜以摄取碳水化合物、多种维生素、电解质为主，补充足够的蛋白质、低脂类食物。

大运动量训练必然喘息和出大汗，耗损大量津液、能量和精微物质，脏腑及运动功能下降。因此，及时、正确地补充足够的水分和能量是十分重要的。中医理论认为，“汗血同源”“心主血脉”“心主神明”，在高热和高强度训练中必耗损大量津液、能量，若不及时补充液体能量，可导致津液、精血严重不足而发生机体疲劳、高热、虚脱和筋肉痉挛（抽筋）等症状，且大汗易伤卫阳之气从而易受风冷，发生感冒或痹症。

问3：请问您常用运动创伤的治疗方法有哪些呢？

我在运动创伤防治中常用的主要有手法、针灸和郑氏伤科药物，现代手段的封闭、冷疗、理疗及冲击波等，支持带、护具及肌贴布等也用的较多，均是在中医理论指导下的辨证应用，一切为患者疗效，为训练和比赛服务。

（1）手法。我在临床上除了正骨、理筋等复位手法外，还常用经穴按摩手法，这是郑氏伤科特色之一，与其他郑氏手法配合应用。

（2）针灸。针灸镇痛原理以通过现代研究得到较多的阐明，韩济生院士已做大量深入研究。我在临床上较多应用以痛为俞理论，以及现代解剖、生物力学等理论选穴，多用传统十二经穴与郑氏特效穴配合应用。

（3）中药。伤科药物治疗是中医最具特色的治疗大法之一。祛瘀生新、内外兼治原则充分体现了中医的局部与整体结合的辨证论治理念。

《医宗金鉴》曰："今之正骨科，即古跌打损伤之证，专从血论。须先辨或有瘀血停积，或为亡血过多，然后施以内治之法，庶不有误也。有瘀血宜攻利之，亡血者宜补而行之。但出血不多亦无瘀血者，以外治之法治之。更察其所伤，必先逐去瘀血、和营止痛，然后调养血气，自无不效。又曰：伤损之证，肿痛者，瘀血凝结作痛也。宜先刺去恶血以通壅滞，后用四物汤以调之。"

《薛氏医案》曰："伤损肿痛不消，有瘀血在内，急宜砭之。"

《可法良规》曰："凡伤损之症，若棍扑重者，患处虽不破，其肉则死矣。盖内肉糜烂，血相和，如皮囊盛糊然。其轻者，瘀血必深蓄于内，急宜砭刺，即投大补之剂。否则大热烦躁、头目胀痛、牙关紧急，殊类破伤风症，此瘀秽内作而然也，急刺之，诸症悉退。"

《正体类要》："肌肉间作痛，营卫之气滞也。用复元通气散。筋骨作痛者，肝肾之气伤也，用六味地黄丸。外伤出血作痛者，脾肺之气虚也，用八珍汤。内伤下血作痛者，脾胃之气虚也，用补中益气汤。"

我在临床上主要应用郑氏伤科药物，其中熏洗敷贴药物常根据患者病情辨证调节应用，内服汤剂辨证使用。

（4）封闭。我常用激素药为：甲基强的松龙、曲安奈德、倍他米松注射液等。

（5）冷疗（采用 RICE 金标准）和其他理疗及冲击波等。

（6）支持带、护具及肌贴布。

问 4：能讲述一下您在运动创伤防治方面的一些基本经验吗？

（1）急性四肢关节扭伤

① 急性期。

应尽早明确诊断、判断有无韧带、筋腱完全断裂伤或合并骨折。其治疗宜以止血、解痉、止痛、整复关节错缝、整复伤筋、防肿、消肿为则。

一般采用手法整复、指针、冷疗或外敷中药（膏剂或浸剂），局部加压包扎固定制动，抬高伤肢，内服中药、止痛类中药等治疗。

若关节积血明显者，则主张穿刺抽净积血；有韧带完全断裂、关节失稳者，则应根据失稳程度考虑用手术治疗；对有关节软骨、半月板等组织损伤者，视其病损部位、程度，有选择的采用关节镜技术等治疗。

② 急性炎肿期。

多在伤后 1 ~ 2 天局部出现无菌性炎性反应，肿痛可加重。其治疗则应以消炎退肿、活血化瘀、行气止痛为则，可采用局部固定制动、内外用药、指针或针刺、理疗及封闭等治疗，禁用强力被动屈伸、扳拉、旋转等手法，应在医生指导下，积极进行主动的无损伤的早期功能锻炼，多以等长练习为主。

③ 损伤中、后期。

肿痛明显消减，外伤基本平复，但局部多气血不畅、瘀血凝阻或筋肉粘连、关节转摇不利，其治疗宜以舒筋活血、续筋强筋为则。治疗宜以功能锻炼为主，积极配合手法按摩、中药、理疗、针刺等治疗。

功能锻炼宜做抗阻性的等长或等张练习，以增强肌力，减少粘连，促进功能恢复。必要时应在非弹力或弹力支持带、护具或绷带固定下逐渐进行练习或抗阻练习，其活动度和强度以不加重损伤为度。

（2）急性筋肉挫伤

挫伤为直接暴力引起，多以伤血为主。轻者伤及皮肉、血瘀气滞、青肿作痛；重者易致筋骨、脏腑、经络损伤。其治疗宜以清热凉血、解毒、活血化瘀、行气通络或和营止痛为则，多采用外敷中药或冷敷、针刺或指针、固定制动、内服中药等治疗。若伤损积瘀、恶血内留严重者，或筋肉完全断裂者，则主张早期手术清除血肿、修复组织或缝合术。其他同扭伤治疗。

（3）急性脊柱小关节扭挫伤或小关节紊乱症

中医称为腰部岔气，治宜以解痉止痛、整复关节错缝、行气活血、通络为则，多采用指针、屈伸、斜扳或旋转等解痉止痛、整复错缝等手法；针刺；适当支持带固定或卧床；内服中药和运动疗法等治疗，效果显著。

（4）腰椎间盘突出症

腰椎间盘突出症为一种较严重的伤病，其治疗主要采用手法，以弹拨、纵推横揉、摇晃、指针、斜扳、牵引按压抖动或脊柱旋转等解痉止痛、整复减压等手法为主，配合针灸、药物、牵引、理疗、运动疗法和适当卧床、腰围固定等综合治疗，只有少数确属明显突出、症状体征严重者，可采用关节镜下切割、减压或激光、臭氧射频消融等微创手术治疗。

（5）筋骨肌肉、关节疲劳与劳损

此类运动损伤在运动员中尤为多见。中医认为，筋骨肉关节形体劳损，多瘀、多虚、多痹。局部多气血不足或气血瘀滞、筋脉不舒，或络脉瘀阻、痹阻而产生疼痛，重者内损脏腑、经络、气血而诸变百出，或发生疲劳骨折。

因此，治疗宜行气活血、温经通络、祛风寒湿、补益气血、培补肝脾肾、强筋壮骨为则，多采用手法、中药、针灸、练功、理疗及封闭等综合疗法治之，手法多以揉、捏、揉捏、推压、牵引、摇晃、叩击、搓、摩擦、指针按摩为主。腰背肌劳损，宜在牵张体位下进行手法，配合药酒、针灸、理疗和牵张练习，可收到良效。

总之，对各种劳损伤病，主张预防为主，早期诊治，采取边训练边治疗的原则，注意训练科学化、体育卫生，多能达到训练要求。

（6）腱末端病

多为局部单一活动过多所致，出现疼痛轻肿等症状，一般多属于疲劳和机体的运动（强度）适应性反应，只要做局部的一般治疗和适当调整运动强度和量，一般都能很快治愈。治疗上应分期辨证论治，多采用手法（选择性使用推、掐、刮、捏拿、弹拨和指针等手法），同时采用外敷中药或针灸、理疗等治疗。

（7）延迟性肌肉酸痛症（DOMS）与肌肉劳损

DOMS在运动中十分常见。我认为运动性肌肉酸痛属中医形体疲劳范畴，是筋肉强力活动过多致筋脉不舒、营血郁滞、络脉受阻致痛，而不是肌肉损伤。重复不超过首次训练强度的不间断连续离心训练，并不会影响首次训练产生的DOMS的恢复进程和加重肌肉结构、功能等变化，无须停训休息，可在训练中逐渐恢复。应用手法按摩、中药等疗法消除肌肉酸痛有十分显著的作用。发生DOMS后，如果继续不断加大训练强度，则可发生肌肉的劳损。

中医还认为，脾者，后天之本，气血生化之源，主肌肉，主四肢，故："脾病不能为胃行津液，四肢不得禀水谷之气，气日以衰，脉道不利，筋骨肌肉皆无气以生。"可见脾脏健旺与否，与四肢筋骨、肌肉功能有极为重要关系。因此，在治疗肌肉疲劳或劳损时，脾脏功能的调理，应引起高度重视。

（8）关节、筋伤瘀肿疼痛的手法

宜以不加重损伤为原则。《医宗金鉴》："按其经络，以通郁闭之气，摩其壅聚，以散瘀结之肿，其患可愈。""有筋急而转摇不甚便利，或有筋纵而运动不甚自如，又或骨节间微有错落不合缝者，惟宜推拿，以通经络气血也。"有关肌肉疲劳疼痛或劳损的手法治疗，应建立在病因学和解剖生理学基础上。

问5：能否对您运动创伤治疗经验做下总结呢？

（1）一定要懂得运动训练特点和运动创伤的发生规律，完全可把伤病发生率降到最低点。要"素知其体相"，掌握必要解剖学生物力学等知识，有助于更好诊治。

（2）必须明确：只有正确地诊断，才可能有正确的治疗和疗效。

（3）急性损伤应尽量在现场进行正确诊断和处理，以防肿、消肿、止痛为则，必须给予创伤最基本必须的修复时间。

（4）劳损或慢性损伤，必须审因论治，去除发生原因，主张边治疗边训练原则，防治结合，须给予必要的支持带，贴布保护，并积极增强肌力加强关节稳定性的练习。

（5）宜辨病辨型辨证综合疗法论治，不可一方一法一术一药治之。

（6）科、医、训结合，使训练更加科学化，是防治伤病的一个关键。

访谈四、张世明教授谈部分运动创伤热点、难点病证经验

问：张世明教授，能否讲述一下您在运动创伤热点、难点病证中的经验呢？

（一）骨骺损伤

骨骺损伤是青少年运动员骨骺的一种特殊性损伤，其病因与运动的强度、时间、项目等有关，如体操运动员上肢频繁支撑动作可能影响桡骨远端的骨骺发育。体育医学工作者和教练员，应对骨骺部结构特点和损伤规律及预后有足够的了解，确保青少年运动员健康成长和运动训练科学地进行。

传统中医对骨骺损伤没有特别的论述，经过长时间的摸索，我们采取中西医结合方法治疗了大量的青少年运动员，积累了一些经验。

1. 诊断及误诊问题

因为青少年时期骨骺的强度远不及关节囊及韧带，所以青少年时期骨骺损伤的发病率相当高，临床中，青少年运动员关节部位损伤应首先考虑是否有骨骺损伤，对较严重的关节扭伤，应考虑是否发生隐藏的Ⅴ型损伤。

医生应清楚了解各关节骨骺的二次骨化中心出现与愈合时间、骨骺的形状、大小、所处正常位置和变异，清晰的X片有助于正确诊断。如果X片上显示在干骺端有三角形的碎骨块，出现所谓的“角征”，还需鉴别是属于Ⅱ型骨骺分离还是Ⅳ型骨骺分离。因为Ⅳ型骨骺骨折，通过了骺板软骨的生长带，属不稳定骨折，需切开复位内固定，且容易引起发育障碍；而Ⅱ型骨折，则属较为稳定的骨折，仅手法复位即可，且未损伤血运，不影响发育。

临床上还有一种无移位或移位极小的全干骺端较大的骨碎片的“板状骨折”，即所谓的“板征”现象，很难将Ⅰ型与Ⅴ型相区别，甚至容易误诊为韧带损伤，此类损伤多见于肱骨外髁和胫腓骨下端骨骺损伤。

熟悉骺损伤的发生规律有助于骺损伤的诊断，如肱骨远端骺分离、肱骨外髁骨折易发生在小龄青少年运动员，而肱骨内髁骨折、尺桡骨远端骺损伤、胫骨远端骺损伤、股骨远端骺损伤、掌指骨骺骨折易发生于大龄青少年运动员，当然骺损伤也会发生在非高发年龄段，诊断时就需要格外小心。

2. 治　疗

骨骺损伤可分急性和慢性两种,根据损伤严重程度选择不同的治疗方法:

(1)急性骨骺损伤

① 手法复位外固定。

适应于Ⅰ、Ⅱ、Ⅴ型骨折和Ⅲ、Ⅳ型稳定型骨折，要求尽可能地早复位。

手法首先是充分对抗牵引，再根据不同部位和骨折类型，酌情采用推、按、提、挤等手法使之复位，复位后根据骨折类型或受伤机制，用小夹板将受伤关节固定于伸直或屈曲位(伸直型固定在屈曲位，屈曲型则相反)。固定时间一般为 3~4 周，如伴有干骺端骨折者，则固定时间应适当延长。经 X 片摄片证实骨折已愈合，方能解除固定。

手法操作一定要轻柔，切忌粗暴蛮干，以免加重损伤，对于Ⅰ、Ⅱ型骨折，复位容易，预后较好，无须强求解剖对位。固定的松紧要适度，过松达不到固定目的，过紧会产生压迫，影响血运，甚至造成严重后果，因此，在固定期间，要密切观察固定松紧和血循环情况，如有不当应及时调整。Ⅴ型骨折属骨骺压缩，无须手法复位，可采取小夹板固定，达到延期负重和利于骺板修复的目的。

② 手术切开复位内固定。

适用于Ⅲ、Ⅳ型关节内骨折，此类骨折如经手法复位不成功或复位后骨位不稳定者，则需手术复位和内固定。

③ 辨证论治。

目前对于急性骨骺损伤的辨证论治方面的文献尚少，我结合临床治疗急性骨骺损伤的经验及其临床症状体征特点，一般分期论治原则。

损伤早期，血瘀气滞，局部明显肿胀、疼痛，压痛明显，畸形及关节活动受限，舌质多为淡暗，苔薄白，脉弦紧或涩。

治疗上以行气活血、消肿止痛为则。由于小儿本身特点，五脏娇嫩，用药当忌峻猛，以免攻伐太过而损伤内脏，可用桃红四物汤加减，其中辅以健脾渗湿利水之药物，加强活血消肿止痛。一般用量为成人的 1/3~1/2。同时外敷新伤膏等。

损伤中期，局部肿痛已明显消除，但筋骨未续，但局部仍有压痛、纵轴扣击痛等。治疗以接骨续筋、和营止痛为则，宜内服正骨丸、双龙接骨丸等。

外敷药物加外洗药物。

损伤晚期，气血不足，多肝肾亏虚，筋骨续接不坚，筋肉萎弱，四肢乏力，关节功能受限，舌质多淡，苔白，脉细弱无力。治疗上当以补益肝肾、补养气血为则，宜选服加味地黄丸、加味腰痛丸、八珍汤等，同时配合中药外敷熏洗。若伤后日久，复感风寒湿邪，痹阻经络，筋脉拘急，关节屈伸不利。治疗以舒筋活络、祛风湿、行气血为则，可服用复方鸡血藤胶囊、活络丸等，外用活血散瘀洗药、祛风寒湿洗药熏洗、外贴活络膏等。

④ 功能锻炼。

上肢在愈合后即可全面进行功能锻炼，而对下肢的受压骨骺损伤，在骨愈合后则先恢复关节功能，负重时间推迟。股骨头骨骺分离由于易发生头骺缺血坏死的可能，所以负重更应推迟。

（2）慢性骨骺损伤

① 预防。

慢性骨骺损伤重在于早期诊断和及早治疗：①在大运动量训练时应严格掌握局部的负荷量，尽量避免受压骨骺的过度挤压、撞击。②注意技术动作合理性与科学性，改进训练方法，加强保护，适当使用支持带或弹力绷带包扎或固定关节部，减轻骨骺部的负担。③早期诊断的基础上，积极治疗与调整局部负荷量相结合，防止进一步恶化。由于骨骺出现于生长发育阶段，损伤后，只要采取及时有效的措施，一般都能取得较好修复愈合的效果。

② 辨证论治。

• 筋骨受损、气滞血瘀：见于慢性骨骺损伤急性发作，临床表现为急性期局部肿胀、疼痛、骨骺部压痛明显，活动受限。治疗上可局部外敷消肿、止痛的中药，如郑氏 1 号新伤药加减（黄柏、玄胡、血通、木香、白芷、羌活、大黄、牛膝、血竭、生地等）；配合内服活血化瘀，消肿止痛药物，如玄胡伤痛宁、创伤宁等。

• 血瘀痹阻、气血亏虚：见于慢性骨骺损伤慢性期，临床表现为受损骨骺局部高突、疼痛、伴有局部肌肉萎缩、四肢无力、神疲懒言、舌质淡暗、苔白、脉弦紧或滑。临床上可内服活血化瘀兼补益气血药物，如抗骨质增生片、正骨丸等；局部可外敷促进骨痂生长的药物，如当归、黄芪、续断、白芨、儿茶、乳香、三七、木香、川芎、川牛膝等以促进愈合，配合伤科洗药。

③ 手术治疗。

有关节功能障碍，疼痛较重，或软骨脱落，形成关节鼠者，则需手术治疗。可行关节鼠摘除、骨桥切除术、骺板牵拉延长术以及对成角畸形者采取截骨矫正术等。

（二）软骨与骨软骨损伤

软骨与骨软骨损伤在关节损伤中较多见，易被忽视。因其早期症状不明显，X 片及 CT 都不易发现病损，诊断存在一定困难。

临床上分为急性和慢性两大类。若急性损伤未得到正确及时地诊治，则可能导致关节内游离体或剥脱性骨软骨炎。

我对该病多采用非手术治疗：骨软骨骨折特别是骨骺未闭合的，骨软骨块没有脱离骨床的，通过制动、中药、理疗、功能锻炼等治疗大多数可愈合。一般采用支具或托板功能位固定关节 6~8 周，其间禁忌关节屈伸用力，但 3 周后每天应进行两次关节活动练习以防止关节粘连，并加强肌力练习。

1. 急　救

多制动休息，局部冰疗，关节积血或积液时予关节穿刺，抽尽后加压包扎。

2. 手　法

急性期局部不宜按摩，但可在关节周围进行指针点穴以通络止痛，并对周围痉挛肌肉行手法理筋。慢性期可在关节上下擦舒活酒，做抚摩、揉捏、搓等手法，配合经穴按摩。

3. 针　灸

膝关节选伏兔、血海、阳陵泉、足三里、丰隆、委中、太冲等穴，以通经络、行气血、消肿止痛；踝关节选足三里、三阴交、悬钟、解溪、太溪、商丘、行间等穴；肘关节选阿是穴、曲池、肘髎、手三里、外关、合谷等穴；腕关节选阿是穴、内外关、阳溪、阳池、阳谷等。寒湿痹阻者可加灸法。

4. 中　药

（1）筋骨伤损，血瘀气滞，筋断骨裂

早期内服七味三七口服液或桃红四物汤加减，外敷新伤膏加血通、红花等；中后期内服正骨丸，外敷旧伤药，并配合活血祛瘀洗药或祛风寒湿洗药熏洗。

（2）筋骨劳损，气血不足

宜以补肝肾，强筋骨，益气血为则。内服抗骨质增生片、益尔力口服液、健步壮骨丸等，外贴活络橡皮膏。

（3）筋骨失养，寒湿痹阻

宜以补肝肾，强筋骨，祛风寒湿为则。内服祛风活络丸、复方鸡血藤胶囊等，外敷滑囊炎散加减，去龙骨、牡蛎，上肢加桂枝、羌活、千年健、海桐皮、威灵仙，下肢加川牛膝、独活、千年健、海桐皮、威灵仙，或外用祛风寒湿洗药熏洗。

5. 理　疗

可用超短波、微波或直流电离子透入治疗。

6. 功能锻炼

以关节周围肌力的静力收缩练习为主；恢复训练应循序渐进，以训练后次日关节肿胀等症状不加重为宜；减少致伤动作的训练。

（三）创伤性滑膜炎

创伤性滑膜炎是指关节损伤或过度活动劳损后引起的滑膜非感染性炎症反应。急性创伤性滑膜炎若诊治不当或康复训练安排不当，则往往迁延为慢性创伤性滑膜炎。在运动队，关节长期、反复肿胀积液成为长期困扰队医的一个难题。目前大多数运动队的处理是穿刺抽液、加压包扎、训练后冰敷、理疗、中药以及休息等，这些处理都是需要的，但效果不佳，往往时而减轻，时而加重，休息减轻，恢复训练又加重。我及同事五十年下队的工作经验总结分析认为：既有诊断不清的问题，也有在治疗中忽略某些发病因素的原因。

1. 病　因

关节急性损伤、慢性伤病，或手术创伤，均可诱发；对运动员及群众体育爱好者而言，多见关节的过度使用，滑膜与关节面摩擦、挤压增多，也可导致创伤性滑膜炎。

2. 诊　断

创伤性滑膜炎的诊断看似容易，实际上要准确诊断并不简单。在运动队，往往只看到关节积液这一病理产物，而忽略了其整个病理过程。

（1）创伤性滑膜炎的发病，通常有明显的关节外伤史、手术史或过度劳损的病史。在诊断中一定要明确具体原因，才有可能在进一步的治疗中有的放矢。

（2）症状体征。急性期关节明显肿胀、胀痛不适，皮温略高，有压痛，关节功能受限；慢性期关节不同程度肿胀，活动量大时或下午肿胀加重，休息后及晨起肿胀减轻或消失，关节酸胀、疼痛不适，关节乏力。

① 膝关节：急性期关节肿胀、胀痛不适，皮温略高，浮髌试验阳性，关节功能受限；慢性期关节不同程度肿胀，活动量大时或下午肿胀加重，休息后及晨起肿胀减轻或消失，关节酸胀、疼痛不适，关节乏力，在炎症滑膜区可触及滑膜肥厚、捻发感、压痛，病程久者可见股四头肌萎缩。

② 踝关节：踝关节前方肿胀、疼痛，可触及肥厚的滑膜及关节囊、压痛，关节活动受限，活动量大时症状加重，减量及休息后症状缓解。

③ 肘关节：肘过伸痛或过伸受限，肘外侧间隙饱满，肘关节支撑用力时酸软疼痛；慢性期滑膜肥厚，捻发感，压痛、挤压痛，伸肘抗阻痛。

④ 腕关节：关节肿胀，多见于腕背侧，逐渐出现疼痛不适，活动受限，关节缘可有轻压痛，当合并有关节周围韧带、肌腱、骨软骨等损伤时，可发生相应动作时的疼痛。

3. 鉴别诊断

运动创伤中，要特别注意与创伤性关节内血肿相鉴别。创伤性关节内血肿伤后关节迅速肿胀，疼痛剧烈，关节穿刺见积血，若有关节内骨或骨软骨骨折，则积血在静置后表面可见脂肪滴，常伴有局部和全身温度增高。而创伤性滑膜炎多在伤后 5 ~ 6 小时开始出现肿胀、疼痛不明显，关节穿刺多为黄色积液。运动员则多为大运动量训练后出现关节积液。

4. 预防和治疗

目前创伤性滑膜炎的疗效不确定，其治疗方法繁多，莫衷一是。实际上，只要是科学正确的方法就应该坚持，当处理后疗效欠佳时，就应该分析是否忽略了其他诱发因素，或者是关节内合并其他结构损伤。另外，发病后应禁忌重复引起疼痛的动作，必要时关节部位行支持带或弹力绷带保护；局部注意保暖，避风寒湿、避免过劳；关节大量积液时应尽快穿刺抽出积液，配合适当加压、制动、理疗、药物等治疗，以减少滑膜液渗出，避免反复肿胀。不能误认为穿刺抽液会刺激滑膜产生更多的积液，实际上是在穿刺后没正确调护，过多刺激滑膜所致。

多数创伤性滑膜炎经正确的非手术治疗和合理的训练安排都可获得较好的疗效，少数疗效欠佳或关节内合并其他损伤者，方考虑手术治疗。

（四）骨组织的疲劳损伤

普通人的骨组织在日常生活中以一种相对平衡的结构存在，一旦环境发生变化，如长期高强度运动锻炼，或者外伤性废用，骨组织的平衡就将被打破。为了适应功能上的需要，骨组织将发生一系列诸如形态学、生物化学和生物力学的变化。在高强度的运动状态下，骨组织的特性有何变化，这是教练和队医以及运动员都很关心的问题。在临床上，尤其是疲劳性骨折的治疗目前仍然是一个棘手的问题。长跑爱好者的胫骨和腓骨也经常出现疼痛，在跑跳较多的运动项目中，运动员的疲劳性骨膜炎较为常见，表现为训练后受累骨局部疼痛、跑跳痛，局部微肿，压痛，实验室检查有骨力学强度下降等表现。消除骨的疲劳对提高训练水平，防止骨疲劳性损伤和疲劳性骨折的发生有重要意义。

1. 骨疲劳的中医理论

“肾主骨”理论最早形成于《黄帝内经》。《素问·宣明五气篇》说“肾主骨”，《素问·阴阳应象大论》亦说“肾生骨髓，…… 在体为骨，在脏为肾”。肾主藏精，生髓，髓居骨中，滋养骨骼。因此骨的生长发育及修复均依赖肾中精气的滋养和推动，肾壮则骨健，肾虚则骨弱。

2. 疲劳性骨折的处理原则

运动员疲劳性骨折的部位和种类较多，可大致分为部分断裂的疲劳骨折、完全断裂的疲劳骨折和不愈合的疲劳骨折。

（1）部分断裂的疲劳骨折

多数疲劳性骨折属于此类，如胫腓骨疲劳性骨折、髌骨下极疲劳性骨折、跖骨疲劳性骨折。一旦出现骨组织的部分断裂，应立即停止局部训练，局部使用护具，并积极配合治疗。根据局部和全身情况辨证施治，按照骨伤三期论治原则，肿胀疼痛明显者予以活血化瘀、行气止痛疗法，如内服七味三七口服液、制香片、玄胡伤痛宁等，局部外搽舒活灵，贴敷新伤软膏、活血散瘀洗剂等，予以抚摸、摩擦、推压、揉捏等轻手法。中期内服正骨丸，外搽舒活灵，外敷接骨膏，手法予以揉、揉捏，强化局部肌肉等长练习，注意保持上下关节功能。后期内服益尔力口服液，继续外搽舒活灵，贴敷接骨膏、活血散瘀洗剂等，手法予以抚摸、摩擦、推压、揉、揉捏等。胫骨下 1/3 的鸟嘴样疲劳性骨折常需要停训 1 ~ 2 年，应禁止跑跳。

（2）完全断裂的疲劳性骨折的治疗

此类疲劳性骨折如没有明显移位，可采用小夹板或钢托固定，其处理用药及手法过程同不全断骨折，移位明显者需手法复位或根据需要切开内固定治疗，术后治疗仍然同不完全断裂疲劳性骨折。

（3）不愈合的疲劳性骨折

此类疲劳性骨折部分病例症状明显，部分没有症状，其处理原则不尽相同。

对没有症状或通过对症治疗后能维持训练者，采用粘膏支持带、针灸、推拿、外用中药（外搽、外敷、熏洗等）、内服行气活血中药等，可维持训练并参加比赛。对部分疼痛明显、持续不减，影响日常功能的病例需要切开内固定、植骨处理，术后可采取不完全断裂疲劳性骨折的处理方法。

3. 骨疲劳损伤的预防

（1）预防与训练相结合

增加少年儿童阶段的活动可有效促进骨骼发育，合理而科学的运动对骨密度有良好影响，骨密度的增加是预防骨损伤的基础。但运动过量，负荷超过骨组织极限，或者骨组织相关肌力下降，骨组织就会出现疲劳，进而引起骨损伤。

科学地进行肌力、灵敏度、柔韧性训练，也是保护骨不受损伤的必备条件。完备的恢复手段如中医推拿、熏洗、针灸等方法促进机体疲劳的恢复，可减少骨损伤的发生。

（2）骨疲劳与过度疲劳的把握

骨组织是身体的器官之一，一定程度的骨疲劳是训练中必然产生的现象，同时也是成绩提高的前提。只有不断重复能导致疲劳的负荷，才能充分挖掘机能的潜能并在这些潜力范围内产生适应。因此，训练必须导致疲劳，但是又必须避免导致产生过度疲劳综合征。疲劳和恢复是设计和调控训练的重要状态。过度训练是长期承受过大负荷的结果，其表现形式是机能和负荷能力不能恢复的持续下降。

骨的过度疲劳表现形式是明显的疲劳性骨膜炎和疲劳性骨折的发生，注意骨组织过度疲劳的产生，重点是观察局部反复轻度肿胀、压痛、活动疼痛等症状、体征的出现。尤其是对发生在骨组织易于损伤部位的疼痛和肿胀不要掉以轻心，X 片、CT、MRI 和同位素扫描检查是必需的。

（3）中医消除骨疲劳方法的优势及深入研究

中医消除骨疲劳方法的优势即在于强调整体观念。我从整体观念出发，对运动性疲劳进行了辨证分型。具体分为：

① 形体疲劳。主指肌肉、筋、骨与关节的疲劳，主要表现为肌肉酸困疼痛、筋骨关节疼痛等症候。

② 脏腑疲劳。主指受累的脏腑功能失调和下降，主要表现为脾胃功能失调、肝胃不和、脾阳虚弱（不旺）、肾气（肾阴和肾阳）不足、月经失调等症候。

③ 神志疲劳。主指精神和神志内伤，主要表现为虚烦不眠、精神不振、困倦厌训等运动性失眠征候。

这为研究中医药方法消除骨疲劳提供了理论基础。目前国内研究骨疲劳已有 20 余年历史，但观其内容，大多集中在动物试验，且多为发生机理探索，较少干预措施观察，中医药干预则更为少见。因此，在该领域应进一步深化中医药对骨疲劳的研究，重点在于骨组织的改变和生物力学性能的研究；有条件尽量开展临床研究，利用流行病学和循证医学原理设计，采用超声波骨密度仪或双能 X 片骨密度仪开展骨疲劳的研究和中医药干预方法的研究，必将取得较大的进展。

（五）肌腱及其末端结构损伤

腱末端病是指腱或韧带与骨附着处因劳损而引起的组织变性改变，多属于运动技术伤，如网球肘、跟腱止点末端病、股四头肌腱末端病等。

腱末端病发生率高而且治疗困难，严重影响运动员训练和成绩的提高，近年来逐渐受到国内外运动医学领域的重视，从末端结构的形态、生理、生物力学到末端病的病理变化、发病原因等都进行了比较详细的研究

1. 腱末端病的治疗与训练相结合的问题

目前研究认为，长期大强度训练是引起末端病的原因之一。在国内，很多优秀运动员或多或少患有不同程度的慢性运动伤病，其中不少属于末端病范畴。从现代竞技体育训练的角度出发，为了提高运动成绩，在训练中常常采用超负荷高强度训练，这种训练往往可引起末端病的发生，这是训练与身体机能之间的一对矛盾。实际上，在训练的过程中，组织结构自身会发生适应性改变。末端病发生后，腱-骨系统的力学强度往往并未因此而降低，反而部分力学指标有所增强。因此我们认为，末端病的治疗除了纠正不科学的训练外，还应积极治疗以缓解症状，减少其对运动员训练和比赛的影响。

2. 腱末端病的预防

（1）通过合理训练增强腱末端生物力学特性

腱（或韧带）在骨的止点结构是其整个系统中最薄弱的环节，创伤的发生大多发生在骨止点。末端结构由韧带（腱）—非钙化纤维软骨—钙化纤维软骨—骨组成，科学训练可使这一结构的力学强度增加。

（2）加强损伤部位肌肉力量训练

目前，对末端病采用的肌力训练有等长练习和离心练习。其防治机制有可能是收缩过程中肌纤维的牵拉使末端附属结构的粘连和水肿等炎性反应减轻，也可能与肌力增强后关节稳定性提高有关。

① 等长练习。

临床上采用等长练习来防治末端病已有较长的历史，但对其机理的研究尚未得到足够重视。我常通过站桩训练防治髌腱末端病，在练习时要遵循三个原则：特殊化训练、最大负荷、循序渐进。

② 离心练习。

在国内，许多有经验的教练也往往应用各种简单的离心性肌肉训练动作来治疗末端病，并认为这些训练是一种有效的治疗方法，可以在不影响运动员正常训练的情况下，取得良好的疗效。尽管离心性肌肉训练可能对防治末端病有效，但是，目前仍未明确离心性训练减轻疼痛的机制。

3. 提高中医药治疗腱末端病疗效的研究

目前腱末端病临床中医临床治疗和研究，多在针灸、推拿及药物。我认为，要提高中医药治疗腱末端病的疗效，必须加强临床疗效研究，同时应与循证医学紧密联系。由于多种原因，中医临床研究以往对方法学的科学性重视程度不够，基本上都是个例研究，缺乏或未曾进行过系统性评价的研究，以致于不少治疗腱末端病有确切临床疗效的中医方法未能得到充分的科学证实，影响中医药在腱末端病防治中的作用发挥。因此，尽快在腱末端病的中医药领域引进循证医学、系统性评价的方法，进行腱末端病的中医药研究，具有十分重要的意义。

访谈五、张世明教授论运动性疲劳与运动创伤关系及中医对疲劳的认识

问 1：请问张世明教授运动性疲劳在运动中可以避免吗？

我认为，至少对竞技运动来说，运动性疲劳是不可避免的。

现代竞技体育以“更高、更快、更强”为目标，不断超越自我极限和纪录。运动训练原则生理学理论认为，运动负荷本身是一种非常强烈的外部刺激，这种刺激对机体的影响实际上就是结构与机能的“破坏—重建”过程，破坏的阶段就是运动性疲劳的产生阶段，重建的阶段即是运动性疲劳的消除阶段。正因为运动训练的螺旋式、阶段性不断上升的模式，决定了任何超越原有身体基础的训练，不论它是高水平、还是低水平的训练，都必然会产生运动性疲劳的现象，这是运动训练的一种正常反应。

问 2：请问您认为运动疲劳与运动创伤的关系是怎样的呢？

我认为，疲劳分整体疲劳、局部疲劳以及心理疲劳等。

（1）整体疲劳与运动创伤的关系

整体疲劳主要涉及的是血液、循环机能、呼吸机能、物质与能量代谢、肾脏、内分泌系统、神经机能等发生的疲劳性变化。有关这些系统与运动创伤关系的研究虽然现在很少，但是，根据中医局部与整体的观点，我认为它们之间存在密切的联系。在整体疲劳状态下，身体局部组织物质与能量代谢可能发生失衡，组织的能量供应出现障碍、内环境的稳定被破坏、正常的生长代谢和组织功能的正常运行受到影响，这就为局部运动创伤的产生奠定了物质基础。

（2）局部疲劳与运动创伤的关系

局部疲劳主要涉及的是肌肉、骨、关节等运动系统发生的疲劳变化。这些部位发生的运动性疲劳变化与运动创伤的发生是最密切、最直接的。这方面的研究报道也比较多。

（3）心理疲劳与运动创伤的关系

以往对运动创伤的研究大多是从生理、医学、训练等方面的角度进行分析与探讨，而对心理因素造成运动创伤的分析与研究却未引起人们足够重视。有关心理因素与运动创伤的关系问题已日益受到专业学者们的关注，这是符合建立生物—心理—社会的新型医学模式要求的。心理因素与运动创伤的关系主要集中在心理因素在运动创伤发生上的作用与预防、运动创伤康复与治疗中的心理干预两大方面。要根据受伤者的生理和心理状态，制定系统的身心康复方案，注重辨证科学地运用心理康复治疗方法，以提高运动损伤康复的治疗水平。

问 3：请问中医对运动性疲劳机理的认识是怎样的？

1. 传统中医对疲劳的认识

运动性疲劳是近代才产生的概念，在传统中医没有运动性疲劳的专门论述，但中医对于一般性疲劳的认识，却有很长的历史。运动性疲劳与一般性疲劳，尽管在病因、症状、程度、预后都有不同之处，但在涉及的脏腑、病机、消除方法等却有相同的地方，研究中医对一般性疲劳的认识、研究运动性疲劳的防治、发掘运动性疲劳的防治方法具有重要意义。

中医对疲劳的认识已有二千多年了。早在《黄帝内经》中就涉及到有关疲劳的论述，虽然没有直接出现“疲劳”一词，但疲劳的现象却经常被描述：“倦”“亨单”“解堕”“解亦”“横解”“困薄”“身重”“体重”“体解”“少四肢不举”“四肢不用”“四肢不欲动”等。而“疲劳”一词最早见于汉代张仲景《金匮要略·血痹虚劳病脉证病治第六》中：“问曰：血痹病从何得之?师曰：夫尊荣人骨弱肌肤盛，重因疲劳汗出，卧不时动摇，加被微风遂得之。”书中明确把因疲劳引起的证候与虚劳病同类论述。

中医认为疲劳的病因是由多方面因素引起的。首先，最重要的原因是过劳。《素问·上古天真论》说“形劳而不倦，气从以顺”，若形劳而倦或劳累过度，则能耗气而虚，产生倦怠、疲乏等疲劳现象。《素问·宣明五气篇》说“久视伤血，久卧伤气，久坐伤肉，久立伤骨，久行伤筋，是谓五劳之伤”，身体各种各样的过度活动都可引起机体气血与形体伤，导致疲劳产生。除了体力上的过度活动外，用脑过度同样会产生特殊的疲劳表现，《灵枢·大惑论》中说“故神劳则魂魄散、志意乱”。饮食起居、不合理的生活习惯等也是疲劳产生的原因之一。《素问·生气通天论》指出“故阳气者，一日而主外，……是故暮而收拒，无扰筋骨，无见雾露，反此三时，形乃困薄”，说明阳气运行有着一定节律，不合理的生活方式打乱了这一节律，就会出现疲劳。最后，七情变动，不良精神刺激也可以引起疲劳，《灵枢·本神》就说“脾忧愁而不解则伤意，意伤则闷乱，四肢不举”，明代绮石在《理虚之鉴》中指出，虚劳病病因为先天、后天、病后、外感、境遇及医药之因六种，认为处境艰苦、情志抑郁，易致五志耗伤、气血亏损，“七情不损，五劳不成”。

中医对疲劳病机的认识在文献中已有很深的分析。《素问·举痛论》中说“劳则气耗……劳则喘息汗出，外内皆越，故气耗矣”，过劳则气耗伤。《素问·调经论》中说“有所劳倦，形气衰少”，劳倦日久则耗气伤形。根据气耗产生的原因，这里的“劳则气耗”应理解为是指“津液和精气的耗损”。《素问·调经论》中还说：“阴虚生内热，奈何？岐伯曰：有所劳倦，形气衰少，谷气不盛，上焦不行，下脘不通，而胃气热，热气熏胸中，故内热。”这些论述，阐明了疲劳的机理与本质是精气津液耗损、内外皆越、脏腑功能失调所致的阴虚内热等气血耗伤虚证。

关于中医疲劳病机所涉及的脏腑，理论上讲与心、肝、脾、肺、肾五脏均有关联，但关系最为密切的当为肺、脾、肾。“劳则喘息汗出，内外皆越”是疲劳发生的重要原因，其中喘为内，与肺、肾有关；汗为外，则与腠理、脾肾有关。《素问·经脉别论篇》中对喘、汗与脏腑关系作了精要论述：“夜行喘出于肾；渡水跌扑，喘出于肾与骨；持重远行，汗出于肾；摇体劳苦，汗出于脾。故春秋冬夏，四时阴阳，生病起于过用，此为常也。”《素问·上古天真论》中认为由于肾精的充盛，人体生长、发育，精力旺盛，体力充沛；而肾精的消耗，人体气血、经脉、五脏六腑则衰损，出现“五藏皆衰，筋骨解堕”，疲劳必然发生。《灵枢·海论》记述了当肾精不足、髓海失充时，发生疲劳的情况。“髓海不足，则脑转耳鸣、胫酸眩冒、目无所见、懈怠安卧。”

2. 中医对运动性疲劳的现代研究

中医对运动性疲劳的现代研究始于 20 世纪 80 年代，主要集中在中医辨证分型与诊断标准研究、运动性疲劳的中医机理研究和中医消除运动性疲劳方法的应用研究等方面。

在 20 世纪 80 年代和 90 年代初，多数学者认为是脾气虚和肾阳不足引起运动性疲劳，在多达 12 种的消除运动性疲劳、提高运动能力的中医治则治法中，其药物组成主要是益气健脾、补肾壮阳的中药。在 90 年代，杨氏“肝脾气化失常为导致运动性疲劳产生”学说认为运动性疲劳的消除重在调理，并用疏肝柔肝理气、健脾益气养血的理气扶正治则，取得了一定疗效。我们在运动性疲劳的十几年系统研究中，通过对文献和大样本运动性疲劳症状的研究分析，提出运动性疲劳是运动员在高强度训练后出现的一系列疲劳证候群，与一般的体力疲劳或情志精神因素引起的疲劳证候截然不同，其发生机理是机体运动系统的强力运动和脏腑机能的参与，过度喘息、汗出是主因，故必劳其形体（肌肉、筋、骨、关节）、劳其脏腑和神志，必耗其大量精血、津、液。其本质是形体、脏腑功能下降、失调和津液精血不足，为内伤不足之证，早期多以阴虚证候为主，后期多为阴阳气血两虚证并见，主要涉及肺、脾、肾脏腑机能的改变。值得注意的是，近些年来由于运动员、教练员的科学训练水平提高、训练后恢复措施增强，真正典型的肾阳虚证候已很少发现，相反，有较多存在的是肾阴不足现象，这与我们研究发现的运动性疲劳发生机理是吻合的。不同运动项目在不同训练时期、训练内容而发生的疲劳证候不同，还由于运动员饮食状况、运动卫生的个人差异，运动性疲劳证候中常附加饮食过度或外感风冷、水湿，出现虚中夹实证候，使运动性疲劳证候更为复杂，在具体抗疲劳治疗时必须认真辨证论治。

问 4：张世明教授，您在运动创伤中医临床及基础、应用研究方面均做了大量的研究，并取得了相当的成果，能否讲述一下您对运动性疲劳的中医分型的观点呢？

中医在悠久历史中积累了大量的恢复疲劳的经验，并在理论上以中医的整体观、阴阳、藏象、经络、卫气营血学说等对疲劳的本质、证侯分类、诊断以及消除疲劳的手段、方法等提出了一系列的科学解释。多年来，许多学者以及国家队和各省市运动队已逐渐将消除疲劳的方法重点放到使用中医中药方面，并取得了十分显著的成效。然而，由于中医自身的局限性，中医对运动性疲劳的认识一直缺乏科学的理论指导和系统的诊断标准。根据这种情况，我们依据中医基础理论之脏腑、气血津液辩证及八纲辨证等，对不同项目、不同运动强度下运动员产生的运动性疲劳进行中医辨证分型研究，经过十余年的相关研究工作以及连续几个国家级、部级课题系统研究和大量备战奥运会、亚运会的科技攻关与服务的工作经验积累，我们提出了运动性疲劳中医证候诊断标准。根据中医对疲劳症候分型的理论和依据国家标准《中医临床诊疗术语》（GB/T16751—1997）有关条款，归纳出运动性疲劳的三个类型、八种常见证候、十二种常见的运动性疲劳证。

我们的研究弥补了运动性疲劳中医分型和诊断标准的空白，为消除运动性疲劳的中医方法应用奠定了坚实基础，同时也是消除运动性疲劳中医理论上的继承与创新，回应了多年来在相当一部分人中使用中药来消除运动性疲劳，不以中医理论来指导，不作中医辨证分型诊断，或盲目照搬古方，或乱取别人用方，千篇一律使用同一方剂诊治所有运动员的错误做法，同时，还为消除不同的运动性疲劳采用不同的中医方法提供了参考指导。

问 5：张世明教授，您对运动疲劳消除有丰富的临床经验，请问您认为运动性疲劳消除中应重点注意哪些问题呢？

1. 运动性疲劳消除与运动训练相结合原则

首先，应树立运动性疲劳是运动训练过程中的一种正常现象的观点。运动性疲劳的本身是不可避免，运动员对此要正确认识，不要有恐惧思想。同时从运动训练的角度看“运动负荷→疲劳→超量恢复（能力获得）”三者构成了一种典型的生物机能方式，这一方式通过有目的的训练调控得以实现。因为只有不断重复的、能导致疲劳的负荷，才能充分挖掘机体的潜能，并在这些潜力范围内产生适应。运动训练必须达到最大限度的疲劳，才能获得最佳训练效果。运动训练的最终目的是最大限度地挖掘运动员的潜力，最大程度地提高运动员的成绩。但最终目的不等于近期目的，训练的近期目的不应该是追求成绩，而是要追求疲劳。简单地讲，训练必须导致疲劳，否则即属无效训练。

当然，我所说的“最大限度的疲劳”是指不影响整个训练周期的，能够得到及时、有效消除的疲劳。在疲劳消除与训练相结合的原则指导下，既要做到保持较高的训练水平，按时完成预期的训练计划，又要避免疲劳积累引起机体损伤的发生、过度疲劳的出现，总的要求是：加强训练后的恢复，恢复包括每堂训练课后的恢复，每天训练后的恢复，每个训练阶段或周期后的恢复以及各种比赛后的恢复，恢复的目的是避免同一原因引起的疲劳积累。

在加强各种恢复措施下，如果仍然不能达到有效地消除疲劳的目的，则往往需要从训练内容上进行调整，避免同一种训练引起的疲劳积累得不到消除而造成运动损伤的发生或过度疲劳的出现。同时训练一定要根据项目的特点、不同运动员生理、心理特点或体质、气质、年龄和运动水平等来进行，在运动负荷上掌握好最适宜的度，以避免过度疲劳的发生。

2. 运动性疲劳消除的针对性原则

在消除运动性疲劳的实际运用中，应该始终遵循很强的针对性原则。不同运动项目、不同训练时期或比赛期间、不同训练内容，因其运动性质和内容不同，而发生的疲劳证候不同。以力量内容为主的训练，肌肉、关节筋腱等形体易于（疲）劳伤，而精血、津液耗损不是很大；以速度为主的训练，不仅精血、津液耗损很大，而且肌肉、筋腱也易劳损，同时，脏腑、神志还可有所损及；以速度耐力为主的训练，筋骨关节易劳损，精血、津液耗损很大，脏腑、神志劳损也较大。不管什么项目，只要训练内容相同，引起的疲劳证候大体是相似的。球类的专项素质训练和以跳跃为主的训练，则易筋骨关节劳伤。无论是球类，还是田径、游泳等项目，只要是耗损精血、津液很多的练习，都易劳伤其脏腑和神志。其他射击、射箭等不以力量、速度、耐力为主的项目，则多为神志及筋骨肉劳伤。当然，筋骨肉劳伤的部位，则因不同项目的特点而异。另外，根据项目本身训练原因，还可以有自身的疲劳证候特征，如：水上运动项目有长期接触冷水的特点，故劳伤常兼有风寒湿痹阻经络的特点；冰上运动项目不同于非冰上项目，运动员训练和生活久处寒湿之地，关节、筋肉疼痛、肿胀较多，同时，运动员大量出汗后因周围环境极寒冷，腠理不开，汗出不畅，故劳伤常兼有热痹的特点。还有就是比赛期间与平时训练的疲劳证候有所不同，比赛期间更多的是神志劳伤和脏腑功能的失调。

在消除运动性疲劳的运用中，应针对不同证候的疲劳进行相应处理。前面提到的运动性疲劳的中医分型与诊断标准，已经涵盖绝大多数的运动性疲劳证候，可以依据这个标准对每个运动员的疲劳证候进行中医的辨证分型，并根据分型和证候结果，灵活地进行治疗处理。在运动性疲劳的诊断上，需要注意主证与兼证的鉴别，例如：运动性失眠证，可以由筋肉疲劳酸痛（证）、脾胃功能失调（证）等引起，后者是引起原因，应作为主证，只有治疗了后者，运动性失眠才可能缓解或消失。另外，也有可能有两种及其以上主证同时存在的情况，此时要加以分析：一是形体类、脏腑类、神志类三种不同大类中的证候作为主证同时存在（如：月经失常证和筋肉疲劳酸痛证同时存在）。此时，可以采用兼顾治疗的方法同时予以解决，脏腑类的主证采用内治为主的方法予以处理，其他类的主证则以外治为主的方法进行处理。二是脏腑类中的几个证候同时作为主证存在（如：脾胃功能失调证和肾气不足证同时存在）。这时，在内治为主的治则制定中，根据中医脏腑辨证的原则，以主要的脏腑病证作为主治，其他脏腑的病证作为兼治，在同一处方的组方中予以全面考虑，方能取得良好效果。

3. 运动性疲劳消除的综合方法运用原则

运动性疲劳的消除是与运动训练同步进行的，为了加速运动性疲劳的消除，适应运动训练的需要，必须充分运用中医的推拿、针灸、内外中药、气功等内外兼治的方法。从大量的消除运动性疲劳实践和科学研究证实，综合应用中医的多种方法，比单一使用一种方法，取得的效果更好，这是因为虽然中医的各种方法对运动性疲劳的消除都有一定的效果，但不同的方法对疲劳消除的不同方面效果有所侧重。同时，还可以把现代康复医学的某些方法用于运动性疲劳的消除，可能会取得意想不到的效果。

4. 运动性疲劳消除的生活调理原则

在运动性疲劳消除中，除了训练安排、消除方法的合理应用外，对于配合饮食、睡眠、运动卫生、液体补充和食疗进行的生活调理也是十分重要的。

5. 运动性疲劳消除的心理调试原则

要预防和尽快消除疲劳，还要强调运动员的精神和情志（气质）调护。

首先，要树立对运动性疲劳不惧怕的心态，敢于全身心投入训练。神的外在表现反映了一个人的精气虚实状态。故在运动训练中，要求运动员必须全神贯注、神形结合，注其全力去进行训练，不可神志涣散、精神不振。否则，易神疲倦怠，加速疲劳的发生，或发生疲劳后也不易消除。《证治准绳》说："喜怒忧恐损元气，脾胃气衰。"说明了一个人的情志心理不稳定时，也易耗损元气，脾胃气衰，精血化生不足则易神疲精衰。要加强运动员意志品质的锤炼，培养运动员坚忍不拔的意志品质、敬业爱国的崇高精神，始终要求运动员精神专一，和神保气，不妄役其神，全神贯注地去生活和训练。

其次，还要树立对运动性疲劳不放任的心态。在运动员消除疲劳过程中，要十分注重精神和情志的调养。除在训练、饮食起居等方面加强管理、严格要求之外，还可进行适当的静息、吐故纳新或气功练习，以养其气，以调息养神。另外，在运动员情感方面的问题方面，运动员的个人感情、运动员与教练员、领队、运动员之间的矛盾等要积极进行自我排解和有关人员的调和。只有这样，才能使运动员"形（形体）与神（精神）俱（健旺）。"这对运动员的训练效果和疲劳的恢复、睡眠等有重要作用。

最后，在运动员选材时，除了身体结构和生理机能的条件外，还应注意神经类型的科学选材。必须注重选择意志品质坚定、心胸宽广豁达、吃苦精神强的运动员。有这种气质的运动员，易精神专注、奋力拼搏去进行各种训练，不易发生疲劳感。

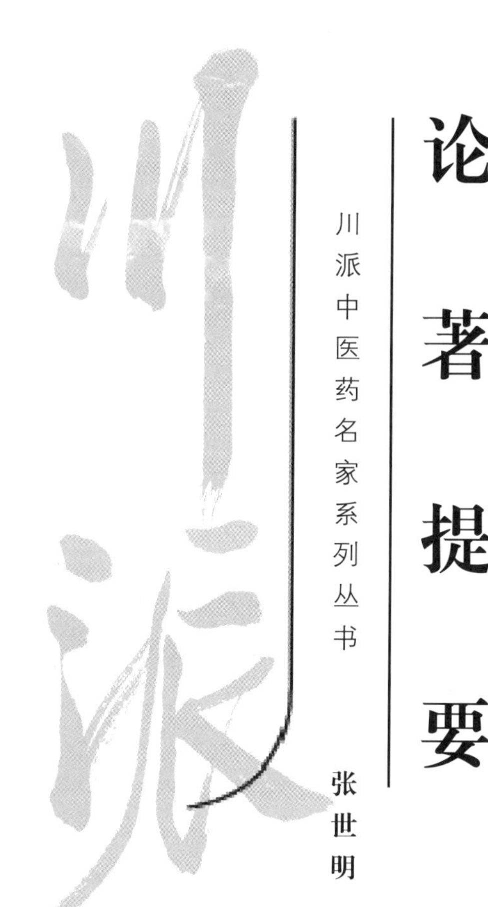

论著提要

川派中医药名家系列丛书

张世明

《中医药与运动医学》（张世明主编，北京：人民体育出版社，2002，第一版）

延缓疲劳的发生和促进疲劳的恢复一直是运动医学的研究重点。传统中药以其独特理论方法体系以及丰富的临床经验，副作用少，且绝大多数不含对人体有危害的兴奋剂成分，在抗运动性疲劳临床中具有独特优势，而引起关注，开发传统中药治疗运动疲劳已成为运动医学研究热点。该书阐述了中医药在运动疲劳领域中的研究现状，以及当前中药在运动疲劳治疗药物研发中存在的问题，并提出相应建议。

《中西医结合运动创伤学》（张世明主编，北京：北京大学医学出版社，2008，第一版）

该书从中西医结合的角度出发,结合高水平运动队防治运动创伤的实际，着重阐述了常见运动伤病的病因病机、诊断及鉴别诊断、病理分类及症候分析、中西医结合非手术治疗、具有先进水平的手术理念和技术，以及预防为先的理念及具体方法。对运动创伤领域的热点、难点问题，在总结当前研究成果的基础上，从中西医结合的视角进行了较为深入的分析和讨论，具有较强的科学性和实用性。

《中医骨伤科诊疗学》（张世明主编，成都：四川科学技术出版社，2011，第一版）

本书共分为四篇，分别介绍了骨折概念、骨折、关节脱位、软组织损伤，书后附方剂索引。第一篇论述了骨折的病因病机、分类、诊断、治疗的原则和技术。在治疗方面，重点突出了中医骨伤科的优势疗法，对于需要手术治疗的患者，提倡微创手术方式。在具体章节中，按骨科临床的亚专科分科，将骨折分为上肢、下肢、脊柱和躯干、儿童骨折与骨骺损伤，软组织损伤分为颈腰部、上肢、下肢、膝关节、足踝、神经损伤部分，既如实反映了目前骨伤科临床的诊疗水平，又突出了郑氏伤科的手法和方药等诊疗方法的特色学术思想。

《中西医结合骨伤科手册》（张世明主编，成都：四川科学技术出版社，2008，第一版）

本书是作者对成都体育医院（现四川省骨科医院）50年骨伤、运动创伤临床工作和医疗实践的一次总结。本书从中西医结合的角度出发，着重阐述了临床常见伤病的病因病机、诊断及鉴别诊断、病理分类及症候分型、中西医结合非手术治疗，其理念和技术先进，以及预防为先的理论方法，具有较强的科学性和实用性。

《中医消除运动疲劳与恢复方法的研究》（张世明主编，北京：人民体育出版社，2004，第一版）

本书是在“中医消除运动疲劳与恢复方法的研究”项目各子课题研究报告基础上，整理汇编成书。张世明教授在本书完成了《运动性疲劳的中医分型和诊断标准的研究》《中医方法恢复运动性关节疲劳的实验及临床研究》等部分：确立了中医对运动性疲劳认识的基本理论体系；并初步研究、发现和证实了一批针对不同运动疲劳证候的、具有突出疗效的中医药消除方法，使中医消除运动性疲劳的方法更系统化、规范化；为中医消除运动性疲劳领域继续开展更深层次的研究打下了坚实基础，提出了明确目标和方向。

《全国名老中医药专家张世明中医骨伤运动创伤疑难病案精华·郑怀贤骨科与运动创伤传承创新》（张世明著，成都：四川科学技术出版社，2020，第一版）

本书是张世明教授从医以来诊治骨伤运动创伤的临床医案汇编。主要选取临床疑难优效医案，运动创伤医案尚属首次载录，很具有郑氏伤科诊疗的特色和优势，每个病案在病因病机、专科检查、影像学检查、诊断分析、综合治疗以及疗效上作了清楚记载，突出了临床治疗特色；在按语中，对取得优效的关键做了精要总结，更显示了郑氏伤科的学术思想和诊疗水平。全书分为上、下两篇，上篇为传承与创新，下篇为疑难医案荟萃。下篇又分为运动创伤医案和临床骨伤医案两大类。

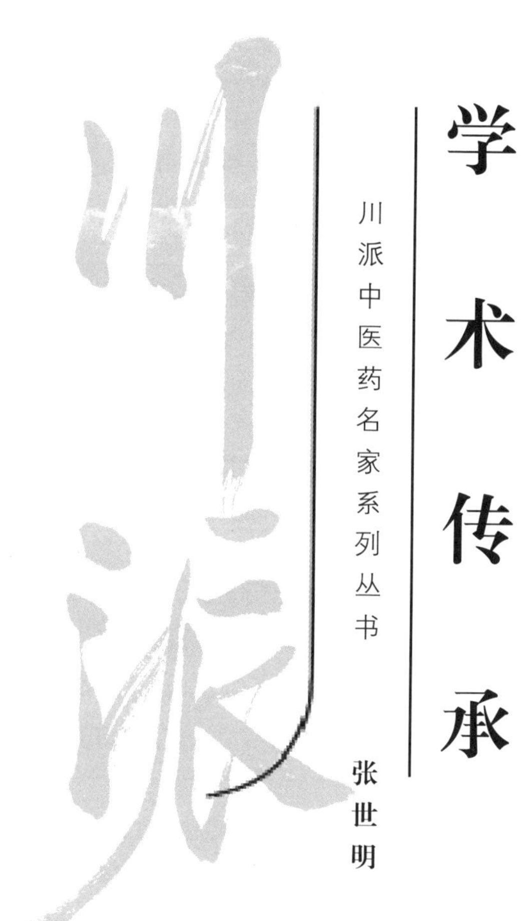

学术传承

川派中医药名家系列丛书

张世明

张世明教授较为全面地传承了郑氏骨伤流派学术思想、临床诊疗技能，在数十年临床、科研、教育工作中不断归纳总结并深入研究创新，形成了具有张氏特色的完整学术思想理论与临证经验的郑氏骨伤学术体系，并在郑老武医体系基础上，进一步完善发展了张氏特色的中医运动创伤学术体系，使郑氏骨伤流派紧跟时代发展得以进一步完善和拓展。其传承以四川省骨科医院（成都体育医院）为主要传承基地，同时辐射至山东、武汉、台湾等地。

四川省骨科医院为三级甲等中医骨科医院，其前身是成都体育学院附属体育医院，在贺龙元帅的关怀下创建于 1958 年，是我国第一所体育医院。2003 年 12 月更名为四川省骨科医院，另名成都运动创伤研究所、成都体育医院。医院中医特色浓厚、临床科室齐全、医学人才济济，以骨伤科、运动医学科和康复科诊疗防治、科研教学为主，从医、教、研全方位传承郑氏骨科。

张世明教授的学术传承如图 1 所示。

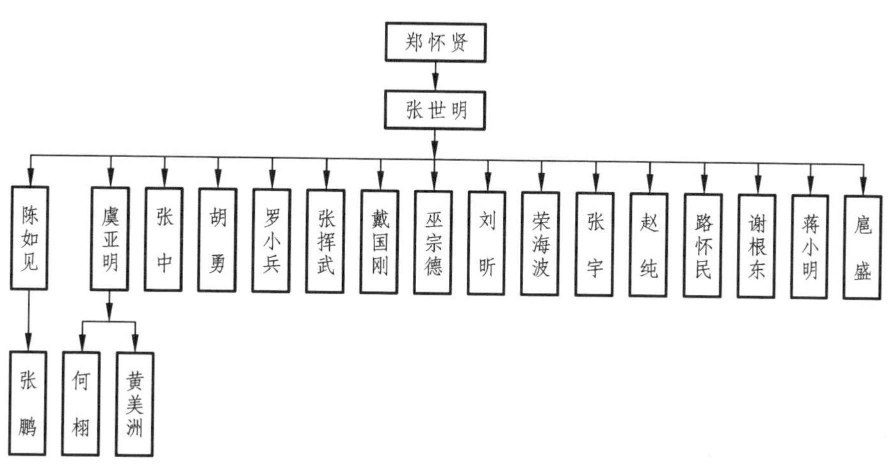

图 1　张世明的学术传承图

注：以上为签订师承协议的跟师弟子。

陈如见

四川省骨科医院主任医师，四川省首届十大名中医张世明工作室学术继承人，四川省名中医。主要传承郑氏骨伤流派中西医结合诊治骨伤和运动创伤学术思想，长期从事老年骨科医、教、研工作。重视手法复位在治疗骨折中的重要作用，紧密结合现代医学技术，提高复位手法技巧，拓宽手法复位在治疗骨折中的应用范围，提出用提按手法和 X 片电视监视下经皮撬拨整复难复位性股骨颈骨折，改进内固定方式。研制成功适用于股骨颈骨折特点的内服、外用中药院内制剂。强调益气活血原则对老年骨折早期遣方用药，拟定预防下肢深静脉血栓形成、治疗和预防老年骨折患者便秘等院内协定处方，促进骨折愈合，减少并发症。

虞亚明

四川省骨科医院主任医师，博士研究生导师，四川省首届十大名中医张世明工作室学术继承人，第六批全国老中医药专家学术经验继承工作指导老师，第九批四川省有突出贡献的优秀专家、第十二批四川省学术技术带头人，国家体育总局运动创伤防治专家组成员，中国奥委会奥运会备战医疗专家。主要传承郑氏骨伤流派中西医结合运动伤病防治及骨伤康复临床经验、学术思想，为郑氏流派临床专科、重点学科创建做出重要贡献。长期从事中医体质与运动、运动促进健康、体医融合的临床应用及科研工作，提出“生命在于运动，运动在于科学”、“辨体施动”、“三段式康复”等防治新理念及原则，擅长诊疗运动创伤、软组织损伤、退行性关节病，擅长中医运动体质辨识、运动处方及慢病的运动干预，尤其对运动疲劳的消除与康复有丰富的临床经验，常年为国家优秀运动员诊治伤病。主持、参与多项国家级、省部级科研项目，国家级重点学科“（郑氏）中医骨伤科学”负责人。担任中华中医药学会运动医学分会主任委员、中国老年医学会运动与健康专委会副主任委员，中国体育科学会运动医学分会副主任委员，四川省中医药学会副会长，四川省中医药学会运动医疗专业委员会名誉主任，四川省针灸学会副会长等学会职务。

张挥武

四川省骨科医院主任中医师，医学硕士，硕士研究生导师，四川省首届十大名中医张世明工作室学术继承人。主要传承郑氏骨伤流派中西医结合运动伤病防治及膝关节损伤临床经验、学术思想。从事郑氏骨伤、运动创伤防治和关节镜外科医、教、研工作，擅长膝关节伤病诊治。多次组织、参与国家、省级医疗救援队应急演练和抗震救灾工作，长期承担国家队及省队运动医疗保障工作，参加 2008 年北京奥运会医疗服务和对外交流工作。担任中国中医药研究促进会外治分会副会长、中华中医药学会运动医学分会委员、中国医学救援协会运动伤害分会关节运动伤害学组副主任、四川省中医药学会运动医疗专委会主任委员、四川省卫生应急专家库专家，国家（四川）中医紧急医学救援队队长等职务。

张　中

四川省骨科医院主任中医师，四川省首届十大名中医张世明工作室学术继承人，首届四川省中青年优秀中医师，第四批四川省名中医。主要传承郑氏骨伤流派中西医结合治疗骨伤和运动创伤，强调手法在骨伤疾病治疗中的重要作用，拓宽手法在骨科及运动创伤的应用范围，将郑氏手法与结构医学、整脊手法相结合，广泛运用于临床。擅长运用郑氏骨伤理法诊治骨伤科疾病；

尤其擅长非手术及微创治疗颈肩腰腿痛及运动创伤。担任中华中医药学会疼痛分会副主任委员，中国民族医学会针刀专委会副主任委员，中国康复学会推拿与康复专委会委员，四川省中医药学会疼痛专委会名誉主任委员等学会职务。

胡 勇

四川省骨科医院主任医师，医学硕士，硕士研究生导师，四川省首届十大名中医张世明工作室学术继承人。长期从事郑氏创伤骨科、运动医学及关节镜外科的临床、科研及教学工作，擅长中西医结合微创关节镜外科技术治疗膝关节各种韧带断裂、半月板撕裂、关节软骨损伤，膝内外翻畸形及创伤性关节炎等病损。自创“生长板上缝合桥技术镜下复位内固定儿童前叉胫骨止点撕脱骨折”、“经前下内入口前叉韧带重建股骨端从内向外横穿钉固定定位器”、“三合一后叉韧带重建胫骨隧道定位器”等膝关节镜微创外科新术式及新器械。重视患者膝关节郑氏运动康复，强调在充分发挥患者主观能动性的同时，配合积极的康复训练，从而达到使患者改善生活质量或重返赛场的目的。担任第一～三届中华医学会运动医疗分会全国委员，为该学会全国巡回高级讲师，中国医师学会运动医学医师分会全国委员，四川省医学会运动医疗专委会常务委员，四川省医师协会骨科医师专委会常务委员，成都医学会运动医学专委会副主任委员，四川省中西医结合学会骨科微创专委会副主任委员。

罗小兵

四川省骨科医院主任中医师，医学硕士，硕士研究生导师，四川省名中医，四川省首届十大名中医张世明工作室学术继承人，四川省中医药管理局

学术带头人。长期从事郑氏骨伤、运动医学临床及科研工作，擅长运动损伤风险评估、预防与干预及骨关节损伤退变疾病的康复治疗，长期为我国优秀运动员防治伤病，作为中国代表团保障营医疗专家参加了雅加达亚运会、东京奥运会、北京冬奥会，作为主研参与《中医消除运动性疲劳与恢复方法的研究》《技巧类与智勇类冬季项目运动性伤病防治关键技术研究》等重大项目的研究，担任四川省干部保健专家委员会会诊专家，中华中医药学会运动医学分会副主委、秘书长，四川省医学会体医融合与非医疗健康干预专委会副主委。获选四川省第四届大美医者。

戴国钢

四川省骨科医院主任中医师，医学硕士，硕士生导师，四川省首届十大名中医张世明工作室学术继承人，第五批四川省中医药管理局名中医，第六批四川省中医药管理局学术技术带头人。长期致力于郑氏骨伤传承发展，擅长颈肩腰腿痛、脊柱退行性疾病和运动创伤的临床和科研，尤其擅长内外兼治辨证应用郑氏药物及经方诊治各类骨病、术后康复、各类疑难骨科杂病等。长期承担国家队运动医疗保障工作，多次服务于奥运会、亚运会、全运会等重大体育赛事。担任中华中医药学会运动医学分会专业委员会常务委员，中国中西医结合骨伤科分会脊柱专家委员会委员，四川省中医药学会运动医疗专业委员会常务委员，四川省老年医学会骨科专委会委员，四川省中医药学会第八届理事会理事、首届健康科普专家，四川省干部保健专家委员会会诊专家，成都中医药学会骨科专业委员会副主任委员等。

巫宗德

四川省骨科医院主任中医师，四川省首届十大名中医张世明工作室学术

继承人。专注从事足踝伤病医、教、研工作，长期为专业运动队专职医疗服务。担任中华中医药学会运动医学分会委员，四川省中医药学会运动医学专委会副主任委员等。

刘　昕

四川省骨科医院主任中医师，四川省首届十大名中医张世明工作室学术继承人，四川省中医药管理局学术和技术带头人后备人选。传承郑氏骨伤流派理法，长期从事儿童骨科医、教、研工作，擅长中西医结合诊治儿童骨伤、筋伤、脱位、运动损伤，擅长儿童严重畸形矫正、骨折微创手术及康复，如先天性或发育性髋关节脱位、儿童股骨头坏死、股骨头骨骺滑脱、先天性髋内翻、先天性马蹄内翻足、先天性垂直距骨、多发性骨骺发育不良、成骨不全等。担任国际矫形与创伤外科学会（SICOT）儿童骨科专业委员会常务委员，四川省中医药学会儿童骨科专委会副主任委员，四川省婴幼儿托育标准化建设与培训指导中心特聘专家，《中华创伤杂志》特约审稿专家等。

荣海波

四川省骨科医院主任中医师，医学博士、国家中医药传承博士后（张世明教授，中医骨伤），四川省首届十大名中医张世明工作室学术继承人，四川省拔尖中青年中医师，四川省学术技术带头人后备人选。长期从事中医药临床、科研、科研管理及郑氏骨伤流派传承创新工作。临床以经典为本，对中医药及郑氏骨伤理法有系统深入的传承及研究实践，融汇现代医学，擅长中医骨伤、运动创伤、骨关节病，武医、针灸及内科杂病、治未病等临床诊疗，对相关疑难病、综合性复杂疾病的非手术治疗具有较为丰富的经验。主持及参与各级科研项目十余项，主要从事中医药基础理论、骨伤、运动创伤、武医、针灸等基础及传承创新研究；奥运等赛事伤病防治、训练促进、医疗保障研究等。成果应用五项，发表论文十余篇，出版专著三部。担任四川省骨科医院流派工作室主任；中华中医药学会医史文献分会委员；中国针灸学会针药结合专业委员会委员；四川省中医药学会武医专委会副主委、流派传承专委会常委、疼痛专委会委员；四川省针灸学会理事、经络腧穴专委会常委、针法灸法专委会常委、针灸康复专委会委员；四川省医学会教育专委会委员；四川省老年医学会理事、骨科专委会常委；四川省非物质文化遗产保护协会传统医药专委会委员；四川省国际医学交流促进会委员。

张　宇

四川省骨科医院主任中医师，四川省首届十大名中医张世明工作室学术继承人，四川省第五批中医药学术和技术带头人后备人选。传承创新郑氏骨伤理法，是四川省乃至西南地区最早一批足踝专科医生，长期从事足踝骨伤、运动医学临床、科研及教学工作，擅长运用郑氏骨伤、运动创伤、中西医结合、关节镜微创技术等治疗各类足踝部骨折及后遗症，踝关节不稳定、距骨骨软骨损伤等运动伤病，拇外翻、平足症、高弓足、马蹄内翻足等足踝部畸形，足踝部骨关节炎、糖尿病足、类风湿足病等关节疾病以及足踝部各类其他软组织疾患。在4.20芦山地震救援中表现突出，其间伤员各类足踝手术，无一例死亡及截肢。近五年主持各级科研课题五项，发表核心期刊论文二十余篇，编写/翻译专著四部，专利发明一项，参与制定全国专家共识两项。担任中华医学会骨科分会足踝学组青年委员会副主任委员，中华医学会骨科分会青年委员会足踝学组委员，中国中西医结合骨伤科分会足踝工作委员会委员，中国医师协会运动医学医师分会足踝专业学组委员，中国医师协会骨科分会足踝基础及矫形学组委员，中华中医药学会运动医学分会委员，四川省医学会骨科专委会足踝学组副组长，四川省中医药学会运动医学专业委员会常委等。

赵　纯

四川省骨科医院副主任医师，医学硕士，四川省首届十大名中医张世明工作室学术继承人。传承创新郑氏骨伤流派理法，长期从事郑氏骨伤急诊工作，擅长郑氏正骨手法治疗骨折、脱位、筋伤等急诊创伤疾病，提出了郑氏伤科“辨形与辨证相结合”的辨证施治，从“辨形体、辨形态、辨形变”三方面分析骨折、脱位等疾病，进一步改良创新中医正骨手法，在手法正骨方面具有较高的临床水平和学术造诣。主持厅局级课题二项，通讯/第一作者论文多篇，

路怀民

四川省骨科医院、成都体育学院附属体育医院主任中医师，硕士，硕士生导师，四川省首届十大名中医张世明工作室学术继承人，四川省第十二批学术和技术带头人后备人选、四川省中医药管理局第七批学术和技术带头人。传承郑氏骨伤理法，主要从事运动创伤、颈肩腰腿痛的中西医结合防治和骨科术后康复。擅长运用郑氏正骨手法、经穴和运动按摩、伤科药物、针灸、练功术等特色技术及理念，并将理疗、整脊术、扳机点治疗术、肌筋膜和关节松动技术与运动疗法等康复技能相结合开展骨科临床康复工作。同时擅长中西医结合诊疗运动员伤病，长期为国家级省级优秀运动员诊疗服务。长期从事奥运会、亚运会、全运会等重大赛事医疗保障工作，2006 年和 2008 年作为中国体育代表团成员参加多哈亚运会和北京夏季奥运会。担任中华中医药学会运动医学分会和治未病分会委员、四川省中医药学会运动医疗专委会副主委、四川省康复医学会中西医结合学会副主委、四川省医学会运动医疗专委会委员等。

谢根东

云南中医药大学第一附属医学院副主任中医师、医学硕士、副教授，四川省首届十大名中医张世明工作室学术继承人。传承郑氏骨伤流派理法，长期从事临床、教学、科研工作。擅长治疗骨伤、筋伤、运动创伤、创伤后遗症、骨质疏松症、骨性关节炎、骨髓炎、骨结核、强直性脊柱炎等，以及中风先兆、痹症、痿证、慢性肾病、消渴及其并发症等疑难杂症。擅长武医养生康复治疗。参加 2008 年汶川抗震救灾、2011 年云南盈江县抗震救灾等医疗救援工作。全国高等中医院校“十二五”规划教材《中医筋伤学》编委；高等中医院校骨伤专业研究生系列教材《骨伤科文献研究》编委；《中医伤科学试题及疑难解答》副主编。中国康复技术转化及发展促进会理事。主持/参与完成多项省级、厅级课题。发表学术论文十余篇。

蒋小明

毕业于成都体育学院运动医学系，四川省首届十大名中医张世明工作室学术继承人。传承郑氏骨伤流派理法，主要从事骨伤、筋伤、颈肩腰腿痛、骨关节病、风湿、类风湿、强直性脊柱炎及运动创伤、运动疲劳等诊治。擅长运用郑氏整体诊疗理念及手法、经穴、郑氏药物、运动疗法等特色技术诊疗促进骨伤、运动创伤/疲劳、骨关节病、术后综合征等快速康复。为国家级、省级优秀运动员医疗服务。任四川省中医药学会运动医疗专业委员会青年委员。

扈盛

武汉体育学院医院运动医学科主任，博士，教授，博士导师，四川省首

届十大名中医张世明工作室学术继承人，中国国家队医学专家。自幼随父亲扈克文教授学习“武医宗师”郑怀贤教授开创的“武医”为主的中医运动医学，后拜四川省骨科医院张世明教授门下深造“郑氏骨伤流派”中医骨伤、运动医学及武医。长于“医学手法”及“运动损伤防治学”，擅长运用武医、中西医结合诊疗各类骨伤、筋伤、关节损伤、颈肩腰腿痛、骨折延迟愈合等疾病；擅长根据各类体育项目运动的特点，诊治各类运动损伤，长期为国家、省级运动队优秀运动员诊疗服务，曾备战奥运会、亚运会、全运会等国内外重大赛事。担任中华中医药学会运动医学分会常务委员；中华医学会运动医疗分会医务监督学组委员；中华医师协会运动医疗分会医务监督学组委员；中国民间中医医药研究开发协会手法与健康研究专业委员会副主任委员；中国中医药研究促进会软组织疼痛分会关节病诊疗技术委员会副主任委员等。科研项目二十余项，其中主持中国博士后基金项目一项，省级科研项目四项，发表论文四十余篇（SCI/EI 九篇），发明专利一项。

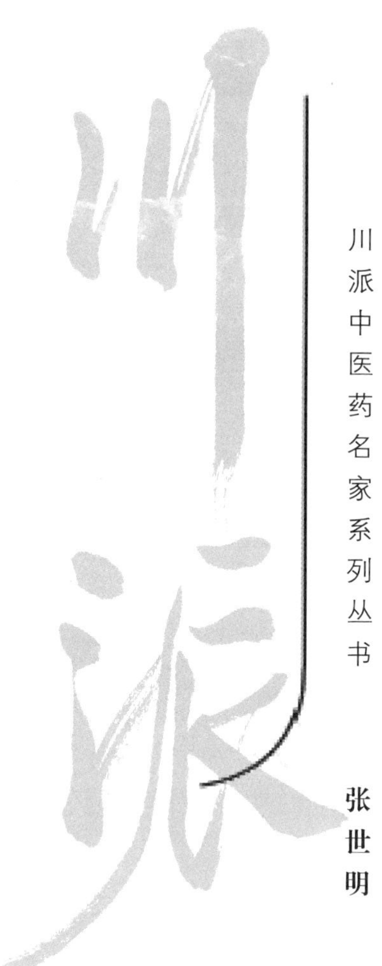

学术年谱

川派中医药名家系列丛书

张世明

- 1943 年 10 月，张世明教授出生于四川省资中县。
- 1956 年 9 月—1959 年 7 月，求学于资中县第二中学，初中毕业。
- 1959 年 9 月—1961 年 07 月，求学于成都体育学院附中，高中毕业。
- 1961 年 9 月—1965 年 7 月，求学于成都体育学院运动保健系，大学本科毕业。
- 1965 年 8 月—1985 年 5 月，就职于成都体育医院附属体育医院，历任医师、主治医师。
- 1985 年 5 月—2004 年 6 月，就职于成都运动创伤研究所，任所长，历任副主任医师、副研究员、主任医师、研究员。
- 2004 年 6 月—2006 年 11 月，就职于四川省骨科医院（成都运动创伤研究所、成都体育医院），任院长、党委书记、主任医师、研究员。
- 2006 年 11 月—今，就职于四川省骨科医院（成都运动创伤研究所、成都体育医院），任主任医师、研究员、博士后导师。
- 1965 年—1981 年，师承著名中医骨伤科专家、武医宗师郑怀贤教授，长期从事临床、教学、科研工作。
- 1970 年 1 月—7 月，参加成都市医疗队到米易县开展消灭血吸虫病工作，任体育医院副队长。
- 1973 年 3 月，四川甘孜州炉霍大地震，作为四川省革命委员会慰问团两人医疗专家之一，慰问灾区。
- 1975—1978 年，担任成都体育学院运动医学系中医骨伤科教学工作。
- 1978 年 8 月—1979 年 6 月，带 78 级运动医学系学生到巴中、仪陇开门办学，任副队长。
- 1982 年 5—8 月，受联合国科教文组织委托国家体委派出运动医学 4 人专家代表团赴美国洛杉矶圣蒂奈娜医学中心交流学习，并为新中国首次参加奥运会（1984 年第 23 届洛杉矶奥运会）作医疗前站准备工作。
- 1983 年起，在 5—11 届全运会及国际体育大赛医疗服务中，主要为四川、北京、广东、山东等代表队运动员诊治伤病，同时为世界冠军中国女排优秀队员郎平、孙晋芳、张蓉芳、梁艳、朱玲等诊疗伤病。
- 1984 年以来，备战 1984 年第 23 届洛杉矶奥运会、1988 年第 24 届汉城奥运会、1990 年北京亚运会，带领医院科研医务人员为国家优秀队员诊疗伤病。备战 2008 年北京奥运会，医院受到国家体育总局的表彰（1984 年以来，三次评为全国体育科技先进工作者，一次评为四川省体育科技先进工作者）。

- 1985 年 7 月，由国家体委派出的 3 人运动医学代表团，赴保加利亚首都索菲亚讲学交流。
- 1985、1992、2006 年，由国家体委派出参加北京、香港等地国际运动医学大会。
- 1985 年以来，任国家体委体育科技进步奖评审委员会委员，国家体委科研卫生高级职称评审委员会委员、副主任、主任（任过一届）。
- 1989 年 11 月，由国家体委派出的 3 人运动医学代表团赴苏联首都莫斯科讲学交流。
- 1990 年，任《中国运动医学杂志》编委。中国体育科学学会运动医学专委会常务委员。
- 1992 年，由国家体委派出的 3 人运动医学代表团前往美国阿拉巴马大学交流。评为享受国务院政府特殊津贴专家。
- 1992—1996 年，为国家体委备战第 25 届巴塞罗那奥运会、第 26 届亚特兰大奥运会运动创伤专家组副组长。
- 1993 年，任中国体育科学学会理事。
- 1995 年，由国家体委派出运动医学 3 人代表团前往美国佐治亚州亚特兰大交流，为备战第 26 届奥运会作准备。任中国体育科学学会运动医学专委会副主任委员。
- 1996 年，第十八届冬奥会服务期间，为世界著名速度滑冰运动员叶乔波诊疗伤病，为叶乔波伤病医疗组组长。
- 1996 年以来长期担任四川省、成都市干保工作医疗专家。
- 1997 年，多次被确定全国老中医药专家学术经验继承指导老师，获优秀导师一次。
- 1998 年，由国家体委派出 5 人医学科研代表团前往意大利交流。任成都医学会第七届运动医学专业委员会主任委员。获首届“四川省名中医”称号。发表论文《运动性疲劳的中医分型与诊断研究》(《体育科学（杂志）》)。
- 1999 年，任成都体育学院硕士研究生导师。

• 1999、2001 年，两次由国家体委组织运动医学代表团前往台湾交流。

• 2000 年，由成都市委宣传部组团赴德国等欧洲国家考察学习。任武汉体育学院硕士研究生导师。

• 2002 年，参加美国盐湖城第十九届冬季奥运会，为医务组组长。任国家体育总局体能恢复与运动营养专家组副组长。任科技部“十五”重大课题“中药消除运动性疲劳的研究”总项目课题负责人，于 2008 年获第 29 届北京奥运会科技攻关、科技服务二等奖。任《中国运动医学杂志》副主编；编著《中医药与运动医学》(人民体育出版社)。

• 2003 年，任四川省中医药学会副会长。任四川省中医药学会骨伤专业委员会第五届委员会主任委员 (第六届名誉主任委员)。发表论文《运动性疲劳的中医分型与诊断标准的研究》(《中国运动医学杂志》)。

• 2004 年，参加雅典第二十八届奥运会，为 3 人医务专家组成员。主编《中医消除运动疲劳与恢复方法的研究》(人民体育出版社)。被评为首批四川省有突出贡献卫生人才。

• 2005 年，由四川省人事厅专家处组团前往美国等地考察学习。评为中央干保委医疗专家。

• 2006 年，获四川省首届十大名中医称号。评为四川省学术和技术带头人。发表论文《滋阴补肾方对摔跤运动员大运动量训练后血睾酮水平影响初步观察》(《中国运动医学杂志》)。

• 2008 年，代表四川省卫生人员作为奥运会火炬手参加火炬传递活动。参加北京第二十九届奥运会，为中国国家队医疗专家。在北京奥运村，为 203 个国家医务首席官作“中医药在运动创伤中的应用”专题讲座，全国参加讲座的专家共 3 人。获北京奥运会特殊贡献奖。作为国家体委组织的全国专家为世界著名篮球运动员姚明的伤病多次会诊，并提出诊疗意见。主编《中西医结合运动创伤学》(北京大学医学出版社)、《中西医结合骨伤科手册》(四川科学技术出版社)。

• 2010 年，中央保健委员会聘请为中央保健会诊专家。

• 2011 年，中华中医药学会评为全国“郭春园式的好医生”。主编《中医骨伤科诊疗学》(四川科学技术出版社)。

• 2012 年，被中国奥委会医学委员会聘为中国备战第 30 届奥运会特聘医疗专家。

• 2013 年，国家中医药管理局确定为第一批中医药传承博士后合作导师。

• 2016 年，中国奥委会医学委员会聘为备战 2016 年里约奥运会医疗专家。张世明名医工作室通过四川省中医药管理局验收。

• 2018 年，中共四川省委宣传部、四川省精神文明建设办公室、四川省卫生和计划生育委员会联合授予“健康四川 · 大美医者”荣誉称号。

• 2020 年，承担“四川省骨科医院名中医药专家传承工作室”专家学术经验传承工作。著《全国名老中医药专家张世明中医骨伤运动创伤疑难病案精华 ·郑怀贤骨科与运动创伤传承创新》(《四川科学技术出版社》)。

参考文献

[1] 张世明. 中西医结合运动创伤学[M]. 北京：北京大学出版社，2008.

[2] 张世明. 中医骨伤科诊疗学[M]. 成都：四川科学技术出版社，2011.

[3] 张世明，马建，等. 中医药与运动医学[M]. 北京：人民体育出版社，2002.

[4] 张世明. 全国名老中医药专家张世明中医骨伤运动创伤疑难病案精华·郑怀贤骨科与运动创伤传承创新[M]. 成都：四川科技出版社，2020.

[5] 张世明. 运动疗法在骨科康复中的应用[J]. 中医正骨，2014，26（9）：3-5.

[6] 张世明. 中医药在运动医学领域中的应用研究[C]. 中国科协 2005 年学术年会体育科学分会场论文摘要汇编，13-18.

[7] 张世明，叶锐彬，虞亚明，等. 运动性疲劳的中医分型和诊断标准的研究[J]. 中国运动医学杂志，2003，22（1）：47-51.

[8] 张世明. 中医消除运动性疲劳与恢复方法的研究[M]. 北京：人民体育出版社，2004.

[9] 张希彬，张世明. 中国骨伤科学[M]. 成都：四川科学技术出版社，1991.

[10] 郑怀贤. 伤科诊疗[M]. 2 版. 北京：人民卫生出版社，1975.

[11] 曲绵域，于长隆. 实用运动医学[M]. 4 版. 北京：北京大学医学出版社，2003.

[12] 任玉衡，田得祥. 中国优秀运动员运动创伤流行病学研究[J]. 国家体育总局科教司，1999：1-10.

[13] 中国科学技术协会. 体育科学学科发展报告[M]. 北京：中国科学技术出版社，2007：5-12，145-150.

[14] 韦以宗. 中国骨科技术史[M]. 上海：上海科技出版社，1983：1-13.

[15] 陈启明. 运动医学与科学[M]. 香港：香港中文大学出版社，1995：编者序 1.

[16] 王文健. 现代中医药应用与研究[M]. 上海：上海中医药大学出版社，

1995：150-177.
[17] 韩济生. 欢呼卫生部关于疼痛科建制的决定[J]. 中国疼痛医学杂志，2007，13（4）：194-196.
[18] 孙树椿，等. 中国骨伤科学・筋骨缝损伤[M]. 南宁：广西科学技术出版社，1-18.
[19] 〔清〕陈梦雷，等. 古今图书集成・医部全录[M]. 北京：人民卫生出版社，1988.
[20] 刘柏龄，樊春洲. 中国骨伤科学・治疗学[M]. 南宁：广西人民出版社，1987.
[21] 蔡荣. 中国医学百科全书・中医骨伤科学[M]. 上海：上海科技出版社，1986.
[22] 上海中医学院.中医伤科学讲义[M]. 上海：上海科学技术出版社，1964.
[23] 陈易新.《内经》对于疲劳的认识[J]. 河南中医，2001，1（21）：18-20.
[24] 张蓉等.运动性疲劳的中医病因病机探讨[J]. 北京中医药大学学报，2007，30（6）：374-383.
[25] 陈家旭，等. 中医药抗运动性疲劳研究概况与展望[J]. 中国运动医学杂志，1997，16（1）：50-52.
[26] 乔玉成. 关于中医药抗运动性疲劳的立法思考[J]. 北京体育大学学报，2000，23（4）：490-492.
[27] 余友儒，汪清详. 体育运动中引发运动损伤的心理致因及改善措施[J]. 首都体育学院学报，2003，15（3）：92-94.
[28] 陈树良. 运动性损伤的心理康复治疗探讨[J]. 山东体育科技，2002，24（2）：29-31.
[29] 朱静华. 把疲劳作为运动训练近期的目的[J]. 体育学刊，2002，9（5）：11-12.
[30] 李丽艳，路新国，朱晓平. 运动性疲劳与药膳治疗[J]. 中国临床康复，2005，20（9）：206-207.